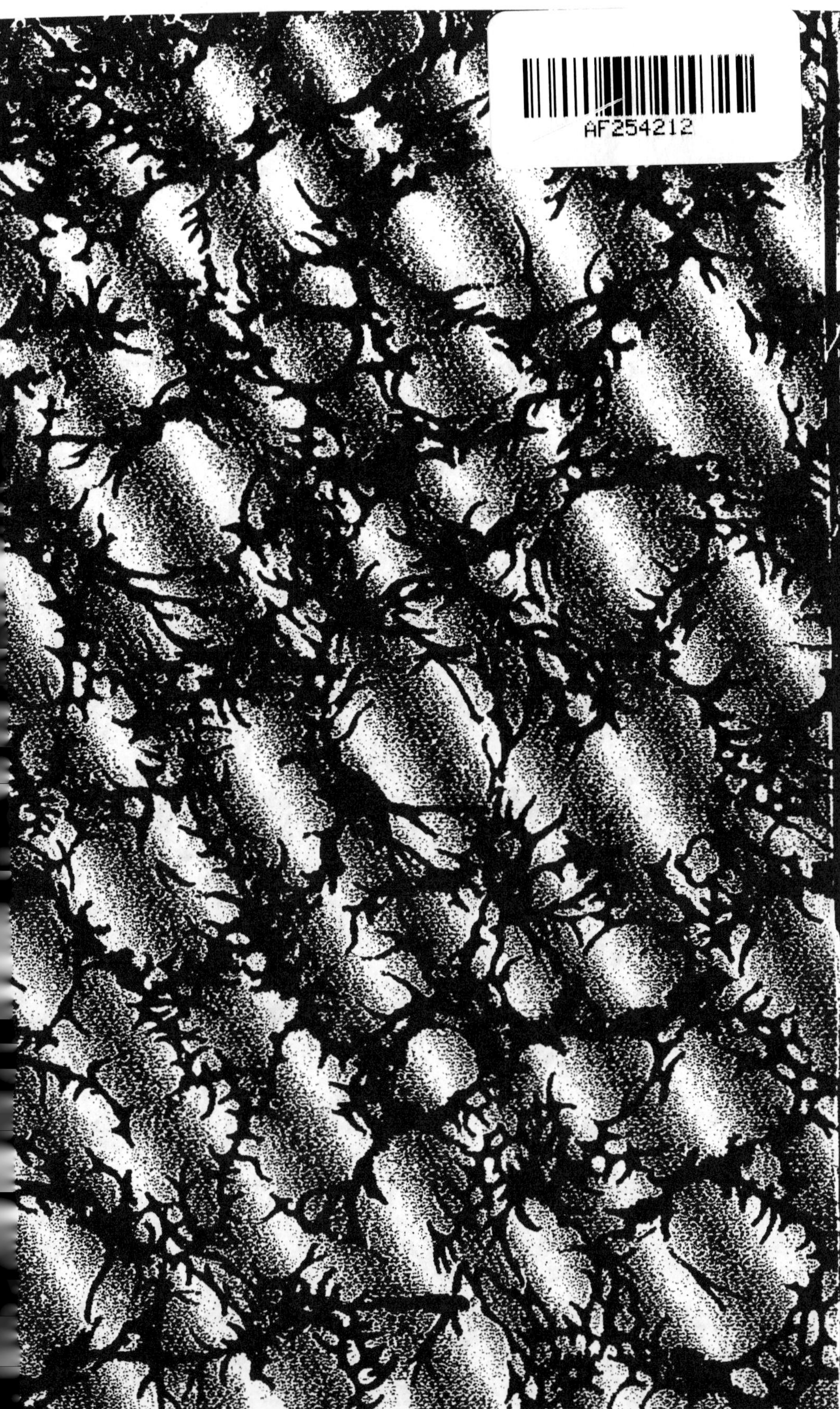
AF254212

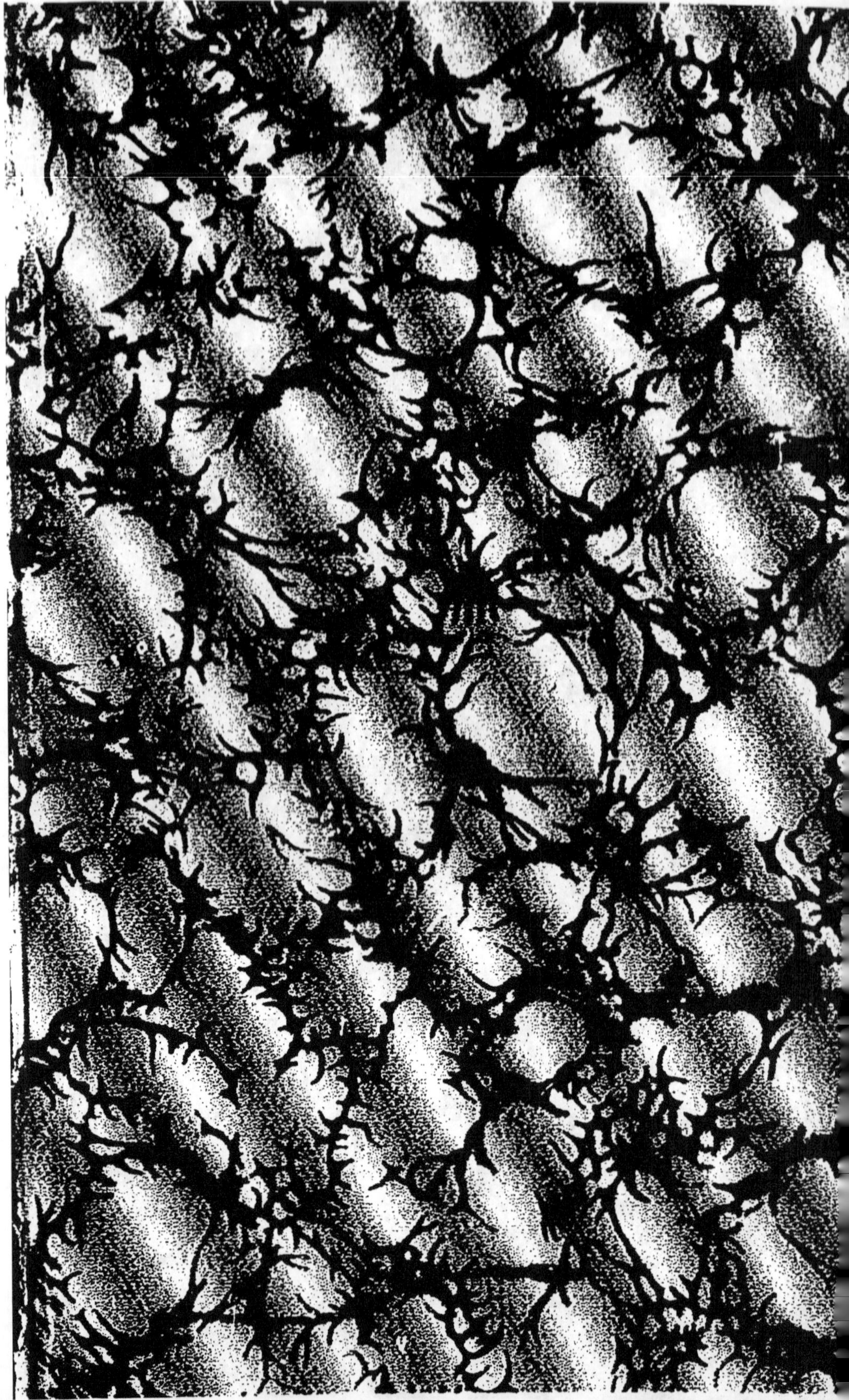

Bibliothèque de Philosophie scientifique

Dr GUSTAVE LE BON

Premières Conséquences de la Guerre

TRANSFORMATION MENTALE DES PEUPLES

La perte des illusions.
Changements de mentalité créés par la guerre.
Formation de personnalités nouvelles
Évolutions psychologiques des divers pays.
Le nouveau droit international.
L'Europe pourra-t-elle éviter le militarisme ?
L'interdépendance des peuples facteurs de paix.

PARIS

ERNEST FLAMMARION, ÉDITEUR

26, RUE RACINE, 26

Vingt-neuvième mille

Bibliothèque de Philosophie scientifique (suite)

3° HISTOIRE GÉNÉRALE

ALEXINSKY (Grégoire), ancien député à la Douma. La Russie moderne (8° mille).

ALEXINSKY (Grég.). La Russie et l'Europe (5° mille).

AVENEL (Vicomte Georges d'). Découvertes d'Histoire sociale (6° mille).

DIOTTOT (Colonel). Les Grands Inspirés devant la Science. Jeanne d'Arc.

BOUCHÉ-LECLERCQ (A.), de l'Institut. L'Intolérance religieuse et la politique (1°a.).

BRUYSSEL (E. van); consul général de Belgique. La Vie sociale (6° mille).

CAZAMIAN (Louis). La Grande-Bretagne et la guerre (5° mille).

CHARRIAUT (Henri) et M.-L. AMICI-GROSSI. L'Italie en guerre (5° mille)

COLIN (J.), Général. Les Transformations de la Guerre (7° mille).

COLIN (J.), Général. Les Grandes Batailles de l'Histoire. *De l'antiquité à 1913.* (7°m.)

DIEHL (Ch.), de l'Institut. Byzance, grandeur et décadence (5° mille).

GENNEP. Formation des Légendes (5° m.

HARMAND (J.), ambassadeur. Domination et Colonisation (4° mille).

HILL, ancien ambassadeur. L'État moderne (4° mille)

LEGER (Louis), de l'Institut. Le Panslavisme (4° mille).

LICHTENBERGER (H.), professeur adjoint à la Sorbonne. L'Allemagne moderne (14° m.).

LICHTENBERGER (H.) et Paul PETIT. L'Impérialisme économique allemand (7° m.).

MEYNIER (Commandant C.). pr à l'École militaire de Saint-Cyr. L'Afrique noire (5° mille).

MICHELS (Robert). Professeur à l'Université de Turin. Les Partis Politiques (4° m.).

MUZET (A.). Le Monde balkanique (5° a.).

NAUDEAU (Ludovic). Le Japon moderne, son Évolution (11° mille).

OLLIVIER (E.), de l'Académie française. Philosophie d'une Guerre (1870) (6° mille).

OSTWALD (W.), professeur à l'Université de Leipzig. Les Grands Hommes (4° mille)

4° HISTOIRE DES DÉMOCRATIES

AURIAC (Jules d'). La Nationalité française, sa formation.

BATIFFOL (Louis). Les Anciennes Républiques alsaciennes (5° mille).

BLOCH (G.), professeur à la Sorbonne. La République romaine (4° mille).

BORGHÈSE (Prince G.). L'Italie moderne (4° mille).

CAZAMIAN (Louis), m° de Conférences à la Sorbonne. L'Angleterre moderne (7° m.)

CHARRIAUT. La Belgique moderne (8° m.).

COLSON (O.), de l'Institut. Organisme économique et Désordre social (5° mille).

CROISET (A.), de l'Institut. Les Démocraties antiques (9° mille).

DIEHL (Charles), de l'Institut. Une République patricienne. Venise (6° mille

GARCIA-CALDERON (F.). Les Démocraties latines de l'Amérique (5° mille).

HANOTAUX (Gabriel), de l'Académie française. La Démocratie et le Travail (7° mille)

LE BON (Dr Gustave). La Révolution Française et la Psychologie des Révolutions (13° mille).

LUCHAIRE J.) Dr de l'Institut de Florence. Les Démocraties italiennes (5° mille).

PIRENNE (H.), Profr à l'Université de Gand. Les anciennes Démocraties des Pays-Bas (4° mille).

ROZ (Firmin). L'Énergie américaine (11° a.).

Premières
Conséquences de la Guerre

PRINCIPALES PUBLICATIONS DU D' GUSTAVE LE BON

1° VOYAGES, HISTOIRE ET PSYCHOLOGIE

Voyage aux monts Tatras, avec une carte et un panorama dressés par l'auteur (publié par la *Société géographique de Paris*).

Voyage au Népal, avec nombreuses illustrations, d'après les photographies et dessins exécutés par l'auteur pendant son exploration (publié par le *Tour du Monde*).

L'Homme et les Sociétés. — Leurs origines et leur histoire. Tome Ier : Développement physique et intellectuel de l'homme. — Tome II. Développement des sociétés. (*Epuisé.*)

Les Premières Civilisations de l'Orient (Egypte, Assyrie, Judée, etc.). In-4°, illustré de 430 gravures, 2 cartes et 9 photographies. (Flammarion.)

La Civilisation des Arabes. Grand in-4°, illustré de 366 gravures, 4 cartes et 11 planches en couleurs, d'après les documents de l'auteur (Didot.) *(Epuisé.)*

Les Civilisations de l'Inde. Grand in-4°, illustré de 352 photogravures et 2 cartes, d'après les photographies exécutées par l'auteur. (*Epuisé.*)

Les Monuments de l'Inde. In-folio, illustré de 400 planches d'après les documents, photographies, plans et dessins de l'auteur. (*Epuisé.*)

Lois psychologiques de l'évolution des peuples. 12e édition.

Psychologie des foules. 22e édition.

Psychologie du Socialisme. 7e édition.

Psychologie de l'Education. 20e mille.

Psychologie politique. 13e mille.

Les Opinions et les Croyances. 9e mille.

La Révolution Française et la Psychologie des Révolutions. 10e mille.

Aphorismes du Temps présent. 7e mille.

La Vie des Vérités. 7e mille.

Enseignements Psychologiques de la Guerre. 24e mille.

Premières conséquences de la Guerre. 20e mille

2° RECHERCHES SCIENTIFIQUES

La Fumée du Tabac. 2e édition augmentée de recherches sur les alcaloïdes que la fumée du tabac contient. (*Epuisé.*)

La Vie. — Traité de physiologie humaine. — 1 volume in-8°, illustré de 300 gravures. (*Epuisé.*)

Recherches expérimentales sur l'Asphyxie. (Comptes rendus de l'Académie des scie...)

Recherches anatomiques et mathématiques sur les lois des variations du volume du crâne. In-8°. (*Epuisé.*)

La Méthode graphique et les Appareils Enregistreurs, contenant la description de nouveaux instruments de l'auteur, avec 63 figures. (*Epuisé.*)

Les Levers photographiques. Exposé des nouvelles méthodes de levers de cartes et de plans employées par l'auteur pendant ses voyages. 2 vol. in-18. (Gauthier-Villars.)

L'Equitation actuelle et ses principes. — Recherches expérimentales. 4e édition. 1 vol. in-8°, avec 57 figures et un atlas de 178 photographies instantanées. (Flammarion.)

Mémoires de Physique : Lumière noire. Phosphorescence invisible. Ondes hertziennes. Dissociation de la matière, etc. (*Revue scientifique.*)

L'Evolution de la Matière, avec 63 figures. 30e mille.

L'Evolution des Forces, avec 40 figures. 17e mille.

L'Evanouissement de la Matière. (Conférence publiée par le *Mercure de France.*)

Il existe des traductions en anglais, allemand, espagnol, italien, danois, suédois, russe, arabe, polonais, tchèque, turc, hindoustani, japonais, etc., de quelques-uns des précédents ouvrages.

Bibliothèque de Philosophie scientifique.

Dr GUSTAVE LE BON

Premières Conséquences de la Guerre

TRANSFORMATION MENTALE DES PEUPLES

La perte des illusions.
Changements de mentalité créés par la guerre.
Formation de personnalités nouvelles.
Évolution psychologique des divers pays.
Le nouveau droit international.
L'Europe pourra-t-elle éviter le militarisme ?
L'interdépendance des peuples facteur de paix.

PARIS

ERNEST FLAMMARION, ÉDITEUR
26, RUE RACINE, 26
—
1917

INTRODUCTION

LA PERTE DES ILLUSIONS ET LES PROBLÈMES CRÉÉS PAR LA GUERRE

La sombre catastrophe dont l'Europe est le théâtre n'atteint pas seulement l'existence matérielle des peuples, mais encore leurs pensées. Beaucoup d'illusions tenues pour des certitudes s'évanouissent. Des théories, jadis sans prestige, deviennent des vérités éclatantes. Le bloc des traditions se désagrège. D'antiques assises de la vie sociale s'effondrent. Tout change ou va changer.

Ébloui par le rayonnement d'une civilisation brillante et l'accumulation de découvertes améliorant chaque jour sa vie, l'homme moderne se croyait définitivement soustrait aux destructions des âges de barbarie. Les mœurs semblaient adoucies pour toujours. Le droit international se stabilisait. Le pacifisme devenait un dogme.

Et voici que dans le champ de cette existence tranquille fulgurèrent brusquement les éclairs d'un cyclone broyant sur son passage non seulement les peuples, les monuments, les cités, mais aussi les acquisitions morales réalisées par des siècles d'efforts. Plus de respect des traités, plus de droits inviolables, plus de codes protégeant la faiblesse. La force seule allait dominer le monde.

*
* *

L'attaque si imprévue de florissantes civilisations par la plus régressive barbarie a, une fois encore, montré l'absence complète de parallélisme entre l'intelligence créatrice de découvertes et le caractère régulateur de la conduite.

Si l'intelligence a progressé dans le cours des âges, les sentiments gouvernant les hommes sont restés inchangés. La jalousie, la férocité, l'ambition et la haine n'ont pas d'époque.

L'instruction qui élargit la vision de l'univers n'agit pas sur le caractère. Il reste tel que l'ont légué les aïeux. Si savant que devienne un barbare, il conservera toujours sa mentalité de barbare. Une intelligence très haute se superpose facilement à une âme très basse.

Modernisées au point de vue intellectuel, certaines nations gardent encore leurs instincts ancestraux. Elles se croient inspirées par la raison, mais derrière leurs actes s'agite la lointaine armée des atavismes qui les déterminent.

*
* *

Les dévastations et les guerres n'ont pas cessé de tracer leurs sillons dans l'histoire. Les annales des peuples se composent surtout du récit de leurs batailles et les périodes de paix semblent des accidents éphémères. Mais jamais pareille guerre d'extermination n'avait été entreprise. Les nations ne s'étaient pas massacrées encore avec une aussi sauvage fureur. L'univers a vu pour la première fois le choc d'armées de plusieurs millions d'hommes et des hécatombes menaçant d'anéantir toute la jeunesse d'un continent.

A aucune époque, pourtant, le but atteint ne fut moins en rapport avec la grandeur de l'effort. Des fleuves de sang auront été versés, d'antiques cités ravagées, des provinces entières plongées dans la misère, sans autre résultat qu'une ruine générale dont les auteurs de tant de catastrophes seront les premières victimes.

Et s'ils ne l'ont pas vu, c'est que le déroulement de l'histoire est déterminé par des forces affectives et mystiques que la raison ne gouverne pas. Le conflit européen aura montré aux rationalistes qui l'oubliaient quel faible rôle joue la raison dans les actions des hommes.

*
* *

De telles constatations expliquent certains événements, mais leur intérêt pratique reste faible. L'indignation n'empêche pas les choses d'être ce qu'elles sont. Se préserver d'un cataclysme est plus utile que que de disserter sur ses causes.

Lorsque des nécessités imprévues surgissent à l'horizon des peuples, une étroite alternative s'impose : s'adapter ou disparaître.

Des âges géologiques aux temps modernes, du microbe jusqu'à l'homme, tous les êtres ont dû subir cette inexorable loi. Elle préside aux transformations des espèces vivantes aussi bien qu'à la naissance ou la décadence des empires.

La guerre a heureusement montré que, malgré les

affirmations de ses contempteurs, le peuple français savait s'adapter à des conditions d'existence fort nouvelles pour lui. L'adaptation s'est manifestée non seulement chez les combattants, acceptant héroïquement l'infernale vie des tranchées, mais encore dans la population civile dont l'initiative chaque jour plus ingénieuse et plus complète répondit à toutes les nécessités de la vie industrielle, agricole et sociale.

Plus de six millions d'hommes mobilisés par la défense nationale ont vu surgir des légions de femmes, d'enfants et de vieillards, pour les remplacer à la ferme, aux champs, à l'usine, en un mot dans chaque branche de l'activité humaine.

Une telle substitution est un fait unique dans l'histoire. C'est même parce qu'on la supposait irréalisable que de doctes professeurs déclaraient impossible un conflit dont la durée aurait dépassé quelques mois.

Cette faculté d'adaptation développée par la guerre persistera-t-elle après la paix ? La facilité avec laquelle notre race s'est tant de fois pliée aux circonstances les plus imprévues autorise toutes les espérances.

La France a, en effet, traversé déjà plusieurs de ces grandes crises qui, pour les peuples faibles, marquent la fin de leur histoire. Invasions, guerre de Cent Ans, guerres de religions, luttes civiles, révolutions, calamités de toutes sortes l'ont successivement accablée. Elle est toujours victorieusement sortie de ces catastrophes.

Il semblerait même que la valeur de notre race ne se révèle tout entière qu'aux heures les plus difficiles de son histoire. Dans la vie ordinaire, ses efforts se dépensent souvent en déprimantes dissensions. Elle écoute ces rhéteurs de la chaire et du forum qui préparent toutes les décadences et ses énergies s'endorment.

* *

Les guerres d'autrefois restaient localisées à de faibles étendues de pays par les difficultés des moyens de transport et le petit nombre des combattants. Les peuples n'en percevaient que de lointains échos. Des territoires étaient conquis ou perdus, mais les idées et la vie ne changeaient pas.

Il en est autrement aujourd'hui. Les intérêts de tous les hommes d'une nation, des plus petits aux plus grands, se trouvent menacés. Les neutres eux-mêmes ne sauraient se désintéresser du conflit.

L'interdépendance des nations a rendu mondiales les répercussions d'une grande guerre. Elle ne modifie pas seulement les frontières des peuples, mais leurs conditions d'existence, leurs sentiments et leurs pensées.

Les survivants de cette gigantesque épopée auront vu se dérouler une page d'histoire comme il n'en fut jamais écrite, écouté des enseignements que nulle oreille n'avait entendus et que probablement les peuples de l'avenir n'entendront plus.

* *

La guerre que tant d'écrivains allemands ne cessaient de prêcher eut comme principale cause une illusion mystique sur la mission d'une race se croyant choisie par Dieu pour régénérer le monde et l'exploiter.

Développée d'abord par des professeurs, des historiens, des diplomates, cette illusion pénétra lentement dans l'âme des multitudes et aboutit finalement à l'explosion dont le monde a été victime. L'âge des Croisades renaissait encore mais pour la première fois dans le cours des âges une croisade de conquêtes se trouvait prêchée par des savants.

Créée par des illusions, la guerre a été aussi grande destructrice d'illusions. Les sanglantes expériences qu'elle fit naître vinrent dissiper les nuages cachant bien des réalités.

L'Allemagne aura sacrifié plusieurs millions d'hommes et ruiné l'Europe pour apprendre que tout rêve d'hégémonie est actuellement une chimère et que nul peuple ne peut espérer asservir définitivement les autres.

Elle ne sera pas seule à perdre des illusions. Les divers belligérants et les neutres même en ont également vu s'évanouir quelques-unes tenues jadis pour de lumineuses vérités.

Dans la liste des illusions ainsi détruites, se place au premier rang le rêve pacifiste avec son espérance d'établir un peu de fraternité entre les peuples. Cette illusion est perdue pour longtemps.

Perdue aussi l'illusion que la science, l'instruction, la civilisation puissent adoucir les mœurs, espacer les conflits et les rendre moins féroces. Tous les progrès de la science moderne n'ont abouti, au contraire, qu'à faciliter les guerres et rendre plus barbares les moyens de destruction.

Perdue encore l'illusion qu'un tribunal international d'arbitrage privé de sanction parvienne jamais à exercer la plus légère influence sur les luttes entre peuples ni même établir quelques règles d'humanité respectées des belligérants.

Perdue enfin l'illusion qui faillit nous coûter si cher

qu'un droit quelconque puisse se maintenir sans une force suffisante pour soutien.

*
* *

La guerre aura d'autres conséquences que la perte d'illusions, peu partagées d'ailleurs par les philosophes.

La grande conflagration européenne a déjà engendré des révolutions mentales, d'où résulteront des modes nouveaux de penser et d'agir. Beaucoup de valeurs morales, politiques et sociales seront transposées, les vieilles hiérarchies renversées, les assises des civilisations ébranlées.

Privés des conceptions dont ils vivaient et sentant leur vie menacée, les peuples s'orienteront forcément vers de nouveaux principes. La nécessité suscitera des réformes que la sécurité du temps de paix et le poids des influences ancestrales auraient retardées.

Cette entrée des peuples dans un monde mental imprévu ne se réalisera pas sans une phase de transition difficile et incertaine. Entre les ruines d'illusions effondrées et l'application de vérités ignorées ou méconnues que la guerre aura dévoilées, se dresseront tous les problèmes que chaque heure de la vie sociale et internationale fera surgir.

Des transformations mentales créés par la guerre, quelques-unes sont déjà bien visibles. Stimulant toutes les énergies, celles du mal, mais aussi celles du bien, cette prodigieuse lutte a élevé l'homme au-dessus de lui-même. Sorti du cercle étroit de ses préoccupations personnelles, il n'a plus considéré que ces intérêts collectifs qui dans l'existence habituelle passaient bien après les intérêts privés. Devenu le mandataire des aïeux, l'homme a sacrifié sa vie au profit des générations futures et dédaigné la mort.

La bravoure, la patience et la ténacité sur les champs de bataille, l'union inviolable dans l'intérieur du pays ont créé à la France une atmosphère de grandeur morale qui semblait seulement à l'état de possibilité avant la guerre et que, jugeant d'après les apparences, les étrangers ne soupçonnaient pas.

*
* *

Il serait impossible de prévoir dès maintenant toutes les conséquences de la guerre, les conséquences lointaines surtout.

La difficulté est moindre si l'on se borne à rechercher les transformations de mentalité déjà réalisées chez les divers peuples. Ce sont elles principalement qu'étudiera cet ouvrage. Les problèmes économiques et sociaux se trouveront traités dans un autre volume. Nous n'aborderons ici que ceux pour lesquels des solutions immédiates s'imposent.

Un des plus ardus sera de découvrir un droit nouveau pouvant présider aux relations internationales. La guerre, sans doute, a durement enseigné que le droit appuyé sur la force est le seul respecté mais la force ne saurait être employée toujours. Sur quelles bases le droit nouveau devra-t-il se fonder et comment pourra-t-il se défendre? Dans quelles limites vont se modifier nos idées concernant la solidarité humaine, la protection des faibles, le respect des traités et tant d'éléments de la civilisation qui semblaient définitivement fixés et se trouvent maintenant remis en question?

De ces problèmes en découle un autre plus redoutable encore. Les peuples parviendront-ils à échapper au militarisme? Et s'ils ne réussissent pas à s'y soustraire, comment pourront-ils le superposer aux idées démocratiques qui paraissaient s'imposer partout?

La solution est d'autant plus difficile qu'elle ne dépend pas uniquement de nos volontés. Quand le développement de certaines institutions confère à un peuple une supériorité certaine, les autres sont bien obligés de les adopter. Or, il est évident qu'une nation préparée à la guerre possède un grand avantage sur celles organisées seulement pour la paix.

Le choc par les armes ne représente d'ailleurs pas la seule forme de conflits. Avec la signature de la paix s'ouvrira le grave problème des luttes économiques. Les Allemands tenteront alors naturellement de recommencer les invasions industrielles et commerciales qui leur avaient si bien réussi. S'ils y parvenaient encore, leur triomphe sur le monde serait définitif.

La lutte devra être plus forte contre l'envahissement des personnes que contre l'inévitable pénétration des produits, mais à en juger par les projets actuellement formés, les conflits futurs seront pendant longtemps des luttes d'erreurs économiques.

Sans vouloir préjuger d'un avenir que des changements durables d'idées pourraient modifier entièrement, on peut dire que les peuples adopteront forcément, non pas les institutions qui leur plairont le mieux, mais celles permettant de se protéger contre de possibles agressions.

Problème formidable. Sous peine de périr, il faudra pourtant le résoudre. Dans l'âge des luttes sans pitié où l'humanité vient d'entrer, les faibles sont condamnés à disparaître.

∗∗

L'Europe sera menacée tant que persistera le rêve d'hégémonie de l'Allemagne. Malheureusement cette chimère a pris la forme d'une croyance religieuse, et alors qu'une bataille peut se gagner en quelques heures, il faut de longues années et des expériences répétées pour changer les croyances d'un peuple. Elles restent longtemps génératrices d'entreprises qui bouleversent la vie des nations.

La devise « *Domination universelle ou décadence* », choisie comme titre d'un célèbre ouvrage allemand demeurera gravée dans l'âme germanique, celle des professeurs surtout. L'Allemagne ne se résignera pas facilement à la diminution de son influence et les autres peuples ne se résigneront pas davantage à subir sa domination. La lutte actuelle se répétera donc probablement plus d'une fois.

De toutes ces menaces accumulées comme des nuages au ciel des nations, il résultera sans doute que l'ère de la liberté est close pour longtemps. En dehors même du militarisme nécessité par les craintes d'invasions, comment les peuples échapperont-ils aux chaînes diverses : étatisme, socialisme, radicalisme, et tant d'autres que les théoriciens de la raison pure ne cessaient déjà de forger?

La seule chance pour l'Europe d'obtenir une paix un peu durable sera l'union absolue de tous les partis au dedans et au dehors des alliances indissolubles assez fortes pour créer une sorte de gendarmerie internationale capable de donner aux droits violés une sanction. Faciles à énoncer, ces conditions sont d'une réalisation fort difficile.

Pour un avenir dont la distance échappe encore, les prévisions sont moins sombres parce que le monde verra se développer progressivement un nouveau facteur de paix : l'interdépendance financière et industrielle des peuples. Au milieu des motifs de collisions : haines ethniques, ambitions, rivalités industrielles, etc., il représente l'unique aurore d'apaisement. Trop de dissemblances mentales séparent certaines races pour qu'elles puissent arriver à sympathiser, mais la communauté des intérêts économiques les obligera sans doute à se supporter.

****

Aucun philosophe ne saurait prédire actuellement ce que sera la vie nouvelle dont les fondements émergent à peine des brumes du destin. L'imprévisible nous enveloppe. Des problèmes redoutables se dressent chaque jour, et, comme pour ceux posés par le sphinx de la légende antique, il faudra les résoudre ou périr.

Jamais peut-être pareils sujets d'investigation ne s'étaient offerts aux méditations des penseurs.

La tâche des hommes d'État dirigeant la vie des peuples va devenir difficile. Elle le sera plus encore s'ils oublient que les lois créées par les volontés humaines doivent s'adapter aux nécessités naturelles et jamais prétendre les violer. Les transformations sociales à coups de décrets si souvent tentées par des politiciens autoritaires et simplistes, aboutissent toujours à des désastres.

La guerre européenne montre de quel prix se payent

les illusions politiques et les erreurs psychologiques. A certaines périodes de l'histoire des peuples les fautes de doctrine, de caractère, de jugement et, par conséquent, de conduite sont sans remède. Elles créent rapidement ces fatalités redoutables sous le poids desquelles de puissants empires ont fini par succomber.

Mais les plus habiles gouvernements n'eurent à aucune époque, et maintenant moins que jamais, le pouvoir de déterminer à eux seuls la prospérité d'un pays. Une nation ne se transforme pas avec des lois. Ses progrès résultent de l'évolution des âmes. L'avenir d'un peuple dépend de la durée et de l'intensité de ses efforts. C'est en lui-même et non hors de lui-même qu'il doit chercher les causes de sa grandeur et de sa décadence.

Premières
Conséquences de la Guerre

LIVRE I

LA PERTE DES ILLUSIONS

CHAPITRE PREMIER

LES ILLUSIONS PACIFISTES

§ 1. — Les illusions sur la genèse des grands événements historiques.

En dehors de la science qui transforme les conditions d'existence des hommes, les illusions représentent le facteur dominant de l'histoire. Créatrices des plus importants événements du passé, elles ont présidé à la plupart des édifications et des destructions dont est remplie la vie des peuples. Sous leur influence, de brillantes civilisations ont péri et de grands empires ont été fondés.

Née avec les premiers hommes, l'ère des illusions ne s'évanouira sans doute qu'avec les derniers. Seul, le nom de ces puissants fantômes a quelquefois changé. Les illusions politiques et sociales ont remplacé les illusions religieuses mais en diffèrent bien peu. Sans être aussi fécondes, elles s'annoncent comme devant être aussi meurtrières.

Il ne faut pas trop maudire les illusions, tantôt bienfaisantes, tantôt funestes, qui mènent les hommes, car si elles disparaissaient, l'humanité perdrait peut-être les principaux stimulants de ses progrès. Vivre avec elles est nécessaire puisque les peuples ne peuvent s'en passer, mais on doit apprendre à connaître leurs dangers afin de pouvoir s'en préserver. Plusieurs chapitres de cet ouvrage seront consacrés à montrer leur rôle prépondérant dans le bouleversement qui transforme le monde.

L'Europe est autant ravagée aujourd'hui par l'illusion mystique d'hégémonie d'une race aspirant à la conquérir qu'elle le fut jadis par les croisades et les guerres de religion. Pour lutter contre le peuple envahisseur, les peuples envahis durent renoncer rapidement à d'autres illusions tendant à devenir universelles.

2. — L'illusion pacifiste.

De toutes celles qui amenèrent la France au bord de l'abîme où elle faillit sombrer, la plus néfaste fut l'illusion pacifiste.

Ses progrès grandissaient chaque jour. Les socialistes qui prêchaient la lutte entre les classes prétendaient établir une paix éternelle entre les peuples.

La conflagration européenne a montré aux pacifistes les dangers de leurs erreurs, mais elle ne les a pas tous encore convertis. Un des plus éminents, le professeur Ch. Richet, n'hésitait pas à écrire : « Quand la victoire aura été obtenue, il faudra reprendre les grandes pensées pacifiques de la France républicaine et démocratique ».

Avant la guerre, le pacifisme était surtout propagé par les socialistes et des professeurs, plus familiers avec la logique livresque qu'avec les passions humaines.

Parmi les illusions pacifistes que les aveuglantes clartés de la guerre ont fait le plus vite s'évanouir, figure cette conception chère à tous les socialistes depuis Karl Marx, que ce n'est pas la patrie, mais l'identité de condition qui constitue le lien entre les hommes. Un ouvrier allemand et un ouvrier français sont des frères, alors qu'un ouvrier français se trouve, par le fait seul de sa profession, l'ennemi de son compatriote appartenant à la bourgeoisie, c'est-à-dire à une classe différente de la sienne.

Telle est la base de l'internationalisme ouvrier et de la lutte des classes. Les travailleurs de tous les pays doivent s'unir contre les capitalistes. La guerre entre les classes s'étant substituée à la guerre entre les peuples, l'antagonisme des nations se trouverait remplacé par l'entente universelle des prolétaires. Le concept de classes effacerait le concept de patrie.

Plus éloquente que les discours, l'expérience a prouvé que cette théorie était fondée sur une méconnaissance totale des lois de la psychologie. Avant d'appartenir à une profession, l'homme appartient d'abord à une race et la voix de cette race est autrement forte que celle des intérêts professionnels. On change facilement de profession, on ne change pas de race. C'est justement pourquoi, dès la déclaration des hostilités, les intérêts de la patrie ont primé les intérêts de classes et s'y sont immédiatement substitués.

L'enfantine idée de grève des travailleurs en cas de guerre s'est évanouie comme une vaine fumée. Chez aucune des nations belligérantes, on n'a vu un seul ouvrier songer aux intérêts de sa classe. Au premier appel et sans discussion, chacun s'est rangé sous la bannière de son pays, révélant ainsi la faiblesse de l'illusion internationaliste. La guerre a définitivement résolu en un jour des problèmes que nulle argumentation ne pouvait éclairer.

§ 3. — La lutte du pacifisme contre la notion de patrie.

D'après ses propagateurs, le pacifisme devait amener la fraternité des peuples et, comme conséquence nécessaire, la disparition de l'idée de patrie.

Cette fondamentale notion de patrie était très combattue par les socialistes auxquels se joignait une compacte cohorte d'universitaires. Il leur semblait tout à fait absurde qu'une frontière empêchât les hommes d'être des frères.

Et ici apparaît une fois encore, le danger de vouloir juger avec la raison des forces indépendantes de son domaine. Où en serions-nous aujourd'hui si l'âme des foules n'avait pas vu plus juste que celle des rhéteurs?

Prétendre disséquer des concepts sociaux au nom de la logique rationnelle, sans tenir compte de leurs soutiens affectifs ou mystiques, est s'exposer à juger absurdes les fondements les plus essentiels de la vie des peuples.

Devant la subtile critique des intellectuels la notion de patrie semblait s'effondrer, faute de contenu. Sur quoi la faire reposer, en effet? Est-ce sur la communauté de langue? Non, puisque les diverses provinces d'un même pays, Suisse, Autriche, etc., parlent des langues dissemblables. Est-ce sur la communauté des intérêts passés? Non, encore, puisque les différentes parties d'une même nation, la France par exemple, furent pendant longtemps en lutte.

Les socialistes, surtout, ne manquaient pas de raisons pour rejeter cette notion de patrie. En quoi un ouvrier ne possédant rien peut-il s'intéresser au pays où il vit? La patrie de l'ouvrier n'était-elle pas son groupe professionnel, qu'il fût Allemand, Anglais ou Français?

« Pourquoi, disait un socialiste célèbre devenu depuis ministre, pourquoi voulez-vous qu'ils aiment leur patrie, ces travailleurs qui ne connaissent d'elle que les injustices sociales ? »

A quoi bon d'ailleurs tant de discussions sur une notion désuète, défendue seulement par des bourgeois bornés? N'était-on pas certain que l'âge des guerres se trouvait clos pour toujours et qu'au besoin la démocratie ouvrière saurait empêcher de nouvelles luttes? N'existait-il pas, d'ailleurs, à La Haye un tribunal international chargé de résoudre les conflits? Donc plus de luttes entre peuples et suppression définitive des armées permanentes. Tous les hommes, étant frères, devaient proclamer une paix universelle. Leur seule patrie était le genre humain.

La déclaration de guerre par l'Allemagne et les menaces de destruction qu'elle impliquait pour la France suffirent à faire revivre instantanément dans les âmes l'idée de patrie, ou mieux, la firent surgir de l'inconscient, où elle était ancrée, même chez les pacifistes qui s'y croyaient soustraits.

En temps normal, la patrie restait une abstraction assez vague, un peu lointaine, et dont l'utilité n'apparaissait pas nettement.

La guerre l'a dégagée des nuages qui l'enveloppaient et lui a donné les contours d'une très tangible réalité. Chaque citoyen comprit tout à coup que la patrie c'était lui-même, et qu'en la défendant il se défendait. Devant cette évidence la vanité des théories pacifistes s'est révélée, même à leurs auteurs.

Ils ont sûrement regretté leur incompréhension, le jour où la déclaration de guerre démontra aux esprits les plus obscurcis par de byzantines discussions qu'un principe capable de soulever des millions d'hommes prêts à se faire tuer pour le défendre constituait, par le seul fait de son immense pouvoir, une très solide réalité[1].

La puissance d'une idée ne prouve pas sa valeur rationnelle. Bien que très erronées beaucoup de croyances religieuses et politiques ont soulevé le monde. Il aurait donc pu en être de même pour

---

1. L'opinion de tous les combattants est fort bien traduite dans le fragment suivant d'une lettre écrite au fond des tranchées et publiée par un grand journal : « Aujourd'hui il y a quelque chose d'indéfinissable, qui est au-dessus de tout, c'est un mot vide de sens quand on l'analyse, sublime quand on le prononce : Patrie. Nous sommes à une heure telle, nous vivons une page si tragique que nous devons tous faire tout notre devoir, et quand on fait plus que son devoir, je ne sais même pas si on l'a fait assez. »

l'idée de patrie qui, elle aussi, est devenue une véritable religion.

Or cette religion se trouve au contraire reposer sur un fondement très rationnel.

La patrie représente, en effet, l'ensemble de toutes les forces ancestrales condensées en nous-mêmes. La défendre c'est défendre à la fois le passé, le présent et l'avenir d'une race. Les multitudes qui se font actuellement tuer pour elle sentent inconsciemment cette vérité étrangère à la casuistique des théoriciens, convaincus que l'univers est conduit par la logique de leurs livres.

Des faits nombreux révélés par la guerre sont venus montrer combien l'influence de la race, base de l'idée de patrie, restait prépondérante. Pour la combattre on assurait que le même peuple changeait facilement de caractère dans le cours de son histoire. N'était-il pas évident, par exemple, que les Allemands de l'Amérique se trouvaient américanisés en deux ou trois générations ?

L'expérience a révélé que ces évidences supposées ne constituaient qu'une apparence. Les Allemands émigrés en Amérique s'étaient assimilé en effet, les mœurs, les coutumes, les usages, la langue même du pays d'adoption. Mais ce qui échappait à leur pouvoir c'était de changer leur âme ancestrale. Elle reparut immédiatement quand les intérêts de l'Allemagne entrèrent en jeu. Instantanément ils découvrirent que leur patrie c'était leur race et la vie sociale des États-Unis fut profondément ébranlée par leur propagande et leurs complots.

§ 4. — Les conséquences du pacifisme sur notre préparation militaire.

Le 14 juillet 1914, à la suite d'une interpellation au Sénat sur l'insuffisance avouée de notre armement, le ministre de la guerre disait :

« Le gouvernement ne peut pas être responsable de ce fait qu'au début du vingtième siècle, *ce pays s'est laissé prendre à la chimère d'idéalisme, à la chimère de pacification universelle* ».

Il aurait pu ajouter pour se défendre que les députés radicaux-socialistes étaient tellement convaincus de l'impossibilité d'une guerre qu'ils ne cessaient de réduire de plus en plus le budget militaire. Plusieurs ministres démagogues n'avaient pas hésité à les suivre dans cette voie pour se créer de la popularité.

Les services, écrit *le Temps* du 16 juillet 1914, ont demandé, de 1901 à 1913, 1.142 millions de crédits d'outillage, et les chambres n'en ont voté que 799, soit une réduction de près du tiers. Cette réduction d'ailleurs n'est pas l'œuvre des Chambres seules. Les ministres de la Guerre et des Finances y ont participé. Si donc on a manqué d'argent, ce n'est pas, en tout cas, la faute des services.

Les quatre budgets de 1902, 1903, 1904, 1905, œuvre du général André, accusent une réduction totale par les Chambres des crédits d'outillage de 128 millions, c'est-à-dire de près de la moitié des demandes formulées par les services.

Mais cette réduction totale avait d'ailleurs été préparée, dès avant le vote des Chambres par le ministre de la Guerre, qui avait réduit de 96 millions, c'est-à-dire du tiers, les demandes de ses services.

En ce qui concerne les trois budgets préparatifs par le général Picquart (1908, 1909, 1910), la réduction opérée par les Chambres sur les demandes des services a été de 53 millions, soit le cinquième. *Mais cette réduction, comme sous le ministère du général André, avait été préparée par le ministre de la Guerre,* qui avait réduit de 51 millions les demandes de ses services.

Si donc, dans les deux périodes 1902-1905 et 1908-1910, des réductions énormes ont été infligées aux demandes des services compétents, réduisant ces demandes de 262 millions à 128 pour la première, de 267 à 214 pour la seconde, la responsabilité en incombe en premier lieu aux ministres de la Guerre qui, avant tout débat, avaient comprimé les demandes, le général André à 166 millions au lieu de 262, le général Picquart à 216 millions au lieu de 267.

Les réductions portaient sur les éléments les plus essentiels de la défense. Pas d'artillerie lourde, très peu de mitrailleuses, approvisionnement de coups par pièce réduit de 3.000 à 1.400, les forts de Dunkerque, Maubeuge, Lille, Reims désarmés, etc.

Après nos premiers revers et la bataille de la Marne nous ne possédions plus de munitions. Le ministre de la guerre de cette époque, sous prétexte d'égalité, avait eu la folie insigne d'envoyer sur le front tous les ouvriers de nos arsenaux qui fabriquaient du matériel de guerre. Il fallut les mois de septembre et octobre pour aller rechercher un par un dans les régiments et dépôts les ouvriers spécialistes : fondeurs, tourneurs, ajusteurs, etc., et leur faire réintégrer les ateliers. A la fin du mois de janvier 1915 on n'était encore arrivé à produire que 40.000 obus par jour; vers le commencement de mars seulement fut atteint le chiffre de 75.000, largement dépassé depuis grâce au concours de l'industrie privée.

Quant à l'artillerie lourde qui permit aux Allemands de détruire en quelques jours des forteresses telles que celle de Liége, considérée comme imprenable et de se mettre hors de notre portée, tout en nous infligeant des pertes énormes, nous avions également, par suite de notre certitude d'une inviolable paix, négligé d'en construire.

Elle ne fut créée que très tard en raison de la mauvaise volonté de chefs de services qu'on se décida finalement à renvoyer. Dans cette période difficile il fallut lutter non seulement contre les conséquences des théories pacifistes mais encore contre la routine de vieux généraux influencés par les enseignements de leur jeunesse et peu aptes à comprendre les nécessités nouvelles de la guerre.

Au début de la campagne, ce fut le plus complet désordre. Presque rien n'avait été préparé pendant la paix, les pacifistes étant certains de l'impossibilité d'une guerre. On jugera de ce désordre par les détails suivants relatifs au camp retranché de Paris, donnés par la *Nouvelle Revue* (15-8-16).

« Les approvisionnements de réserve pour le temps de guerre n'existaient pour ainsi dire pas ; les forts n'étaient pas approvisionnés ; les ravitaillements qui leur étaient nécessaires n'existaient pas, même dans les magasins. »

Malgré cette absence de ressources, il fallut alimenter les armées qui refluaient sur Paris, plus tard les habiller avec des magasins vides. De Bordeaux arrivait chaque jour une centaine de dépêches impérieuses et contradictoires. Elles ne pouvaient naturellement créer les fournitures qui n'existaient pas. On vécut d'expédients comme, par exemple, celui de couper en deux des couvertures pour doubler leur nombre.

Mêmes désordres dans tous les services, celui de santé notamment. Réquisition, à grands frais et au hasard, d'hôtels qu'on oubliait ensuite d'utiliser ; médicaments envoyés par caisses nombreuses dans des localités sans hôpitaux ; des médecins désignés dans la même journée pour des postes situés dans des villes différentes; formations sanitaires laissées sans médicaments alors que d'anciens hôpitaux désaffectés depuis longtemps en recevaient des cargaisons; refus des médicaments réquisitionnés par l'administration parce que le papier des factures n'avait pas les dimensions administratives; blessés promenés de ville en ville à travers toute la France sans qu'on pût découvrir leur destination; infirmiers recrutés absolument au hasard et parmi lesquels figuraient de simples garçons de charrue, etc.

Il est véritablement merveilleux qu'avec un tel défaut de préparation et la continuation pendant de longs mois des plus invraisemblables désordres, nous soyons sortis de cette terrible aventure sans avoir été écrasés.

CHAPITRE II

LES ILLUSIONS RATIONALISTES

§ 1. — Le rôle du rationalisme dans la genèse des illusions.

L'historien peut se borner à décrire dans ses livres la suite des événements. Le psychologue doit s'efforcer de remonter à leurs causes immédiates ou lointaines.

Beaucoup des événements actuels dérivent d'illusions rationalistes. Le pacifisme, dont nous avons montré l'influence dans le précédent chapitre, n'a pas été leur seule création.

Personne ne songerait aujourd'hui à discuter le rôle de la raison dans l'étude des phénomènes scientifiques. Guidée par l'expérience et l'observation, elle est le seul instrument de la connaissance. En prouvant que les phénomènes obéissent à des lois rigoureuses, elle a éliminé la croyance à l'intervention des dieux dont l'antiquité a vécu. Par elle seulement, nous avons pu dominer la nature et créer toutes les merveilles de la civilisation.

Régnant en maître sur le cycle de la science, qui était sa vraie sphère, le rationalisme se crut fondé à diriger les phénomènes de la vie politique, religieuse et morale. C'est en son nom que nos pères de la Révolution prétendirent reconstruire de toutes pièces la société française, et qu'une foule de rêveurs se proposent de la rebâtir encore.

Pourquoi la science, qui a édifié tant de choses, ne pourrait-elle, suivant la conception si chère aux théoriciens latins, refaire une société nouvelle capable d'assurer le bonheur des hommes?

Elle ne le peut pas, simplement parce que les facteurs rationnels n'ont aucun rapport avec les éléments affectifs, mystiques et collectifs qui déterminent la conduite des individus et des peuples.

Vouloir rebâtir une société au nom de la raison, c'est ne tenir compte que d'un seul des mobiles qui mènent les peuples, et ce mobile se trouve justement être le moins influent.

En dehors des sujets de science pure, les choses jugées uniquement par la raison sont généralement mal jugées. C'est en la prenant pour seul guide qu'on arrive à formuler des opinions analogues à celles, rappelées plus loin, de ces savants professeurs qui, la veille même de la guerre, la déclaraient impossible.

Le rationalisme universitaire prétend tout expliquer par les règles qu'il a posées. Les faits s'écartant de ces règles sont simplement rejetés. Un ancien ministre rappelle à ce propos les assertions suivantes d'un professeur réputé en son temps, M. Vacherot :

Étant donnée une définition de la démocratie, j'en déduis toutes les conséquences pour la société, l'Etat et le Gouvernement... Si mon livre a pour lui la vérité, peu importe que la réalité proteste contre ses principes et ses conclusions... Jamais l'histoire n'a pu être un argument contre la logique!

C'est le même rationalisme qui conduisait jadis un célèbre professeur de la Sorbonne, nommé gouverneur d'une grande colonie, à faire afficher dans les écoles primaires fréquentées par de jeunes sauvages la « Déclaration des Droits de l'homme ». C'est également au nom du rationalisme que furent formulées avant la guerre tant de prévisions si complètement erronées.

L'abus du rationalisme en politique, sa perpétuelle prétention de transformer la société suivant des vues théoriques, avaient conduit la France à un état de désagrégation que nous exposerons dans un prochain chapitre.

§ 2. — Les illusions rationalistes sur l'impossibilité de la guerre.

La guerre a prouvé combien la prétention d'appliquer à tous les phénomènes sociaux les méthodes de la logique rationnelle, empêchait d'apercevoir les véritables mobiles des peuples et, par conséquent, d'interpréter leur conduite.

La raison montre facilement, par exemple, le peu de fondement d'une croyance, mais elle oublie alors que ce sont justement les conceptions rationnellement les plus absurdes qui ont souvent joué le plus grand rôle dans l'histoire.

Ces principes furent oubliés des théoriciens qui, guidés par les seules lumières de l'intelligence, croyaient impossible que les Allemands nous déclarassent la guerre. Leur stupéfaction fut profonde lorsqu'elle éclata. L'impossibilité de découvrir des origines rationnelles au conflit européen désorientait toutes leurs doctrines.

La guerre européenne, écrit l'historien Ferrero, semble un drame incompréhensible et presque absurde... Il est évident que le peuple qui a pris l'initiative de cette fabuleuse aventure était celui qui avait le plus grand intérêt à conserver la paix du monde.

De toute évidence, en effet, l'Allemagne n'avait aucun intérêt rationnel à faire la guerre, puisque son invasion industrielle et commerciale croissante lui aurait bientôt assuré, sans lutte, une suprématie qu'aucune conquête ne pouvait accroître.

Ce n'était donc pas sans motif que les pacifistes et les socialistes se trouvaient d'accord pour affirmer, en se fiant aux seuls enseignements de la raison, que l'hypothèse d'une pareille guerre ne pouvait être envisagée. De leurs assertions répétées résulta le défaut de préparation militaire dont nous avons failli être victimes, et qui entraîna comme premières conséquences la dévastation et la ruine des plus riches départements français.

Les professeurs surtout se montraient affirmatifs. Dans un travail publié peu de temps avant l'ouverture des hostilités[1], un maître réputé de la Sorbonne prétendait prouver, en termes catégoriques, qu'un conflit avec l'Allemagne était rigoureusement impossible.

Des erreurs de prévision aussi lourdes avaient naturellement leurs causes. Elles tenaient, je le répète, à ce que les savants, dirigés uniquement par la logique rationnelle dans leurs investigations, s'imaginent volontiers qu'elle est le véritable guide des peuples et de leurs maîtres, alors qu'en réalité, ces derniers sont conduits par des forces affectives,

---

1. Analysé longuement dans les *Débats* du 25 mars 1913.

mystiques et collectives capables de les faire agir contrairement à leurs intérêts rationnels les plus évidents.

Il pouvait assurément paraître invraisemblable qu'en un siècle aussi éclairé que le nôtre, un peuple se prétendît investi par Dieu de la mission de conquérir le monde, et que son chef osât affirmer la réalité d'une telle mission. Cependant, cette conception a fait périr des millions d'hommes, ruiné l'Europe et plongé dans le désespoir d'innombrables familles.

Ce n'est pas la première fois dans le cours des âges que des conceptions pouvant être considérées comme erreurs évidentes par la raison jouèrent un rôle prépondérant dans la vie des peuples. Il ne faut donc jamais dédaigner leur influence.

§ 3. — Rôle des illusions rationalistes sur la genèse des opinions.

A défaut de séculaires expériences échelonnées le long de l'histoire, la guerre aurait suffi à montrer le faible rôle de la raison sur la genèse des opinions, des opinions collectives surtout.

En dehors des sujets dont le contrôle expérimental est facile, bien peu d'opinions s'appuient sur la logique rationnelle. Le milieu, la contagion mentale, la suggestion et rarement la raison constituent les vraies sources de la plupart de nos opinions.

Sur des faits que l'expérience rend évidents : puissance de l'artillerie lourde, action défensive des tranchées, etc., tout le monde est d'accord, à quelque nationalité qu'on appartienne. Sur l'interprétation de faits au fond aussi clairs, mais que n'étayent pas des expériences suffisamment tangibles, le désaccord est complet.

Les plus illustres penseurs allemands continuent à soutenir, et le peuple entier soutient avec eux, que ce sont les Anglais qui ont comploté la guerre. En vain furent mis sous leurs yeux des documents prouvant les efforts désespérés de la Grande-Bretagne pour éviter une lutte qui lui était profondément antipathique, et à laquelle rien ne l'avait préparée. En vain leur a-t-on prouvé que publicistes allemands, professeurs, historiens, généraux, etc., réclamaient depuis longtemps cette guerre et prétendaient démontrer que la volonté de Dieu concordait avec les intérêts allemands. Aucun argument n'a ébranlé les convaincus, précisément parce que la raison n'était pas le facteur de leurs opinions.

Invoquer la mauvaise foi de tout un peuple pour expliquer de telles croyances serait une pauvre interprétation. Les diplomates sont facilement de mauvaise foi, et le mensonge continu représente pour eux un devoir professionnel; mais il n'existe pas d'exemple dans le cours des siècles de plusieurs millions d'hommes ayant adopté une croyance par mauvaise foi. C'est donc très sincèrement que les Allemands restent persuadés qu'ils furent attaqués. Cette persuasion est fort utile pour eux, parce qu'elle leur confère l'énergie qu'une foi vive donne toujours.

L'opinion du peuple allemand dérive simplement de cette loi générale que les opinions collectives résultent le plus souvent de conceptions mystiques et sentimentales, propagées par contagion mentale. Sur de telles croyances, la raison, je le répète, reste sans prise.

Même dans la vie usuelle, et alors qu'il ne s'agit nullement de grands intérêts collectifs, le fait le plus simple se transforme dès qu'il est observé à travers les sentiments, les passions ou les croyances. La plupart des hommes se trouvent ainsi enveloppés d'un réseau de préjugés et d'erreurs qui les empêchent de voir les choses comme elles sont. Les êtres les plus réalistes ne connaissent souvent de la vie que leur rêve.

Mieux éclairés, les hommes d'État négligent les réalités parce qu'ils s'occupent eux aussi surtout de l'opinion. Incapables de la diriger, ils se bornent à la suivre. L'erreur sera aisément préférée par eux à la vérité si elle impressionne davantage.

Alors que le savant recherche la réalité, le politicien s'en méfie et l'envisage un peu comme une ennemie. La vérité, pour lui, c'est ce qui lui est utile, c'est-à-dire conforme à ses intérêts du moment.

Je conclurai des observations précédentes que si la vérité est difficile à découvrir en temps ordinaire, elle est à peu près inaccessible aux époques troublées où les passions se trouvent violemment surexcitées. Dans l'abîme d'erreurs dont ils sont enveloppés, les esprits les plus indépendants ne parviennent alors à dégager que des fragments de vérité.

§ 4. — Les illusions politiques et le mysticisme rationaliste.

Le rationalisme qui avait envahi notre politique avant la guerre, était souvent artificiel et servait à recouvrir d'une parure altruiste des intérêts et des appétits d'un ordre peu élevé. Agiter le flambeau de la raison et répéter sans trève des formules mystiques destinées à créer le bonheur des peuples, était devenu la condition d'existence des politiciens. La concurrence les vouait à ces perpétuelles surenchères qui précèdent les irrémédiables décadences.

Mais, à côté des rhéteurs cherchant seulement à suggestionner l'âme des foules, se multipliaient les théoriciens de la chaire et du livre, qui prétendaient bouleverser les sociétés au nom de la raison c'est-à-dire de leur raison.

Dans les temps normaux, les éléments biologiques, affectifs, mystiques, collectifs et rationnels de notre nature finissent par s'équilibrer et s'adapter aux nécessités du milieu. Mais, que des circonstances viennent à troubler violemment ce milieu, l'équilibre est rompu. Un élément quelconque, mystique, affectif ou autre devient prédominant, et la vie individuelle et sociale en est bouleversée.

L'habitude des théoriciens latins d'appliquer exclusivement la logique rationnelle à la conduite des individus et des sociétés fut précisément une des causes du déséquilibre général qui avant la guerre grandissait chaque jour. Sous la dissolvante action des rhéteurs de la chaire et du Forum, la stabilité de l'âme ancestrale se désagrégeait lentement. Ballotté dans le monde immense des phénomènes, ayant perdu ses illusions et laissé périr ses dieux, l'homme moderne cherchait péniblement à découvrir de nouvelles lumières capables de diriger ses pensées et soutenir ses efforts. Renonçant à les demander aux puissances divines, il les cherchait dans la raison, et la raison ne. les lui donnait pas.

Ce besoin d'un guide spirituel fut, auprès de beaucoup d'âmes, le motif des succès du socialisme, théoriquement issu de la raison, et qui faillit désorganiser entièrement la France.

Cette foi nouvelle, qui à ses débuts représentait surtout la doctrine de politiciens rêveurs, de professeurs ambitieux, d'inadaptés impuissants et de croyants mystiques, devint la religion d'un grand nombre de cœurs sensibles, avides d'espoir et incapables, comme la plupart des hommes, de se passer d'une croyance pour orienter leur vie.

Et c'est pourquoi maints esprits, peu révolutionnaires pourtant, mais hallucinés par les promesses socialistes, finirent par se mettre à la remorque des plus dangereux démagogues. Ils les laissèrent créer ces ruineuses lois dites sociales, édictées pour obéir aux convoitises de comités bruyants, et dont les seuls résultats furent la paralysie du commerce et de l'industrie, l'excitation des haines et la préparation de violents mouvements révolutionnaires.

Et ici nous touchons à un phénomène psychologique fort curieux : le rationalisme finissant par revêtir la forme d'une croyance religieuse, c'est-à-dire engendrant un mysticisme du même ordre que celui qu'il avait prétendu détruire.

Arrivée à ce point de son évolution, une foi nouvelle échappe à l'influence de la logique rationnelle qui l'a créée. Elle appartient désormais au cycle des croyances et se propage comme toutes les autres, par affirmation, contagion mentale, répétition et prestige.

Cette transformation d'une théorie rationaliste en une croyance mystique n'est pas rare dans l'histoire. L'idée mystique de l'hégémonie allemande contenait d'abord, elle aussi, un élément rationnel représenté par la théorie scientifique, dont la fausseté ne fut reconnue que plus tard, de l'unité et de la suprématie anthropologique de la race allemande. Sur ce fondement erroné s'édifia une doctrine qui prit bientôt une forme mystique et put, dès lors, survivre à la disparition de la théorie lui ayant donné naissance.

On peut considérer comme une loi générale que les interprétations rationalistes se transforment invariablement en croyances mystiques dès qu'on les applique à des sujets qui ne sont pas de leur domaine.

Ce mysticisme à base rationaliste est le plus redoutable de tous. Ses sectateurs proclament leurs oracles avec la plus farouche intolérance, et rêvent de détruire sans pitié les ennemis de leur foi.

De même que nombre des croyances ayant dominé l'âme des multitudes, le socialisme menaçait de devenir générateur de ces fanatismes destructeurs qu'aucune digue ne retient plus. Nous en étions là quand la guerre vint dissiper nos rêves.

§ 5. — Rôle de l'expérience sur l'évanouissement des illusions.

Les erreurs de la nature de celles indiquées dans ce chapitre sont considérées comme des vérités jusqu'au jour où leurs conséquences funestes se révèlent à tous les yeux. Ces conséquences représentent le plus sûr élément de l'éducation des peuples. Elles ne deviennent suffisamment efficaces, cependant, qu'en revêtant des formes catastrophiques capables de frapper tous les esprits.

Sans doute il existe d'autres moyens de persuasion, mais ils sont lents et agissent surtout pour la propagation d'erreurs agréables et non de rudes vérités.

Ne cherchant pas à séduire, la vérité ne s'occupe nullement de nos désirs. Elle n'est donc acceptée que quand des événements impressionnants montrent sa nécessité.

Et c'est pourquoi le monde appartiendra toujours aux rhéteurs qui, par la parole et la plume, enthousiasment les multitudes avec des illusions. Les fantômes créés par eux deviennent vite générateurs d'action. De terribles expériences peuvent seules alors les détruire, mais après qu'ils ont exercé leurs ravages.

Les penseurs obtiennent rarement sur l'âme des foules un tel pouvoir de persuasion. Les vérités qu'ils défendent pourront plus tard illuminer l'avenir, mais elles restent d'abord sans force.

A l'exception d'un petit nombre d'ouvrages religieux tels que la Bible et le Coran, les livres exercèrent toujours une faible action. S'il leur arrive accidentellement de posséder une certaine influence, c'est que les gouvernants aiment à trouver dans les écrits des philosophes une thèse capable de justifier leurs actes. On a souvent rappelé que Robespierre et les hommes de la Révolution s'inspiraient des œuvres de Rousseau. Il semble fort probable que cet écrivain leur fournit simplement, grâce à sa théorie erronée de l'égalité naturelle des hommes détruite par les iniquités sociales, une justification de tous les décrets révolutionnaires.

Le plus habituel rôle des écrits est de préciser les tendances de leur époque. Telle fut justement l'œuvre des publications philosophiques qui précédèrent la Révolution. Elles précisèrent des revendications rendues générales par les oppressions de l'ancien régime et ses inégalités choquantes.

La même observation est applicable aux livres des historiens et des philosophes allemands qui, depuis bien des années, ne cessaient de prêcher à l'Allemagne la conquête des nations voisines. Ils traduisaient simplement les aspirations des gouvernants et les rendirent populaires. Dans un autre pays l'influence de livres analogues eût été nulle. Un des éléments de la persuasion est d'affirmer aux hommes des choses dont ils commençaient déjà à être convaincus.

Quoi qu'il en soit du rôle des livres, il est indubitable que l'action de l'expérience est infiniment plus grande. Seule elle peut dissiper instantanément l'erreur. Devant elle les plus brillantes créations des rhéteurs s'effondrent.

La guerre européenne constitue une de ces grandes expériences au pouvoir persuasif immédiat. Tous les observateurs ont été frappés des changements occasionnés par ce gigantesque conflit dans l'âme des peuples.

C'est sur un amoncellement de ruines matérielles et morales qu'il faudra rebâtir. L'édifice n'aura de solidité que si ses constructeurs savent tenir compte des nécessités qui mènent les hommes.

Il s'écroulera dans de nouvelles catastrophes si on tente de l'édifier pour des sociétés imaginaires, filles de la raison pure, n'ayant d'existence que dans l'esprit des politiciens ou les livres des professeurs.

CHAPITRE III

LES ILLUSIONS PSYCHOLOGIQUES SUR LA MENTALITÉ DES PEUPLES ET SUR LE MANIEMENT DES FORCES QUI LES MÈNENT

§ 1. — Difficultés de connaître l'âme des peuples.

Parmi les nombreux enseignements de la guerre, il faudra noter ce fait essentiel que les divers peuples de l'univers se connaissaient très peu et portaient par conséquent les uns sur les autres des jugements fort erronés.

La connaissance du caractère des peuples reposait sur deux sources que l'on croyait très sûres mais dont l'insuffisance est visible maintenant.

La première était constituée par les fréquentations personnelles, la seconde, par la lecture des œuvres publiées chez le peuple dont la mentalité était recherchée.

Or la fréquentation des hommes dans les circonstances ordinaires ne révèle que des fragments superficiels de leur âme, et les œuvres des écrivains ne parlent guère que de personnages exceptionnels ou imaginaires.

Il faut bien admettre que la connaissance d'un peuple est fort difficile puisque les plus illustres observateurs, Mme de Staël autrefois, Taine et Rénan de nos jours, ont très mal connu l'âme allemande. Les erreurs commises par les diplomates ont prouvé que ces derniers ne la connaissaient pas davantage.

Pour connaître l'âme d'un peuple, il ne faut pas l'observer dans sa vie journalière mais dans les grandes circonstances de son histoire. Il faut chercher son âme dans ses actes et non dans ses discours.

Les livres représentent des manifestations de l'âme consciente et mobile. Les actes révèlent l'âme inconsciente profonde créée par les aïeux.

En s'attachant surtout à ces derniers éléments d'information, on reconnaît bientôt que, malgré de superficielles apparences, l'âme profonde d'un peuple change très peu dans le cours des siècles. Les caporaux prussiens aussi bien que les historiens et les philosophes n'ont fait qu'orienter des aspirations et des instincts existant bien avant eux. L'Allemand de la guerre de Trente Ans s'est montré aussi féroce que ses descendants actuels. Le mépris des traités était aussi complet à l'époque de Frédéric II qu'aujourd'hui.

Si les opinions que les diplomates se font de l'âme des peuples sont souvent très erronées, celles que les peuples se font les uns des autres sont plus erronées encore. C'est même sur cette ignorance réciproque que se fondent parfois leurs amitiés.

Il n'est pas indispensable, en effet, que les peuples se connaissent pour sympathiser. C'est plutôt le contraire qui paraît nécessaire. La sympathie avouée de beaucoup d'Espagnols pour les Allemands pendant la guerre résulte en partie de leur ignorance complète de l'Allemagne, avec laquelle ils étaient sans relation.

Aucune communauté de caractère n'existe entre les deux peuples. Il n'en est peut-être pas dans le monde de plus dissemblables. L'Espagnol est chevaleresque, loyal, respectueux de la foi jurée, l'Allemand n'a aucune de ces qualités et possède à un très faible degré le sens de l'honneur. Fort discipliné il ne demande qu'à obéir alors que l'Espagnol est fier, indépendant, indiscipliné et pour cette dernière raison assez difficile à gouverner. L'Allemand se révèle âpre au gain, rapace, l'Espagnol est généreux et conserve même dans la pauvreté des manières de grand seigneur. Obséquieux avec ses chefs, insolent avec ses inférieurs, l'Allemand, quels que soient sa fortune et son rang, n'a jamais les allures d'un gentleman.

§ 2. — Les facteurs psychologiques de la vie des peuples et l'art de les manier.

La guerre européenne a montré l'importance des connaissances psychologiques dans la conduite des individus et des nations. Les illusions que s'étaient faites les diplomates sur la mentalité de certains peuples et les mobiles qui les inspirent ont eu pour leurs pays de terribles conséquences.

Ce n'est pas assurément que les hommes d'Etat aient manqué de principes directeurs, mais ces principes furent généralement un peu rudimentaires et parfois fort erronés. Telle, par exemple, la conception si répandue que l'intérêt constitue le grand mobile des actions humaines. Or l'intérêt est justement le mobile qui agit le moins sur les multitudes. Puissant sur les individus isolés, il perd toute influence sur les mêmes hommes fondus dans une collectivité.

C'est là une des lois essentielles que j'ai mises en évidence dans ma *Psychologie des foules*. Égoïste à l'état isolé, l'homme incorporé à une foule devient immédiatement altruiste. Dès que l'âme individuelle est agrégée à l'âme collective elle abdique sa personnalité et l'être le plus égoïste devient capable de sacrifier sa vie au triomphe des croyances qu'on lui a suggérées.

Pour l'individu isolé on peut donc faire appel à l'intérêt, mais tout autre sera le maniement des multitudes, tâche qui représente justement celle des hommes d'État. Il faut alors agir sur des mobiles très différents de l'intérêt et, suivant les circonstances, s'adresser à des sentiments ou à des croyances. Ce sont là deux domaines fort distincts puisque le premier appartient à la sphère des influences affectives et le second à celle des influences mystiques. Ces dernières sont les plus puissantes car le mystique domine parfois l'affectif au point d'amener l'être le plus égoïste à sacrifier sa fortune et sa vie.

Si l'homme d'État peut utiliser la logique rationnelle pour parer ses discours il ne doit pas oublier — et les Allemands le savent très bien — que ce ne sont pas des raisons qui conduisent les peuples. Certaines opinions et croyances jugées absurdes par la raison sont, je le répète encore, bien plus puissantes sur les âmes que les vérités les mieux démontrées ou que les intérêts les plus évidents.

Les problèmes psychologiques qui se posèrent aux hommes d'État pendant la guerre et se poseront pendant la paix, sont nombreux. Comment faire naître et grandir un sentiment, une opinion, une croyance? Comment provoquer la régression d'un sentiment ? Comment substituer un élément affectif à un autre ? Quels sont les moyens d'agir sur la volonté inconsciente des individus et des peuples ? Comment manier les éléments fondamentaux de la persuasion : le prestige, l'affirmation, la répétition, la suggestion mentale et la contagion ?

J'ai trop de fois traité ces questions dans mes derniers livres pour qu'il soit utile d'y revenir encore. Je rappellerai seulement que l'art de persuader doit, suivant les cas, s'adresser aux influences affectives, mystiques et collectives qui mènent les hommes et très peu à leur intelligence. La raison, sans doute, arrive à convaincre quelquefois, mais elle ne fait pas agir. C'est pourquoi les grands meneurs d'hommes y eurent si rarement recours.

Je rappellerai encore, en passant, le rôle capital de la contagion mentale dans la vie des individus et des peuples. Génératrice des opinions, du courage, de l'héroïsme et aussi de la peur, elle constitue un des plus puissants facteurs de l'existence sociale.

Les erreurs dans le maniement des forces psychologiques sont le plus souvent, en politique, des erreurs sans remède.

Celles des hommes d'État de l'Entente sur la mentalité des peuples balkaniques ont engendré toutes les lourdes fautes commises en Orient. Un journal de Genève en citait ainsi quelques-unes :

La Quadruple Entente n'a pas été habile ni heureuse dans les Balkans. La Russie, en déclarant ses visées sur Constantinople, a découragé les sympathies de la Roumanie et de la Grèce et facilité l'action de l'Allemagne en Bulgarie : car ce n'est un mystère pour personne que tous les Balkaniques préfèrent voir Constantinople et les détroits rester dans les mains de la faible Turquie : ils gardent ainsi l'espoir de lui succéder un jour.

Toute la situation dans les Balkans était au début favorable aux Alliés : elle s'est retournée presque entièrement contre eux. Tant d'erreurs sont encore réparables, mais l'effort pour les réparer coûtera de plus grands sacrifices.

Ce qui a manqué le plus aux diplomates avant et pendant la guerre, c'est la connaissance de la psychologie réelle des divers peuples et, par conséquent, l'appréciation des vrais mobiles capables d'agir sur chacun d'eux.

L'âme profonde d'un peuple se lit, je le répète, très bien dans ses actes, très mal dans ses discours, plus mal encore dans les propos de ses diplomates. La guerre en a fourni beaucoup de preuves. Peu de personnes soupçonnaient la véritable mentalité des Allemands et ces derniers ne connaissaient pas davantage celle de l'Angleterre et la nôtre.

Si la plupart des hommes d'Etat ont montré, au cours du conflit européen, une si totale incompréhension de l'âme des peuples, notamment de celle des Balkaniques, c'est qu'au lieu de rechercher comment ces peuples s'étaient conduits dans des circonstances analogues, ils fondaient leurs jugements sur la conduite habituelle de chacun d'eux dans les circonstances de la vie courante. Or, nous avons vu que les grands événements provoquent la naissance de personnalités nouvelles, dues surtout à des reviviscences ancestrales.

L'âme de la race surgit alors avec tous ses instincts et domine l'âme formée par les nécessités de chaque jour. Si donc vous voulez pressentir les réactions mentales d'un peuple, étudiez d'abord l'influence de son âme ancestrale dans les graves circonstances de son histoire. Ces puissances ataviques, n'apparaissant que dans les grands bouleversements, restent, en temps ordinaire, méconnues.

Une autre cause est venue encore accroître l'incompréhension de certains diplomates, ceux de l'Allemagne principalement. Toutes leurs notions universitaires aboutissaient à la conception d'un homme métaphysique moyen créé par la raison et sans parenté avec l'homme de la réalité. C'est ce type imaginaire qu'ils firent raisonner d'après leurs règles théoriques.

Règles d'ailleurs fort simples, puisqu'elles se ramenaient au maniement d'un tout petit nombre de facteurs constamment appliqués pendant la durée de la guerre : la terreur, la menace et l'intérêt.

Ces moyens d'impressionner ne sont pas assurément sans valeur. Ils furent excellents avec des peuples comme les Turcs dont les dirigeants ne respectent que la force et l'argent, mais détestables avec des nations de mentalité différente, les Anglais notamment.

La psychologie des diplomates allemands se montra presque toujours erronée, précisément parce qu'ils ne tenaient aucun compte de l'âme ancestrale des diverses catégories d'hommes auxquels ils s'adressaient, ni de la différence des mobiles capables d'agir sur l'individu isolé et sur les collectivités. De là des opérations comme le torpillage du *Lusitania*, l'exécution de miss Cavell, etc., qui, loin de produire l'effet d'intimidation attendu, n'eurent d'autres résultats que de provoquer l'indignation générale, et d'accroître dans de notables proportions le chiffre des engagés volontaires anglais. Sans le coulage du *Lusitania* et les raids de zeppelins, l'Angleterre ne fût probablement pas arrivée à voter le service militaire obligatoire et à décupler la production de ses munitions.

§ 3. — Le maniement des forces psychologiques à la guerre.

Si la connaissance du maniement des forces psychologiques est fondamentale pour la conduite des peuples, elle ne l'est pas moins dans la direction des armées. On peut difficilement être un grand capitaine sans être aussi un habile psychologue.

Tous les chefs illustres se sont préoccupés d'être maîtres de la volonté de leurs soldats. Suivant les hommes et les époques, ils ont dû utiliser des éléments psychologiques assez différents.

De toute évidence, en effet, des Croisés entraînés vers la Palestine par leur foi, des reîtres de la Renaissance entrant au service du parti qui payait le mieux, des Balkaniques s'entre-déchirant avec fureur dès que l'occasion s'en présente, sont poussés par des impulsions d'origines très dissemblables. Le Croisé obéissait à des forces mystiques. La cupidité des reîtres appartenait à la catégorie des forces biologiques et affectives, de même que les haines héréditaires des Balkaniques.

Les deux éléments psychologiques employés par la plupart des anciens chefs d'armée pour obtenir l'obéissance de leurs hommes furent l'intérêt et la peur. L'intérêt, en promettant de fructueux pillages, la peur, en menaçant de châtiments redoutables. J'ai rappelé, dans mon dernier ouvrage, la citation de Frédéric II disant que les soldats allemands n'étant impressionnés que par la crainte du bâton, il était obligé de munir les sous-officiers placés derrière eux de triques solides. La menace des coups constituait un danger immédiat et certain, alors que les balles de l'ennemi représentaient un danger lointain et problématique.

Mais il est d'autres mobiles plus puissants encore que l'appât du butin et la crainte des châtiments. Tels, par exemple, ceux qui entraînaient les soldats de la Révolution et de l'Empire. Ils avaient non seulement, ainsi qu'aujourd'hui, l'amour de la patrie menacée, mais en outre ils se considéraient comme propagateurs de la foi nouvelle qui enthousiasmait leurs âmes, et devait, croyaient-ils, régénérer le monde.

Chez les soldats de Napoléon, l'idéal fut un peu différent, mais aussi fort. Il était à la fois d'ordre mystique et affectif. Chaque combattant se montrait fier de suivre l'invincible chef dominateur des peuples et qu'il adorait comme un Dieu. Tous les soldats participaient à sa gloire et se jugeaient un peu d'une essence supérieure. Tels autrefois les légionnaires romains vainqueurs de l'univers et qui sentaient rayonner en eux toute la grandeur de Rome.

Beaucoup d'autres éléments agissent sur la valeur du soldat. Ne pouvant les énumérer ici, parce qu'il faudrait entrer dans trop de détails, je citerai simplement l'influence considérable exercée par ce que l'on pourrait appeler l'âme du régiment. C'est une entité collective très réelle, très puissante, et que les chefs possédant la psychologie du soldat savent créer. Elle se trouve formée seulement quand tous les hommes se connaissent et ont vécu ensemble sous l'autorité d'un maître capable d'orienter dans un sens unique leurs volontés inconscientes.

Cette âme collective très forte tend à se désagréger lorsqu'on cherche à compléter d'un seul coup une compagnie ou un régiment décimé en lui envoyant un grand nombre de soldats venus de divers côtés. Le nouveau groupe ainsi constitué perd, en effet, beaucoup de son ancienne valeur et ne la récupérera que fort lentement si même il la récupère jamais. Les officiers d'état-major commandant de trop loin l'oublient quelquefois. Pour que la fusion d'éléments divers se fasse utilement, il faut qu'elle s'opère progressivement.

Nombreuses sont les applications de la psychologie à la conduite des hommes. Stimuler leur amour-propre, les rehausser à leurs propres yeux, obtenir leur confiance en sachant les diriger, etc., sont des éléments essentiels de cet art spécial du commandement que les galons ne créent pas.

Un des plus glorieux combattants de la guerre actuelle, le général de Maud'huy, m'a souvent entretenu de l'importance de ces notions. Cet éminent chef a vu se fortifier, par l'expérience, les opinions qu'il avait jadis professées à l'Ecole de guerre sur l'utilité immense, au point de vue militaire, des connaissances psychologiques. Grâce à elles, il a su ramener plus d'une fois au feu des régiments débandés et obtenu de ses hommes tout ce qui leur était demandé. Je tiens de lui qu'il a journellement appliqué les principes de psychologie enseignés dans mes livres et que divers officiers ont contribué aussi à vulgariser par leurs écrits.

Un des plus distingués écrivains militaires de l'Angleterre, le colonel F.-N. Maude a signalé également dans un grand journal l'importance de ces principes à ses compatriotes.

Ces faits prouvent que les recherches des philosophes, bien que souvent stériles, servent cependant quelquefois. On peut le rappeler avec satisfaction dans un moment où le premier devoir de tous les citoyens est d'être utile à leur pays et de se considérer comme « les ouvriers d'un des plus grands événements de l'histoire ».

Disons comme conclusion de ce chapitre, que les êtres sachant manier les forces psychologiques, qu'ils soient diplomates, généraux ou chefs d'Etat, possèdent le pouvoir de diriger les volontés et les pensées des hommes, de même que le physicien connaissant les lois auxquelles obéissent les forces de la nature est maître de ces forces.

Lorsque ce maniement leur est inconnu, ils se trouvent exactement dans la situation de l'individu mis pour la première fois devant un piano. Frappant aveuglément les touches de l'instrument, il n'en tirera que des sons discordants. Or, le clavier des sentiments humains est bien plus difficile à faire vibrer que le plus compliqué des instruments mécaniques. Vouloir s'en servir au hasard de l'instinct ou d'expériences incertaines conduit à des erreurs toujours désastreuses, quand elles s'appliquent au gouvernement des peuples.

LIVRE II

CHANGEMENTS DE MENTALITÉ DÉTERMINÉS EN FRANCE PAR LA GUERRE

CHAPITRE PREMIER

LA FRANCE A LA VEILLE DE LA GUERRE

§ 1. — But de ce chapitre.

Les années qui ont précédé la guerre représentent assurément une des moins brillantes périodes de notre évolution. Toute l'armature sociale se désagrégeait visiblement. Les haines de classes, les persécutions religieuses, les violences parlementaires, les menées des socialistes semblaient des maux sans remède. Le bruit de nos discordes retentissait dans le monde, et ce n'étaient pas seulement des ennemis qui parlaient de notre décadence.

Les héroïsmes et la continuité d'efforts révélés par la guerre ont prouvé combien était superficielle cette décadence. L'âme ancestrale n'avait pas été atteinte, et l'univers voit aujourd'hui que, malgré ses défaillances, la France demeure une grande nation digne de sa glorieuse histoire.

C'est donc d'un esprit rassuré que nous pouvons parler maintenant de nos anciennes erreurs. Cette réminiscence de souvenirs bien récents encore n'a pas seulement un intérêt historique. Rappeler de quelles conceptions funestes nous avons failli être victimes, montre les dangers qui nous menaceraient à nouveau si nous laissions renaître les mêmes influences.

§ 2. — Les influences socialistes.

Toute la politique française d'avant la guerre fut orientée par les théories socialistes. C'est à elles surtout qu'il faut faire remonter les causes de notre désorganisation générale et les défaites entraînées par l'insuffisance de notre préparation militaire.

Le mot « socialisme » est un de ces termes à sens multiple, variant de signification suivant la mentalité des hommes qui les emploient. En France, en Allemagne et en Amérique, il désigne des choses extrêmement différentes.

En France, la théorie socialiste synthétisait principalement des aspirations et des haines. Aspirations vers le partage des richesses, haines contre la fortune et l'intelligence. L'amélioration du sort des travailleurs ne constituait guère qu'une formule servant de parure à ces sentiments.

Les idées dont s'alimentaient les discours socialistes étaient à peu près celles que prêchait leur grand chef Jaurès. On peut les résumer comme il suit : établissement de l'égalité et de la concorde entre les hommes, par la distribution à tous d'une même portion de richesses. Pour y arriver, supprimer, par voie d'expropriation, le régime de la propriété capitaliste, en retirant à la minorité qui les détient, et en répartissant entre tous les travailleurs, les capitaux et les instruments de travail.

Dès que la propriété, au lieu d'être individuelle serait devenue collective, les opprimés recouvreraient leur indépendance et pourraient se développer librement. Il n'y aurait plus alors de luttes de classes puisque les classes auraient disparu. Tous les hommes seraient égaux et heureux. Le paradis régnerait ici-bas.

En attendant l'apparition du paradis rêvé, les socialistes livraient à l'organisation sociale de furieux combats. C'était sans cesse des lois nouvelles contre les industriels, des encouragements aux grèves, des tentatives répétées, et qui réussirent plus d'une fois, notamment pour le rachat de l'Ouest, de faire passer dans les mains de l'État nos grandes entreprises privées de façon à pouvoir y placer fructueusement une clientèle électorale chaque jour plus avide.

A côté du socialisme unifié étatiste grandissait un autre groupe, le syndicalisme, considéré souvent comme un frère du socialisme, mais qui en est au contraire l'ennemi. Il repoussait, en effet, l'intervention de l'État, au lieu d'y avoir constamment recours comme les socialistes unifiés. Parti révolutionnaire, sans doute, il reposait, cependant, sur des bases moins chimériques que le socialisme.

Ayant constaté que l'ancien bourgeois capitaliste perdait graduellement son pouvoir dirigeant, que les grandes entreprises industrielles n'avaient guère à leur tête que des salariés, le syndicalisme prétendait éliminer l'élément bourgeois au profit de l'élément ouvrier, dont il voulait faire une classe propriétaire et indépendante.

Les socialistes français et allemands se réunissaient fréquemment dans des congrès, sans avoir jamais découvert l'abîme mental qui les séparait. Le socialisme allemand était un parti demi-gouvernemental, alors que le socialisme français rêvait, non seulement de renverser le gouvernement, mais encore de rebâtir la société.

L'amélioration du sort des travailleurs est évidemment aussi en Allemagne, le but poursuivi; mais on veut l'atteindre sans les révolutions et les bouleversements si chers à nos turbulents démagogues. L'Allemand tâche de s'adapter à la ruche sociale où il vit. Le Français veut d'abord la détruire. Le socialisme allemand est constructeur. Le socialisme latin destructeur.

Le gouvernement allemand considérait les socialistes avec une bienveillance peu dissimulée. Le gouvernement français les tenait en grande défiance, bien que généralement forcé de leur obéir.

Quant au socialisme américain, il ne ressemble pas plus au socialisme latin qu'au socialisme allemand. Notre humanitarisme, à la fois larmoyant et violent, lui est fort antipathique. L'idéal de médiocrité universelle par le nivellement des conditions et la suppression des élites, paraît fort méprisable aux socialistes des Etats-Unis. Ils ne cherchent aucunement à égaliser les conditions par l'abaissement des plus élevés au niveau des plus humbles, mais, au contraire, à exhausser les plus bas placés sur l'échelle sociale au niveau de l'élite. Le socialisme américain est, en réalité, un socialisme aristocratique.

Bien que les définitions théoriques qui précèdent puissent sembler sans intérêt ici, il était nécessaire de les rappeler pour montrer de quelles prodigieuses utopies vivait le socialisme français.

Devenu une vraie croyance religieuse, il eût fini, pour propager sa foi, par détruire entièrement la société. Elle se trouvait déjà bien ébranlée, quand la guerre est venue interrompre son œuvre néfaste.

Les leçons de la guerre auront définitivement montré à quel point étaient dénuées de valeur réelle les idées que les socialistes croyaient édifiées sur une logique rationnelle très sûre. Devant les réalités, leurs principes fondamentaux se sont effondrés. Il n'en est rien resté, ni la lutte des classes, ni l'alliance internationale des travailleurs, ni le pacifisme, ni l'évanouissement de l'idée de patrie, ni même la théorie du matérialisme historique d'après laquelle le monde était uniquement conduit par des intérêts économiques.

L'expérience a prouvé aux socialistes que toutes les forces rationnelles qu'ils invoquaient étaient dominées par des éléments affectifs et mystiques dont ils ne soupçonnaient pas la force.

On peut remarquer cependant que la guerre a réalisé plusieurs des doctrines socialistes. L'Allemagne n'a fait avec sa réglementation étroite et ses distributions alimentaires que s'enfoncer davantage dans le socialisme étatiste. L'Angleterre elle-même, pays d'individualisme, s'est vue obligée de sacrifier toutes ses libertés industrielles et commerciales aux profits des intérêts généraux et d'accepter la gestion de l'État. La nécessité y a créé une organisation dont on peut dire qu'elle fut socialiste, bien que l'esprit socialiste ne l'inspira nullement. Le capitalisme y a joué d'ailleurs un rôle prépondérant fort contraire aux théories socialistes.

Tout en perdant ses principes théoriques le socialisme ne saurait disparaître parce qu'en dernière analyse il représente la tendance à l'amélioration du sort des travailleurs. En Allemagne, il représentera un jour les idées de liberté et d'égalité dont ce pays reste si loin encore.

On ne saurait s'étonner, d'ailleurs, qu'il y apparaisse un jour sous une forme violente parce que pour un grand nombre de ses adeptes, il constitue un état mental beaucoup plus qu'une doctrine. La mentalité révolutionnaire a été observée à toutes les époques et s'exerce dès qu'un prétexte quelconque lui est fourni. L'hérétique des guerres de religion, le terroriste de la Révolution, le nihiliste des conspirations russes, l'incendiaire de la Commune appartiennent à une même famille psychologique.

§3. — L'idée d'une grève générale en cas de guerre.

L'idée d'une grève générale en cas de guerre, conçue par le parti socialiste français unifié, est une des plus singulières aberrations que des cerveaux de rêveurs aient jamais enfantées. Elle montre à quel point le voile des illusions peut masquer les réalités.

On se souvient comment, la veille même du conflit, nos députés socialistes découvrirent, après de longues délibérations, que, pour rendre une guerre impossible, il suffirait aux travailleurs allemands et français, si leurs gouvernements la déclaraient, de se mettre en grève.

Voté à une grande majorité chez les socialistes

unifiés français, le projet de grève devait être présenté par eux au Congrès International qui allait se tenir à Vienne un peu avant le début des hostilités.

Sans doute, les collectivités sont à l'abri de la honte ; mais elles se composent d'individualités qu'un tel sentiment aurait dû atteindre. Il n'apparaît pas cependant que les propositions, réalisées sous l'œil ironique des socialistes allemands, aient fait rougir les auteurs du projet.

Une vieille légende, rarement démentie par l'histoire, assure que Jupiter commence par troubler l'intelligence des hommes qu'il veut perdre. Le maître des dieux avait sûrement frappé de démence les socialistes qui votèrent ainsi la grève des soldats français en cas de guerre.

Le soutien apporté à l'impérialisme par les socialistes allemands permet de pressentir avec quel mépris ils auraient accueilli la proposition de leurs collègues français. Pour avoir songé à la faire, il fallait cette totale incompréhension entre races dont j'ai, bien des fois, signalé les effets.

Comment, cependant, parmi les auteurs de cet humiliant projet, ne s'en est-il pas trouvé un seul sachant à quel point les socialistes allemands étaient dans les mains de leur gouvernement ?

Heureusement pour notre destinée, les discours des rhéteurs socialistes n'ont exercé aucune action sur l'âme ancestrale des futurs combattants. Leurs bavardages n'entravèrent en rien l'élan national qui souleva toute la France au moment de la guerre.

Le socialisme s'est d'ailleurs tout à fait effondré pendant la guerre. Chacun a vu que la solidarité internationale des ouvriers n'était qu'une de ces formules dont le prestige dissimule la faiblesse. Les prêtres de la foi socialiste restèrent seuls convaincus de la justesse de leurs dogmes. Le congrès qu'ils eurent la malheureuse idée de tenir à Londres pendant la guerre semble prouver qu'ils n'ont rien compris, rien appris.

L'ordre du jour voté à Londres, écrivait M. Charmes, a ressemblé à ceux qui l'avaient précédé dans d'autres Congrès.

On y a retrouvé la guerre de classes, le pacifisme avec toutes ses chimères dont la niaiserie apparaît en ce moment si manifeste, la distinction entre les peuples qui sont pour nous des frères et leurs gouvernements qui sont seuls des ennemis, l'espérance qu'après la guerre les nations libérées, dont on excepte l'Alsace-Lorraine, seront admises à disposer de leurs destinées, c'est-à-dire à énoncer leur volonté par plébiscite, etc., etc. Le morceau se termine par une attaque contre le gouvernement russe pour ses méfaits habituels. M. Sembat était-il là à sa place ? Nous voudrions lui trouver une excuse : peut-être a-t-il cru qu'en y allant il exercerait une heureuse influence sur le Congrès et l'empêcherait de voter ces inepties dangereuses ; mais, dans ce cas, il a trop présumé de son influence : il a dû se soumettre à Londres et peut-être aurait-il dû ensuite se démettre à Paris.

§ 4. — La vie politique.

On sait ce que fut notre vie politique pendant ces dernières années : persécutions religieuses féroces, non seulement des congrégations, mais encore de tous les citoyens n'appartenant pas au parti dominant. La terreur régnait du haut en bas de l'échelle sociale. Le député faisait trembler ses adversaires, mais il tremblait lui-même devant les injonctions de petits comités électoraux où trônaient, à côté des débitants de boissons, les éléments les moins recommandables de chaque cité.

La caractéristique du gouvernement radical-socialiste était l'arbitraire le plus complet. Il professait un entier dédain pour les droits acquis, les lois, les conventions, les contrats. Ses ennemis semblaient être la propriété et le capital, et c'est contre eux qu'il légiférait sans trêve.

Tous les moratoriums désastreux du début de la guerre furent les conséquences de ce terrible esprit jacobin, ne reconnaissant d'autre loi que son propre intérêt et sa volonté. Aussi, accumulait-il les plus maladroites et les plus ruineuses mesures. M. R.-G. Lévy fait remarquer que :

> ... Le Cabinet, qui, au début de 1914, avait jugé la situation de notre trésorerie prospère et un appel au crédit inutile, poussa nos établissements de banque à émettre des emprunts balkaniques, notamment une rente turque, dont le produit servit en grande partie à acheter des navires, à payer la mission militaire allemande à Constantinople, à équiper l'armée qu'on mettait sous les ordres d'un général prussien et qui ne devait pas tarder à être mobilisée contre nous.

Les grands établissements de crédit étaient malheureusement entre les mains de gouvernants qui, faisant payer cher leur protection, enrichissaient une nuée de protégés aux dépens de ces sociétés.

Elles se rattrapaient en plaçant dans leur clientèle des actions de plus en plus véreuses, mais leur procurant de fortes remises. Le pillage de la fortune publique et privée devenait général.

On sait quelles étaient, avant la guerre, les préoccupations de la Chambre. Les persécutions religieuses ayant paru insuffisantes, elle discutait ce qu'on appelait la « défense laïque ». Les socialistes se trouvaient absorbés ar l'établissement de l'im ôt sur le revenu, constituant, grâce à l'inquisition fiscale, un excellent procédé de tyrannie contre leurs adversaires.

Le désordre, d'ailleurs, s'étendait à toutes les branches d'administration. Que dira l'histoire de ces ministres de la guerre démagogues, demandant eux-mêmes, nous l'avons vu, la réduction des budgets militaires pour se rendre populaires? Que dira-t-elle des politiciens gaspillant les ressources nécessaires à l'armement du pays dans les plus folles aventures : rachat de chemins de fer dont le coût dépassa un milliard, lois prétendues sociales plus onéreuses encore, fonds électoraux empruntés, par de savants virements, au budget de la guerre qui, accru parfois sur le papier se trouvait, en réalité, chaque jour plus appauvri.

J'avais longuement montré, voici plusieurs années, dans ma *Psychologie politique*, où notre régime actuel conduirait la France, et prouvé que la guerre grondait déjà. Ce ne sont malheureusement pas les écrits des philosophes, je le disais plus haut, mais uniquement les expériences qui instruisent les hommes.

Je n'ai jamais été grand admirateur des démocraties. L'histoire enseigne que leur triomphe dans une nation précède généralement son déclin. Il faut bien reconnaître, cependant, que si nous n'avons pas sombré dans le gouffre où nous poussaient les sophismes des rhéteurs et les manœuvres électorales, c'est uniquement grâce à l'héroïsme clairvoyant de toute une nation. Ce ne fut pas alors l'élite qui sauva le peuple, mais le peuple qui sauva l'élite.

Dans une sorte de vision instantanée, le pays entier

découvrit l'abîme aux bords duquel l'avaient conduit des politiciens d'aventure, dominés par la peur, la haine et l'envie. Tout un passé d'erreurs, de mensonges, de fallacieuses promesses s'évanouit en un jour.

Qui oserait actuellement parler encore du retour à la loi de deux ans, des persécutions religieuses, de la défense laïque, de la lutte des classes, de socialisation des richesses, de pacifisme, de grève en cas de guerre, du programme de Pau, etc.? Que tout cela paraît aujourd'hui lointain, morne, désuet et surtout honteux.

Il n'existe pas, peut-être, dans l'histoire, d'exemple d'aveuglement aussi complet que celui de notre Parlement avant la guerre. La cécité mentale de nos législateurs était absolue. Elle serait même incompréhensible, si on ne savait à quel point le fanatisme obscurcit l'esprit. Le sectarisme étroit et haineux des socialistes qui, malgré leur nombre restreint, dominaient toute la politique, constituait une atmosphère spéciale empêchant de rien juger sainement ni de rien comprendre.

Devant une politique conduisant la France à la déchéance, et encouragée, semblait-il, par le peuple puisqu'il choisissait lui-même ses députés, on conçoit le pessimisme qui envahissait les penseurs. Bien difficile était l'optimisme en face d'un tel tableau. On m'a parfois reproché la note assombrie de certains de mes livres. Les événements, en vérifiant plusieurs de mes prédictions, ont trop montré que je n'avais rien exagéré.

§ 5. — Le personnel parlementaire.

Le personnel gouvernemental se composait de députés dont le niveau moral baissait à chaque législature. Ils n'étaient guère nommés sans l'appui du gouvernement, qui les recrutait dans le monde des petits politiciens de province, à l'élocution facile, ne reculant devant aucune surenchère et jugés, pour cette raison, par leurs électeurs, capables de rendre des services.

A beaucoup d'eux aurait pu s'appliquer ce mot de Proudhon : « Les hommes qui ignorent le plus complètement l'état d'un pays, sont presque toujours ceux qui le représentent ». Ce qu'ils représentaient, c'était surtout les intérêts matériels de nombreux partis qui toujours ont divisé la France.

Dans la Gaule, disait déjà César, on ne voit que factions, non seulement dans les cités et provinces, mais dans les moindres communes.

Nos députés inspiraient d'ailleurs une bien médiocre estime, même à ceux qui les utilisaient. Dans un discours prononcé à Commercy, en 1896, et cité par M. G. Lachapelle, M. Poincaré disait :

La députation est devenue un emploi, un métier, une fonction, au lieu de rester un contrat de bonne foi entre les électeurs et les élus; et nous nous acheminons peut-être rapidement vers l'heure où elle ne sera plus, sauf de rares exceptions, que le luxe de la richesse ou le gagne-pain du politicien d'aventure. On ne saurait trop dénoncer un tel péril. Le jour où naîtrait une sorte de classe politique et parlementaire sans attaches avec les parties les plus vivantes de la démocratie, sans racines dans les profondeurs du sol national, qui sait entre quelles mains inhabiles et inexpérimentées, qui sait peut-être entre quelles mains criminelles tomberaient les destinées de la France?

Dans la dernière Chambre élue, le parti socialiste avait obtenu 1.400.000 suffrages contre 1.100.000 aux élections précédentes.

La plupart des députés ne professant aucune opinion arrêtée, votaient pour le parti supposé le plus fort. M. Clemenceau a donné sur ce fait les détails suivants :

La moyenne des désintéressements publics aime à se placer sous la protection de la force, et rien n'est plus commode pour savoir l'opinion que l'on a que de connaître celle qui doit triompher. C'est pourquoi, pendant de longues années, j'ai vu de très près — ayant été, jadis, secrétaire de la Chambre — de braves députés s'entasser autour des corbeilles du scrutin, en toute innocence — bulletin blanc dans une main, bulletin bleu dans l'autre — pour montrer la patte blanche de la chèvre ou la patte noire du loup, selon que la raison du plus fort — toujours la meilleure — allait être attribuée à l'une ou l'autre partie.

§ 6. — L'opinion de l'étranger sur l'état de la France au moment de la guerre.

Il serait attristant de reproduire l'opinion des étrangers sur la France avant la guerre, si nous n'avions pas la satisfaction de prouver, dans un autre chapitre, par des citations fort éloquentes, à quel point cette opinion s'est modifiée depuis que la guerre a révélé les qualités solides masquées par notre désordre et nos dissensions.

En ce qui concerne l'opinion étrangère avant l'ouverture des hostilités, je me bornerai à un petit nombre de citations recueillies dans des journaux amis, et ne pouvant, par conséquent, être accusés de dénigrement systématique.

Voici d'abord un extrait du *Journal de Genève* du 2 décembre 1914 :

Le 2 décembre 1913, le cabinet Barthou a été renversé par une coalition nouée au Congrès de Pau et conduite à l'attaque par M. Caillaux. Son crime? Il avait su prévoir. Après le vote à Berlin de la plus forte augmentation de l'armée dont on eût parlé depuis 1870 et de la contribution extraordinaire d'un milliard, il avait compris ce qui se complotait. Obligé de ne parler qu'a mots couverts, il sut pourtant arracher à la majorité des Chambres la loi de trois ans destinée à procurer des effectifs permanents de taille à tenir tête à l'attaque brusquée qui se préparait. Cela, les partis de gauche ne pouvaient le lui pardonner et criaient au « régime du sabre ». Ils prirent un prétexte financier, l'immunité de la rente proposée pour faciliter l'emprunt de treize cents millions, et le cabinet Barthou fut renversé par 25 voix de majorité...

Alors s'ouvrit une période de troubles intérieurs qui ne contribua point à rehausser le crédit de la France à l'étranger. Quand on étudiera les causes de la guerre actuelle, le 13 décembre 1913 apparaîtra comme un tournant d'histoire.

Dès son avènement, le cabinet Doumergue afficha ses préoccupations surtout électorales. On préparait le renouvellement de la Chambre : partout M. Malvy, ministre de l'intérieur, soutenait les adversaires de la loi de trois ans et se montrait hostile au rappel national que, conscient du péril extérieur, le Président Poincaré et les cabinets précédents avaient sonné non sans écho. Ceux qui préconisaient l'apaisement furent dénoncés comme traîtres à la République. Il fallait avant tout entretenir, aviver les discordes politiques, dénoncer des suspects à la façon jacobine.

Puis ce furent les révélations confondantes sur les manigances judiciaires au profit de l'escroc Rochette, les élections générales avec le succès personnel de M. Caillaux, la majorité démagogique tirée des urnes par M. Malvy, le ministère de M. Ribot renversé au bout de quarante-huit heures, tout radical qu'il se fût montré.

En Allemagne, on jouissait de ce spectacle. On y enregistrait avec une débordante joie tous les cris de haine qui s'échangeaient en France. Comme sur un mot d'ordre, toute la presse, tant à Berlin qu'à Vienne, avait pris avec une ardeur unanime le parti du couple Caillaux. Décidément, l'heure était venue. L'Angleterre se débattait avec le *home rule* et le prince Lychnowski la déclarait, dans ses rapports, incapable de se ressaisir pour faire bloc devant un péril étranger.

La *Gazette de Lausanne* s'exprimait d'une façon analogue. En voici un extrait :

En France, le désordre était grand. Entre radicaux-socialistes d'une part et adversaires de toute étiquette de l'autre, la lutte en était arrivée à ce degré de violence où les notions élémentaires de justice, d'honnêteté, de bienséance s'effacent, où tous les moyens de combat deviennent légitimes. De cette situation, le procès Rochette fut le signe et l'affaire Caillaux le drame. O disait sans doute que la France valait mieux que ses hommes politiques; et c'est strictement vrai. Mais, à force de les coudoyer, de les tolérer ou de les applaudir, la nation menaçait de tomber à leur niveau et quand on l'a vue, lors de la consultation du printemps dernier, accorder un nombre de suffrages croissants à des politiciens incapables d'aucun travail utile et de réputation suspecte, on a eu l'impression que le mal était très grave, les ministères Doumergue ou Viviani paraissant s'accommoder fort bien de cette décadence. Cependant la nouvelle loi militaire, la « loi des trois ans », qui avait répondu à une inquiétude profonde du peuple, subsistait; non que les hommes au pouvoir lui voulussent du bien, mais parce qu'aucun chef politique n'était de taille à la détruire.

Si les démocrates et les ploutocrates avaient été moins avides, moins prodigues, pour leur propre avantage et pour des buts électoraux, des deniers publics, écrivait dans la revue *Scientia*, le 1er mars 1915, le professeur Pareta, et si, par conséquent, la France eût été mieux préparée à la guerre, il se peut que l'Allemagne ne l'eût pas faite.

On voit vers quel attristant déclin nous marchions. C'était une de ces décadences de Bas-Empire dont les peuples ne se relèvent guère. Il faut assurément maudire la guerre qui ruina la France et y sema la désolation. Mais cette gigantesque lutte aura du moins servi à remonter une pente qui, dans le cours usuel de la vie des peuples, ne se remonte pas.

Quand une catastrophe comme celle que nous subissons n'anéantit pas une nation, elle la grandit. Nous devrons cependant garder le souvenir de nos errements passés pour éviter d'y retomber encore.

CHAPITRE II

LA FORMATION DE PERSONNALITÉS NOUVELLES.
QUALITÉS CRÉÉES OU DÉVELOPPÉES PAR LA GUERRE

§ 1. — Les variations de personnalités créées par la guerre.

Les profondes transformations mentales produites par la guerre dans tous les pays ont frappé beaucoup d'observateurs.

La plus singulière surprise de la guerre, écrit Ferrero, c'est le changement qu'elle a fait, en quelques semaines, dans les idées et les sentiments des peuples et des individus. Si la guerre n'a pas encore bouleversé la carte de l'Europe, elle a complètement changé son état d'âme. Chacun de nous n'a qu'à se rappeler comment il voyait son pays, l'Europe, le monde, la vie et ses devoirs dans la première moitié de 1914, et à comparer ce qu'il pensait alors avec ce qu'il pense à présent. Quelle différence ! Et combien les temps qui ont précédé la guerre nous semblent éloignés ! Il n'y a pas une personne un peu habituée à la réflexion qui n'ait aujourd'hui le sentiment d'avoir vécu la première partie de son existence dans l'illusion et dans l'erreur, à propos d'un grand nombre de questions d'importance capitale, et d'avoir été réveillée brusquement à la vérité par une violente secousse.

L'Europe dans laquelle nous sommes nés est en grande partie croulée, depuis le 1ᵉʳ août 1914. Les traités d'alliance, les traités de commerce, les principes politiques et juridiques, l'organisation de l'industrie et de la banque, les traditions historiques, les conventions sociales, les rapports entre les États, les peuples, les classes — tout a été bouleversé, suspendu, retourné, détruit. La paix posera des problèmes formidables.

Quelle est la cause de ces changements? Sur quels éléments de la mentalité ont-ils porté?

Avant de le rechercher, nous rappellerons d'abord les lois psychologiques d'où dérivent les modifications de la personnalité.

J'ai montré, dans divers ouvrages et rappelé dans les *Enseignements psychologiques de la Guerre* que la personnalité, considérée comme très fixe par l'ancienne psychologie, était la synthèse d'un groupe d'éléments susceptibles d'équilibres variés. Sa constance apparente résulte uniquement de la constance habituelle du milieu. Que ce milieu change notablement et, les équilibres constituant la personnalité se transforment aussitôt. L'homme alors n'est plus le même. L'histoire de tous les grands événements, la Révolution française et la guerre actuelle, notamment, offrent de nombreux exemples de tels changements.

Pour que puissent naître des personnalités nouvelles, il faut d'abord que les équilibres antérieurs des éléments de la vie mentale se trouvent désagrégés. D'autres équilibres s'établissent alors, formés par une combinaison nouvelle des éléments dissociés, et qui s'associent de façon à s'adapter au milieu nouveau.

Dans cette combinaison interviendront des matériaux divers, tels que les aptitudes inutilisées en temps ordinaire, mais surtout ces influences ancestrales un peu effacées dans la vie usuelle, qui se révèlent avec force quand l'intérêt de la race se trouve en jeu.

C'est justement la constitution de ces personnalités imprévues qui rend la psychologie d'un peuple à l'état normal si différente de celle du même peuple, quand de nouvelles conditions d'existence lui sont imposées. J'ai déjà signalé cette cause d'erreur chez les diplomates allemands. Ils n'avaient cessé de répéter, avant la guerre, que nous étions un peuple mobile, inconstant, incapable d'effort continu, voué aux discussions politiques, ne songeant qu'au plaisir. Nul d'entre eux ne soupçonnait les changements de mentalité que susciterait leur invasion.

Examinons maintenant l'action des facteurs ayant le plus contribué à la formation des caractères nouveaux observés pendant la guerre.

§ 2. — Changements de personnalités créés par la fusion de l'âme individuelle dans l'âme collective de la race.

Qu'un individu aimant trop ses aises pour se soucier de ses voisins, renonce brusquement à tout ce qui faisait le charme de son existence et sacrifie sans hésiter sa vie à l'intérêt d'êtres futurs qu'il ne connaîtra jamais, constitue un phénomène dont les causes ne résident pas dans des motifs d'ordre rationnel.

Une telle transformation n'est rendue possible que par la substitution de l'âme collective de la race à l'âme consciente individuelle. Quand, sous des influences diverses, cette substitution s'opère, la personnalité ancienne ne compte plus. Elle est entièrement dominée par l'âme ancestrale.

Cette fusion de l'âme individuelle dans l'âme collective a pour première conséquence l'unification générale des sentiments et des idées. Ce phénomène s'est manifesté aussi bien en France qu'en Angleterre,

Rivalités de partis, haines religieuses ou sociales, s'évanouirent dès que le conflit fut déchaîné. Les rationalistes les plus endurcis apprirent alors le sens profond de cette expression : une âme nationale.

La prépondérance de l'âme collective pendant la guerre a frappé tous les observateurs, mais il ne faudrait pas cependant en exagérer la portée. Un grand journal français écrivait que les enseignements de la guerre, relatifs à la morale, tiennent dans les deux lignes suivantes : « La communauté seule existe, et les individus ne comptent absolument pour rien ».

Cette formule simpliste n'est à demi exacte qu'à certains moments de l'existence d'un peuple. Mais ces moments sont brefs, et dans le courant de la vie ordinaire, l'élite demeure prépondérante.

La guerre nous a surtout montré que l'égoïsme collectif, c'est-à-dire l'égoïsme de la race peut, à certaines heures, devenir plus fort que l'égoïsme individuel. Si puissante en temps de paix, la poussée d'égoïsme individuel s'efface devant les impulsions ataviques représentant l'intérêt collectif d'un peuple.

Telle est, au fond, la grande différence entre la période de paix et celle de guerre. Dans la première, l'homme a une vie individuelle, dans la seconde, une vie collective.

§ 3. — Changements de personnalités créés par les nécessités de l'adaptation.

S'adapter à un nouveau milieu, c'est forcément changer de personnalité. Pareille adaptation offre généralement de grandes difficultés. Dans la guerre présente, elle fut facile, parce que les perturbations profondes apportées à l'existence rompirent brusquement la stabilité des anciens équilibres mentaux.

L'adaptation s'est, d'ailleurs, faite en France très rapidement. Le correspondant d'un journal écrivait :

Le milieu nouveau a exercé son influence de chaque heure. *On a dû s'adapter à une existence si nouvelle que le « vieil homme » ne pouvait survivre.* Le constant effort à accomplir; la nécessité de s'arranger tant bien que mal de toutes les circonstances; l'abandon de toutes les chères habitudes; l'attente de l'assaut à donner, tout cela a transformé profondément nos soldats. A vivre avec la mort qui rôde, on se fait un cœur simple et grave — le cœur vrai des héros.

La faculté d'adaptation des Français s'est manifestée surtout dans cette vie des tranchées, si nouvelle pour eux :

...Une fois dans ces tranchées, impression très forte, inoubliable. On réalise avec quelle rapidité, quel génie, des civilisés s'adaptent à la primitivité du milieu où ils sont forcés de vivre, et le modifient. Ce n'est pas seulement une certaine sorte de confort, c'est l'art qui apparaît, qui ressuscite. On ne pouvait d'avance s'imaginer ce qu'un civilisé contemporain est capable de faire avec de la paille, de la simple paille. On a commencé par jeter cette paille en tas sur le sol, et par en garnir les parois, grossièrement, en maintenant les gerbes par des liens. Mais le souci de la beauté est venu; et cette paille, tressée de cent manières, est à cette heure la matière première de cent ornements. Bien plus : dans les tranchées de Champagne, taillées dans la craie, on voit des sculptures, des chapiteaux, des linteaux gravés d'arabesques. Et peu à peu se dégage un style de moderne architecture troglodyte.

L'adaptation à cette vie nouvelle finit par la faire considérer comme un métier dont les dangers n'apparaissent pas plus au soldat qu'à l'ouvrier exerçant une profession dangereuse. Un médecin des tranchées, le Dr Voivenel, m'écrivait à ce sujet :

On va, on vient, on travaille, on s'amuse, on meurt sans y penser, par hasard, et l'officier, le soldat surpris à l'heure du repas le plus gai, se retrouvent instantanément et naturellement, inconsciemment à leur poste, face à la mort. La stabilisation mentale de ceux qui sont devenus les aristocrates du risque est complète. Le courage, étant devenu inconscient, est soustrait à toute délibération.

La guerre a révélé certains caractères des foules que j'ai jadis tâché de mettre en évidence. Une foule amorphe et non dirigée est toujours inférieure aux divers individus qui la composent. Une foule organisée et bien dirigée peut atteindre au contraire un niveau supérieur à celui des individus dont elle est formée. Ce phénomène s'observe dans toutes les armées disciplinées. Elles manifestent des qualités de courage, de patience, de dévouement, que ne possèdent jamais au même degré chacun des hommes qui la constituent.

§ 4. — Changements de personnalités par développement d'aptitudes inutilisées.

L'homme peut généralement plus qu'il ne croit, mais ne sait pas toujours ce qu'il peut. Les circonstances seules lui révèlent ses capacités.

Le valet de ferme devenu roi sous la première République et le lieutenant d'artillerie élu empereur ne pouvaient guère se supposer les aptitudes nécessaires pour remplir de telles fonctions.

La guerre actuelle n'a peut-être dévoilé aucune capacité transcendante, mais elle a montré la variété de personnalités que peuvent revêtir les individus qui nous entourent.

Dans le cours de la vie, les hommes se classent d'après la naissance, l'éducation, et surtout les diplômes acquis mnémoniquement. Ils sont rarement hiérarchisés d'après leur valeur réelle. La rude existence du front devait forcément déterminer des classements nouveaux. L'aptitude à diriger les soldats, à s'orienter sur le terrain, à s'adapter aux conditions imprévues, a changé spontanément les classifications sociales.

De simples commis de magasin sont devenus d'excellents chefs de compagnie, alors que des professeurs réputés, des avocats subtils, arrivaient péniblement à faire des sous-officiers médiocres, écrivait le correspondant d'un grand journal. Il s'est révélé, chez certains, des aptitudes remarquables. Au ...•, trois officiers de réserve sont considérés comme hors ligne. Le plus capable était chef du rayon des jupons au Bon Marché.

Le même correspondant cite aussi un caporal « coupeur de confection pour femmes » qui passait pour l'homme le plus habile de sa compagnie, et à qui l'on confiait les missions les plus difficiles et les plus dangereuses. Des faits du même ordre ont été observés par milliers.

En réalité, il est impossible de dire d'avance comment agiront, dans de grandes circonstances, les hommes qui nous entourent. Le *Times* a cité avec admiration l'histoire de ce garçon de café, n'ayant d'autre occupation habituelle que de servir des consommations et recevoir des pourboires qui, devenu soldat, accepta volontairement la dangereuse mission d'aller reconnaître des tranchées ennemies. Rentré dans nos lignes avec plusieurs blessures mortelles, il eut la force d'âme nécessaire pour demander de la morphine, afin de calmer ses douleurs et faire son rapport à ses chefs avant de mourir.

Ce que nous connaissons des êtres qui nous entourent, et souvent ce qu'ils en connaissent eux-mêmes, n'est qu'une toute petite face des personnalités qu'ils peuvent revêtir.

§ 5. — Qualités de caractère créées ou développées par la guerre.

Les généralités qui précèdent ont montré les causes principales des variations de personnalités créées par la guerre. Il nous reste à marquer maintenant les plus notables des qualités ainsi formées ou développées. Les unes appartiennent au caractère, les autres à l'intelligence. Les premières seront étudiées dans ce paragraphe.

Les principales qualités de caractère développées par la guerre sont les suivantes : énergie, bravoure héroïque, calme, résignation, patience, sacrifice complet de l'égoïsme personnel à l'intérêt général, continuité de l'effort. Un homme qui manifesterait dans la vie civile une faible partie des qualités pratiquées dans les tranchées serait considéré comme un être exceptionnel, et par les esprits religieux comme un saint digne de récompenses éternelles.

De tels hommes, d'ailleurs, ne se rencontrent guère dans l'existence ordinaire, parce que cessant alors d'être sous la domination d'influences collectives ils obéissent à leur âme individuelle. Or, j'ai, depuis longtemps, montré que la psychologie individuelle et la psychologie collective relèvent de lois entièrement différentes. La guerre suffirait à le prouver.

D'une façon générale, on peut dire que le conflit européen aura rehaussé le niveau de notre caractère qui, sous des influences variées, s'était un peu affaissé. Nous perdions de plus en plus l'énergie, la volonté, le sentiment de la responsabilité et surtout l'habitude de l'effort. La guerre actuelle, qui a mis sous les armes toute la jeunesse de la nation et l'a placée dans l'alternative de vaincre ou de périr, lui a enseigné pour longtemps la valeur de l'effort. Les violences de l'Allemagne, ses massacres systématiques, ses destructions de monuments, les destinées que ses intellectuels nous réservaient, ont maintenu les Français dans une situation où tout recul était impossible. Leur volonté s'est donc tendue jusqu'à la limite extrême de l'effort.

« Cette continuité dans la volonté fut peut-être une des plus remarquables qualités créées par la guerre, écrit justement Bergson. Nous serions-nous figuré une tension si prolongée des courages dans une telle continuité de danger que la charge, l'assaut, tout ce qui était l'épreuve de la vaillance, en devînt presque le divertissement ? Non, certes, notre imagination ne s'était pas élevée à la hauteur de ces réalités. »

La guerre aura contribué aussi à révéler bien des qualités populaires que nous ne soupçonnions guère, pour cette simple raison que, dans l'existence ordinaire, les diverses classes des citoyens peuvent se côtoyer, mais se pénètrent pas.

Dans un travail remarquable publié par la *Revue de Paris*, M. Dugard, qui eut l'occasion d'observer beaucoup de blessés de toutes les classes, fait remarquer que la guerre a révélé l'âme fort peu connue de l'ouvrier et du paysan français.

Les romanciers décrivaient seulement, dit-il, ses instincts. Pour eux, l'homme du peuple c'étaient des appétits qui marchent. Ses porte-parole ne disaient que ses revendications, et, à entendre certains d'entre eux exposer le rêve d'une société nouvelle où il aurait suffi au prolétariat de mettre la main sur toutes les formes de la richesse pour assurer à chacun loisirs et félicité, on se demandait si le bon sens national n'avait point subi d'éclipse. Leur discipline, leur endurance, leur façon de se battre et de mourir surpasse tout ce que l'on croyait possible à l'homme. Leurs exploits font pâlir les épopées antiques.

Le stoïcisme de tous les blessés est frappant :

Ces hommes aux traits burinés par de rudes labeurs, ces ouvriers et ces paysans qui n'ont jamais lu Epictète ni Marc-Aurèle et en ignorent jusqu'au nom, ces blessés accablés de fatigue, les os brisés, les chairs meurtries, s'élèvent à la hauteur des plus grands stoïciens par la maîtrise d'eux-mêmes.

L'auteur a constaté chez eux un réel altruisme, le souci de la souffrance des camarades, une extrême délicatesse. Leur offre-t-on des friandises, des cartes postales, des cigarettes, ils en prennent une et on a quelque peine à leur en faire accepter davantage. Cette réserve ne s'étend pas d'ailleurs à des employés de commerce et de bureau.

Alors que tel bureaucrate à qui l'on présente des cigarettes prend sans hésiter la boîte entière, les paysans se mesurent leur part avec tant de discrétion qu'il faut la leur faire.

Leur maîtrise de soi est constante. L'homme du peuple blessé se fait un scrupule de déranger l'infirmier dans la nuit, de crainte de lui causer quelque fatigue.

La grande préoccupation des mutilés est de savoir si en sortant de l'hôpital, ils pourront, malgré l'infirmité qui les atteint, soutenir leur famille. De leurs exploits, ils ne se vantent jamais. Si on les en loue, ils répondent seulement que c'était le devoir. Aux blessés allemands soignés à côté d'eux ils témoignent des sentiments humains et les excusent en disant que leurs ennemis sont bien forcés de se battre.

§ 6. — Qualités intellectuelles développées par la guerre.

Les nécessités de la guerre, nous obligeant à perfectionner sans cesse notre matériel de défense, souvent même à le créer, ont été de puissants stimulants d'activité intellectuelle. En quelques mois, par exemple, l'aviation et l'artillerie ont fait d'immenses progrès. L'industrie a précédé dans cette voie la science, qu'elle suivait autrefois. Tous les pays de l'Europe se sont transformés en usines industrielles qui sont aussi des usines intellectuelles. Chacun a dû faire de prodigieux efforts pour se hausser au-dessus de lui-même.

Et ce ne fut pas seulement l'industrie qui réalisa de grands progrès. Des sciences, jadis un peu théoriques, comme la psychologie, acquirent des précisions insoupçonnées.

La guerre n'a pas fait surgir tout cela du néant, mais elle a rapidement accru ce qui n'existait qu'en germe et accéléré notre évolution.

La science, l'industrie, les arts et la littérature, la politique aussi, vivront pendant longtemps des expériences de la guerre actuelle. Elle ne s'est pas bornée à enseigner beaucoup de choses nouvelles, mais a permis de rectifier bien des erreurs. Aux ouvriers et aux socialistes rêvant la destruction du capital, elle a montré que la guerre n'eût pu se continuer sans l'aide du capital. Aux universitaires confinés dans les livres, elle a enseigné l'utilité de l'éducation technique qui fait la force de l'Allemagne.

La nécessité de travailler vite et mieux a transformé le mécanisme de toutes nos usines, obligé la routine à disparaître et stimulé les initiatives.

Nombreux sont les faits analogues à celui que citait M. Le Chatelier à propos de la fabrication des obus, devenue notre véritable labeur national. Pour créer, avec les méthodes courantes, un ouvrier tourneur capable d'atteindre la précision de quelques centièmes de millimètre exigée dans la fabrication des obus, il fallait compter environ dix ans. En changeant la méthode, on a dressé de bonnes tourneuses en quelques jours. Le même auteur remarquait également que six mois furent nécessaires pour organiser la fabrication des projectiles alors qu'avec une méthode convenable quinze jours auraient suffi.

Cette dernière observation est aussi juste que la première, mais elle fut faite à l'époque où l'industrie privée ne s'était pas encore presque complètement substituée à l'administration routinière de l'État.

§ 7. — Mentalité de la population civile pendant la guerre.

Les guerres du passé n'intéressaient directement que l'élément militaire d'un pays et touchaient peu le reste de la nation qui, parfois même, les ignorait. Dans une lutte à laquelle participent pendant plusieurs années tous les hommes valides de la nation, la psychologie de la population entière est nécessairement modifiée pour les raisons mêmes que je mentionnais au début de ce chapitre.

La tenue de la population civile en France, pendant la guerre, fut parfaite. Elle accepta avec résignation ce fléau inéluctable, et supporta toutes les privations sans murmurer.

Il eût été intéressant de connaître, dès les débuts du conflit, l'opinion des classes populaires si durement frappées par le départ d'un grand nombre des soutiens de famille. Mais cette opinion ne se dégageait pas facilement. La guerre survint brusquement sans que la foule eût à sa disposition les stocks de formules dont elle fait habituellement usage. Faute de traduction verbale facile, sa pensée resta longtemps muette comme elle l'est habituellement devant un cataclysme inattendu.

Un répertoire finit cependant par se former dans les journaux, mais il resta bien abstrait. Dire par exemple que nous combattions au nom du droit et de la justice, constituait pour l'esprit des masses, et aussi un peu pour celui des créateurs de ces formules, quelque chose d'assez imprécis.

Le peuple se montra toujours optimiste et confiant dans la victoire. Progressivement il s'habitua à l'idée que la guerre serait longue et comprit qu'il s'agissait d'une nécessité historique inéluctable, dont la responsabilité ne pouvait incomber au gouvernement.

Les réflexions recueillies dans les endroits populaires frappaient souvent par leur bon sens. J'ai entendu un ouvrier socialiste expliquer à ses camarades qu'il s'était trompé en supposant la guerre impossible et que c'était la faute du peuple, si nous n'étions pas prêts, puisqu'il votait pour les députés promettant la réduction du budget de la guerre.

Aucune analogie entre la mentalité populaire de 1870 et celle de 1914. En 1870, il s'agissait d'armées de métier obtenues par la conscription et un peu étrangères au reste de la nation. En 1914, la nation tout entière combattait. Il n'est guère une famille, des plus riches aux plus pauvres, qui ne compte quelqu'un des siens sur le champ de bataille.

En 1870 l'esprit général était aussi bien différent de celui d'aujourd'hui. Nous n'avions guère que des victoires derrière nous. Celles de la Révolution et de Napoléon I", puis, sous Napoléon III, nos succès de Sébastopol et d'Italie. Sans doute, le premier Empire s'était terminé par la défaite et l'invasion, mais tant de triomphes avaient précédé ces catastrophes qu'elles ne pouvaient engendrer aucun sentiment d'humiliation.

En 1914, ce n'était plus la victoire, mais la défaite que nous avions derrière nous. Et une défaite qui, pendant quarante-quatre ans, avait pesé lourdement sur notre existence. Chacun sentit que nous étions en présence d'une volonté ennemie décidée à détruire la France et qu'un nouvel échec serait la fin de la patrie, l'esclavage définitif sous le pied de l'étranger. Du plus petit au plus grand, tous le comprirent et cette claire notion créa une mentalité imprévue.

CHAPITRE III

PERTURBATIONS MORALES QUE LA GUERRE POURRA ENGENDRER

---

§ 1. — Perturbations morales résultant de la vie militaire.

Après avoir montré les qualités suscitées ou développées par la guerre, il ne sera pas inutile d'indiquer aussi les perturbations morales qu'elle pourra peut-être provoquer.

Toutes les sociétés sont fondées sur des conventions et des contraintes, nécessaires à l'existence des collectivités, mais plus ou moins gênantes pour les individus. Elles sont maintenues d'abord par les sanctions des codes, puis par l'habitude qui rend à la longue les sanctions inutiles. L'expérience montre, en effet, que chez les sociétés civilisées les lois ne sont violées que par une minorité très faible.

Le fondement essentiel de la force inhibitive des lois cesse donc peu à peu d'être la crainte du châtiment, mais bien l'habitude que fortifie chaque génération jusqu'au jour où une révolution dans les esprits vient l'ébranler. Les lois perdent alors leur puissance, l'anarchie en résulte et, si elle persiste, ramène le civilisé à la barbarie. Ce n'est jamais sans danger qu'un peuple est soustrait aux liens de la coutume.

Une guerre ne saurait se prolonger sans perturber toutes les habitudes qui déterminent le respect des lois. Il en résulte bientôt l'affaiblissement de l'armature sur laquelle les sociétés reposent.

Toute l'échelle des valeurs se trouve transposée en effet par la guerre. Ce qui était considéré comme respectable cesse d'être respecté. Les meurtres, les incendies, les destructions, crimes en temps de paix deviennent des vertus. Le respect de la propriété et celui de la vie humaine, fondements mêmes de la société, s'évanouissent. Des bouleversements analogues troublent la vie civile. Les droits politiques des citoyens sont abolis. Un pouvoir militaire autocratique s'impose à toutes les volontés.

En dehors de ces grandes perturbations morales, il en est d'autres, moins graves assurément, mais encore chargées de conséquences. Si fréquents que soient les combats, ils ne sont pas journaliers. Dans leurs intervalles, le soldat demeure forcément désœuvré. Il perd le goût du travail et contracte l'habitude d'être alimenté par l'État. Prolongé pendant des années, ce pli d'oisiveté sera ensuite malaisé à détruire.

Les diverses perturbations que je viens d'indiquer restaient à peu près sans influence dans les luttes rapides d'autrefois auxquelles ne prenait part qu'une portion infime de la nation. Il en est autrement dans les longues guerres d'aujourd'hui qui intéressent tous les membres de la nation.

Sans vouloir préciser maintenant les conséquences

d'habitudes aussi générales et aussi longtemps maintenues, on peut dire qu'il sera bien difficile de rappeler à la vie paisible et au respect des lois les hommes dont le métier a été de tuer et de détruire.

Le code du soldat, en temps de guerre, est simplement la volonté autocratique du chef. Les lois civiles finissent par peser bien peu, quand on s'est accoutumé à n'accepter que des lois militaires indépendantes de l'action des législateurs.

§ 2. — Perturbations morales résultant de mesures législatives.

A côté des perturbations morales résultant de la vie du front, d'autres, aussi graves peut-être, ont été créées dans l'existence civile par les erreurs de nos gouvernants. Telle, par exemple, la succession de décrets moratoires suspendant le paiement des dettes, des loyers, etc.

Un des principaux fondements de la vie sociale est le respect des engagements. Ni commerce, ni industrie, ni relations d'aucune sorte ne seraient possibles sans ce respect.

Nos législateurs l'ont oublié lorsque, poussés par des influences diverses, ils édictèrent, sous le nom de moratorium, la rupture de tous les engagements. Les agents de change se virent autorisés à ne pas liquider la situation des clients, les grandes sociétés de crédit et les banquiers à ne pas rembourser les dépôts qui leur avaient été confiés, les locataires à ne plus payer leur propriétaire.

C'était l'arrêt complet de l'engrenage social. Plus de capitaux en circulation, donc plus d'industrie ni de commerce. Plus de fabrication, plus d'exportation.

Nos gouvernants mirent quelque temps à comprendre cette vérité assez évidente pourtant, mais ils finirent cependant par la saisir. Les banques furent obligées de rembourser leurs dépôts, les agents de change de liquider leurs comptes. Les usines purent alors se rouvrir et la vie économique du pays, entièrement suspendue, reprit un peu.

Si ces mesures, dictées par l'esprit jacobin le plus étroit, avaient persisté, c'eût été la ruine totale du pays à brève échéance, puisque nos exportations auraient été complètement arrêtées, et qu'un peuple ne vivant que d'importations arriverait vite à la faillite.

Restait, cependant, un point important : la dispense de paiement des loyers, acceptée avec joie par les socialistes, et dont les maîtres du jour ne perçurent pas d'abord les incidences.

Elles étaient pourtant bien claires : ruine menaçante des institutions de crédit qui avaient prêté aux propriétaires et que ces derniers, ne touchant plus de loyers, étaient dans l'impossibilité de rembourser ; pertes énormes pour le Trésor, obligé de renoncer aux impôts élevés que les propriétaires lui payaient, etc.

Ce furent là des pertes matérielles considérables, mais les pertes morales furent plus graves encore.

La notion fondamentale du respect des engagements se trouva ébranlée au point qu'une foule de personnes, parfaitement à même de payer leur loyer, s'y refusèrent en s'autorisant de la loi. Des fonctionnaires, des employés, des industriels, dont la guerre n'avait pas atteint les ressources et qu'elle avait même souvent augmentées, usèrent de la faculté accordée par d'imprudentes lois pour se soustraire au paiement de leurs dettes.

La permission de ne pas tenir ses engagements, destinée seulement, dans l'esprit du législateur, à empêcher les familles des soldats pauvres d'être poursuivies, s'étendit vite à toutes les classes et constitua bientôt une sorte de droit nouveau. Il se fixa tellement que les modestes tentatives de quelques juges de paix, pour faire payer leur loyer à des locataires fortunés, soulevèrent à la Chambre les hurlements et les menaces des socialistes, heureux de trouver une nouvelle occasion d'attaquer la propriété.

En janvier 1916, un député socialiste, approuvé à l'unanimité par ses collègues, n'hésita pas à dire :

Prenez garde, monsieur le ministre, vous ne savez pas ce qui s'amasse de rancœurs, de haines ! Prenez garde qu'après la guerre les pauvres ne se dressent contre les riches.

De telles menaces montrent l'inépuisable fonds de haine où s'alimentent les sentiments socialistes. Jamais les pauvres ne furent menacés d'aucune poursuite. Seules, les classes moyennes, qualifiées de riches par ce brave député eurent à souffrir de la privation de leurs revenus, souvent bien minimes.

Les diverses conséquences des moratoriums auront contribué à montrer l'influence que peuvent exercer les lois sur l'abaissement de la moralité publique. Relatant ce fait, que des locataires ayant sous-loué fructueusement l'appartement dont ils étaient détenteurs, se réfugiaient derrière le moratorium pour ne pas payer leur propriétaire, le *Temps* écrivait :

Que de semblables abus aient pu se produire, qu'une telle déviation de sens moral nous soit révélée chez des gens probablement fort honnêtes par ailleurs, il y a là un symptôme grave. Ce n'est pas impunément que, même sous la pression des événements, on est amené à proclamer dans des documents officiels que l'effet des lois et des contrats est suspendu, et qu'on est libre de ne point remplir ses engagements. Prenons garde que dans notre démocratie il n'y ait bientôt, à intervalles réguliers, une question des dettes, comme pour la plèbe romaine dans la décadence de la République.

§ 3. — Perturbations intellectuelles résultant de brusques ruptures d'équilibres mentaux.
L'évanouissement de l'esprit critique.

Tous les grands bouleversements : guerres, révolutions, etc., provoquent un affaissement général de l'esprit critique. Le jugement s'évanouit, et la faculté de voir les choses comme elles sont disparaît.

Et ce n'est pas seulement dans les classes populaires que ce phénomène s'observe. J'ai reproduit, dans mon dernier livre, quelques divagations des plus illustres savants de l'Allemagne, Wundt notamment qui, en temps normal, paraîtraient inexcusables chez un enfant. Combien en est-il parmi eux, après deux ans de discussions et malgré les documents les plus probants, qui ne soient encore convaincus que la guerre actuelle résulte d'un complot ourdi par l'Angleterre ?

Cette absence d'esprit critique ne fut pas spéciale à l'Allemagne. Notre presse fit preuve, pendant la guerre, on ne saurait le nier, d'une sagacité très au-dessous de la moyenne.

Qu'on se rappelle les grands journaux annonçant, dès les débuts de la guerre, l'arrivée des Russes en quelques jours, leurs assurances que dans trois ou quatre mois l'Allemagne entièrement ruinée serait ans l'impossibilité de continuer la guerre, etc.

Si le jugement et le bon sens se sont montrés à ce int faibles dans les couches supérieures de la société, on peut penser ce qu'ils durent être dans les classes populaires.

Les bruits les plus absurdes ne cessèrent de circuler dès l'ouverture des hostilités. En Allemagne, des dépêches annonçaient la traversée du territoire par des automobiles pleines de millions, à destination de la Russie, et conduites par des Français déguisés en femmes. « Les douaniers ne dormaient plus à la seule pensée d'une si riche capture. »

Dans ces moments de crise, tout ce qui est d'ordre rationnel : observation, réflexion, jugement, disparaît. Les invraisemblances les plus énormes sont acceptées et leurs narrateurs croient de bonne foi avoir vu ce qu'ils racontent. A Paris, au début de la guerre, le plus léger soupçon qu'un magasin appartînt à un Allemand suffisait pour le faire saccager.

Un cocher, que j'interrogeais sur les causes du pillage d'une grande maison de chaussures m'assura avoir vu de ses yeux, écrit en grosses lettres, sur cette boutique : « A bas la France ! Vive Guillaume ! »

Comme je lui objectais doucement qu'une telle imprudence était assez improbable chez un commerçant, peu soucieux de provoquer la destruction de ses marchandises, mon brave cocher entra en fureur et me répéta qu'il avait lu lui-même l'inscription tracée sur une bande de toile de plus d'un mètre de hauteur.

Cette extériorisation d'illusions nées dans l'esprit, sous l'influence d'excitations paralysant les facultés d'observation, est un phénomène très fréquent dans l'histoire. Il donne la clef de ces récits d'apparitions, dont les livres fourmillent.

CHAPITRE IV

LE GOUVERNEMENT DE LA FRANCE AU DÉBUT DE LA GUERRE

§ 1. — Leçons de psychologie politique fournies par l'histoire du gouvernement de la France pendant la guerre.

Lorsque, dans une cinquantaine d'années, de patients érudits réussiront, en dépouillant des montagnes de documents, à écrire l'histoire du gouvernement de la France pendant la guerre, ils y trouveront les éléments du plus instructif traité de psychologie politique qui ait jamais été formulé.

Aujourd'hui personne ne pourrait écrire un tel livre, pas plus les gouvernants que les gouvernés. L'histoire d'un gouvernement ne se compose pas simplement, en effet, de l'énumération des mesures édictées par lui, mais aussi de la façon dont elles ont été appliquées puis de leurs répercussions innombrables et souvent invisibles.

L'enchevêtrement de ces divers éléments forme un réseau compliqué qu'il faut ensuite démêler pour comprendre la période politique dont on veut retracer le cours.

Mais si la vraie physionomie du gouvernement français pendant la guerre ne saurait être dégagée actuellement, il est du moins possible d'étudier quelques-uns des enseignements psychologiques fournis par ses actes.

Les critiques ne manqueront sûrement pas de s'exercer sur cette époque. Beaucoup seront fondées, mais si, suivant la méthode pragmatique, on juge les choses d'après leurs résultats, l'historien de l'avenir dira sans doute que la France eut pendant la guerre le meilleur gouvernement qu'elle pouvait avoir en pareilles circonstances. Elle vit à sa tête de très braves gens n'ayant d'autre ambition que celle de sauver leur pays. Ils se sont trompés quelquefois, ont été mal secondés souvent; mais où sont les hommes pouvant prétendre qu'ils auraient mieux agi?

Je n'ai pas d'ailleurs à insister sur ce point. Le rôle d'un philosophe n'est nullement de critiquer ou de louer, mais de constater, et dégager d'utiles leçons des faits observés. Jamais pareille mine d'études psychologiques n'aura été offerte aux méditations des penseurs.

En aucun temps, par exemple, la valeur des diverses formes de gouvernement : personnel, parlementaire, etc., ne pourra mieux être appréciée. Jamais n'apparaîtront aussi clairement les avantages ou les inconvénients de l'autocratie militaire et civile, les conditions qui donnent naissance à de tels modes de gouvernement ou déterminent leur évolution.

On pourra étudier surtout le mécanisme de la formation d'un pouvoir dictatorial et de sa disparition. C'est dans les autocraties que les démocraties cherchent souvent un remède à leurs maux, comme elles firent jadis en choisissant Napoléon III pour maître. Mais la guerre a montré, une fois de plus encore, que l'autocratisme est une fiction. L'autocrate théorique se trouve obligé, en effet, de déléguer ses pouvoirs à des milliers de sous-ordres qui, se sentant irresponsables, deviennent vite d'intolérables despotes. L'autocrate lui-même perd bientôt son action sur eux et en est réduit, pour limiter leurs méfaits, à convoquer des assemblées, ce qui, du même coup, transforme son pouvoir personnel en pouvoir collectif. Ce phénomène a été observé pendant la guerre, non seulement en France, mais encore en Russie.

§ 2. — Désagrégation de la vie nationale au début de la guerre et formation spontanée d'un gouvernement autocratique.

La première conséquence de la déclaration de guerre, au commencement d'août 1914, fut une désagrégation instantanée de l'existence nationale. En quelques jours, et même en quelques heures, la vie sociale se trouva interrompue. Circulation, industrie, commerce, tout fut arrêté, les banques et les usines fermées. L'un après l'autre les éléments de la vie nationale disparaissaient, comme les lumières d'une grande avenue successivement éteintes.

Le seul service qui continua à fonctionner fut celui des chemins de fer. Il fonctionna même très bien, puisque du 1er au 20 août dix mille trains transportèrent près de deux millions d'hommes à la frontière.

Les Chambres ayant été ajournées, le pouvoir fut exercé par un conseil de ministres qui se montrèrent très hésitants et incapables de prendre aucune mesure. Dès les premières défaites, se sentant complètement au-dessous de leur tâche, ils demandèrent eux-mêmes à être remplacés.

La tâche du nouveau ministère était peu facile. Le rôle le plus lourd incomba au ministre de la Guerre. Dès son entrée en fonction, il fut bien obligé de reconnaître que rien n'avait été préparé pour la défense. Voici comment il s'exprima sur ce sujet :

Il n'y avait pas trois semaines que j'étais au ministère de la Guerre que surgissait devant moi, avec une intensité aiguë, la nécessité immédiate, impérieuse, de mobiliser toute l'industrie et d'employer tout ce que nous pouvions avoir d'industriels disponibles, quelles qu'eussent été jusque-là leurs occupations, en les invitant à se joindre aux établissements de l'Etat pour fabriquer à force, des munitions d'abord, du matériel ensuite.

Rien, en réalité, ou bien peu de chose n'avait été prévu par notre état-major. Ce furent les efforts de l'industrie privée qui sauvèrent la France.

Son œuvre fut très compliquée, car 80 % du territoire fournissant le fer et le charbon se trouvait occupé par l'ennemi.

Pendant cette première période de la guerre, le gouvernement devint à peu près absolu. Le conseil des ministres se bornait à ratifier les mesures prises par chacun d'eux. Il forma vite un pouvoir complètement autocratique dégagé de tout contrôle et rappelant le fameux Conseil des Dix à Venise.

Je crois même que ce fut l'unique exemple dans l'histoire d'un régime parlementaire remplacé instantanément, sans révolution, par un régime autocratique absolu.

Chaque ministre était souverain dans son département. Il imposait à coups de décrets, et sans même consulter le Conseil d'État, toute une législation commerciale, industrielle, civile, financière, administrative. Les mesures prises étaient tellement hâtives, qu'il fallait les remanier sans cesse quand leurs inconvénients devenaient trop visibles.

Le pouvoir nouveau ne subissait aucune contestation, puisque les Chambres ne siégeaient pas et qu'une censure rigoureuse empêchait les journaux de publier les réclamations qui pouvaient déplaire. Par ce fait seul, le gouvernement prit des allures de plus en plus despotiques et s'attribua tous les droits, entre autres celui de réquisitionner ce dont il croyait avoir besoin : marchandises, automobiles, châteaux, hôtels, magasins, etc., sans autres limites que sa volonté.

Alors, apparurent bientôt les inconvénients de l'autocratie que je signalais plus haut. Les pouvoirs absolus des ministres furent nécessairement délégués à d'innombrables petits autocrates devenus vite odieux. C'étaient des employés subalternes qui, n'ayant jamais connu dans la vie civile que l'omnibus et l'hôtel borgne, mettaient une persistante obstination à réquisitionner, sous les plus futiles prétextes, des automobiles luxueuses et des demeures somptueuses destinées, en réalité, à leur seul usage. Ils se conduisaient à l'égard des citoyens comme des satrapes asiatiques et en avaient les insolentes allures.

§ 3. — Conséquences finales de l'abus de l'autocratie. Les désordres et le gaspillage.

Les abus de l'autocratie ministérielle devinrent

bientôt assez gênants pour nécessiter une modification du gouvernement.

Après avoir entravé toute la vie sociale par les décrets moratoires, l'autorité s'était attaquée, sous forme de réquisitions, à une foule d'industries, celle des hôtels, par exemple, dont vivaient un nombre immense de citoyens. L'hôtelier ayant des protecteurs suffisants était sûr de se voir épargné. S'il en manquait, son hôtel se trouvait réquisitionné à vil prix et lui-même ruiné au profit des concurrents voisins, véritables auteurs, le plus souvent, de la réquisition. Je pourrais citer une plage maritime fort connue, non loin de Bordeaux, où un obscur agent, improvisé chef de service, après avoir réquisitionné pour lui et sa famille le pavillon d'un hôtel, puis l'automobile de cet hôtel pour ses promenades, prétendait fermer les hôtels rivaux sous prétexte d'y mettre des blessés, alors que les hôpitaux militaires de la région étaient presque vides. Je séjournais alors dans cette localité et pus téléphoner au ministère, à Paris, pour tâcher d'interrompre les fantaisies du satrape improvisé. Mais à pareille distance les ordres du ministre étaient peu écoutés; il dut les renouveler trois fois et destituer le chef de service qui avait couvert l'agent coupable. Ce dernier, protégé par des francs-maçons influents, continua à exploiter le pays, jusqu'au jour où des réclamations unanimes obligèrent le gouvernement à l'expulser, mais il fallut qu'un général vînt lui-même procéder à cette opération.

Des faits analogues furent observés partout. Les désordres et scandales devinrent universels. Le rapporteur de la Commission des Comptes, M. le député

Brousse, on a signalé quelques-uns. Le plus grand nombre resta ignoré du public, quoique ayant probablement coûté bien des millions.

Je suis allé ces jours derniers dans un département envahi. Les autorités civiles avaient organisé d'une façon parfaite les compagnies agricoles. L'administration militaire a voulu mettre la main sur elles et elle a d'abord, naturellement, nommé un inspecteur général. Mais, quand on nomme un inspecteur général, il est toujours suivi d'un inspecteur adjoint. Celui-ci a été suivi à son tour de sous-officiers, de soldats et de l'automobile indispensable. Depuis, les affaires ne vont plus; les compagnies agricoles qui marchaient jusque-là à la perfection sont à vau-l'eau.

Si nous passons au ministère de la Marine, nous voyons que les mesures maladroitement prises ont occasionné une hausse considérable du fret. Plus de la moitié de notre flotte a été rendue indisponible; et cela coûte au budget français 800 millions, près de 1 milliard. A-t-on frappé les fonctionnaires responsables de cet état de choses ? La France paiera annuellement près de 30 millions de rente du fait de cette incurie !

Si nous faisions le tour des ministères, nous verrions que dans tous se commettent des abus semblables; il y en a partout.

L'auteur cite beaucoup de faits du même ordre. Des avions coûtant 12.000 francs et comptés 30.000 francs à l'État pour enrichir des intermédiaires; des pièces détachées valant 9 fr. 50 et facturées 93 francs; des ouvriers embusqués payés 30 et 35 francs par jour sous prétexte de fabriquer des obus, etc.

Ce gaspillage était, d'ailleurs, la simple continuation, un peu exagérée, de traditions administratives déjà anciennes. Le même député montrait, à propos de l'assistance aux vieillards, qui est surtout une assistance aux électeurs, comment une enquête faite sur près de 5.000 dossiers révéla que les deux tiers des inscriptions étaient à supprimer, « mais quand on poursuit devant la justice les auteurs de ces escroqueries, la cour d'assises les acquitte ».

Dans les mairies, y compris celles de Paris, gaspillages analogues. Le rapporteur cite des employés de la Ville qui, en plus de leurs appointements de 4.000 francs, se faisaient allouer 4.100 francs de supplément. Des rédacteurs à 4.400 francs touchaient en plus 2.415 francs. Toutes ces allocations étaient imputées, bien entendu, à des chapitres variés. L'auteur conclut en disant :

Comme on le voit, les finances départementales ou communales sont, parfois, administrées dans des conditions aussi déplorables que les finances nationales... Il n'est guère qu'une chose bien organisée en France, c'est l'irresponsabilité générale.

La guerre ne fit donc qu'aggraver une situation déjà ancienne.

Un autre député, M. Boussenot, dans la séance du 10 mars 1916, montrait à quel point les services de la marine avaient été désorganisés. Navires réquisitionnés, puis oubliés de longues semaines dans les ports sans qu'on les employât, alors que nous manquions de moyens de navigation. Bâtiments chargés sous la direction d'officiers de cavalerie, et si mal aménagés qu'il fallait faire escale en route pour les recharger ; bateaux réquisitionnés et envoyés de port en port à des autorités qui ne savaient à quoi les utiliser. Il faut évidemment voir dans tous ces faits la conséquence d'une mentalité générale.

Durant la guerre, comme avant la guerre, l'État industriel se montra très au-dessous de sa tâche, et ce fut seulement, je le répète, le concours de l'industrie privée qui sauva la situation.

§ 4. — La lutte du pouvoir autocratique contre les lois naturelles. Les taxations.

Avant de tomber, une autocratie s'exagère, et c'est même précisément cette exagération qui finit par causer sa chute.

L'autocrate, voyant d'abord tout céder devant lui, croit son pouvoir illimité et prétend bientôt forcer les lois naturelles à fléchir suivant sa volonté. Les autocrates de tous les âges imiteraient volontiers Xerxès, faisant fouetter la mer qui contrariait ses projets.

Parmi les lois naturelles guidant le cours des choses, figurent certains principes économiques, simple expression des relations entre les phénomènes, que les détenteurs de pouvoir absolu se sont toujours obstinés à vouloir violer.

Semblables tentatives n'ont pas manqué pendant la guerre, aussi bien en France qu'en Allemagne, notamment à propos de la taxation des denrées alimentaires. Elles ont montré qu'en matière d'économie politique et sociale, les expériences les plus catégoriques n'apparaissent jamais suffisamment démonstratives.

Comme à l'époque de la Révolution, les pouvoirs dictatoriaux de France et d'Allemagne prétendirent taxer les marchandises, empêcher les accaparements, etc.

Mais ainsi que dans le passé, ces mesures eurent pour conséquence ou de faire disparaître complètement les matières taxées ou d'en élever le prix. Leur résultat final fut de paralyser le commerce et l'industrie.

Se jugeant toute-puissante, la Convention, elle aussi, avait réquisitionné et taxé les comestibles, poursuivi les accapareurs, établi des greniers d'abondance, etc. Le seul but atteint fut, comme le reconnaissait un conventionnel :

de rendre le peuple plus furieux, les marchés plus dégarnis, les blés encore plus chers. Il n'est pas au pouvoir d'aucune autorité humaine, même conventionnelle, de fixer par une parole la valeur des choses.

La Convention, persuadée, comme nos législateurs modernes, que l'élévation des prix tenait à l'accaparement, décréta la peine de mort contre les accapareurs. Les marchandises disparurent alors tout à fait. Jamais on ne vit mieux l'impuissance des législateurs quand ils veulent lutter contre des lois naturelles.

Les valeurs, disait le conventionnel Latouche, ont leur base dans une multitude infinie de rapports variables que la loi ne peut ni saisir ni dominer.

La Convention finit par reconnaître son erreur. Le 14 brumaire an III elle prescrivait au Comité de salut public et des finances de rédiger un rapport sur les inconvénients du maximum. Le rapporteur Gérard montra que ces lois « avaient tué l'agriculture, étouffé le commerce, anéanti toute espèce d'industrie et ruiné les communautés. Il concluait en disant : « Si vous laissez subsister la loi du maximum une partie des terres restera bientôt sans culture. » En nivôse an III l'Assemblée décréta la suppression complète des lois du maximum. Et s'adressant au peuple elle ajoutait :

Une disette absolue eût été la suite nécessaire de cette loi, si la Convention, en la rapportant, n'eût brisé les chaînes de l'industrie. C'est à l'industrie dégagée d'entraves, c'est au commerce à multiplier nos richesses. Les approvisionnements de la République sont confiés à la concurrence et à la liberté, seules bases du commerce et de l'agriculture.

Un autre conventionnel observait justement à ce propos :

Il est un principe que nous avons appris malheureusement à connaître à nos dépens : c'est que, si le gouvernement se mêle de commerce, il l'anéantit.

Bien que ce dernier principe eût été solidement sanctionné par l'expérience, nos gouvernants actuels ne le comprirent pas et ils s'obstinèrent à formuler des lois pour fixer le prix des denrées. En temps ordinaire, ce prix est déterminé par la grande loi de l'offre et de la demande, qui assigne aux choses leur vraie valeur. Elle fut naturellement paralysée par le système des réquisitions permettant à l'État de s'emparer des objets qui lui semblaient utiles pour la défense nationale en les payant au cours du jour.

Mais comme des intermédiaires connaissant ses besoins avaient fait monter les cours en ramassant toutes les marchandises, le mécanisme de l'offre et de la demande se trouva entièrement faussé.

Les faits révélés à la Chambre montrèrent que la plupart des matières achetées par l'État avaient été payées des prix extravagants. On croyait volontiers que l'État rançonnait alors qu'en réalité c'est lui qui était rançonné et le public aussi par voie de conséquences.

Malgré toutes les démonstrations présentes et passées le gouvernement ne cessa d'intervenir dans le prix des denrées et finit par faire voter de nouvelles lois du maximum.

Le résultat de ces mesures fut l'obligation pour

l'État de s'improviser marchand. On eût compris qu'à
un moment donné il achetât tout le blé disponible
pour le revendre avec perte, afin d'empêcher la hausse
sur une denrée de première nécessité. Mais étendre
un pareil procédé à d'autres substances condamnait
l'État à devenir le seul commerçant. C'est ce que
marquait fort bien un grand journal à propos des
très imprudentes taxations votées par les Chambres.

L'un des résultats les plus à craindre des taxations et des
réquisitions, c'est l'arrêt du commerce libre, mis dans l'impossibilité de continuer à approvisionner le pays à l'aide d'achats à
l'étranger.

Les cours, sur les marchés extérieurs, sont tels que souvent
les prix assignés pour les nouvelles réquisitions auraient
chance de leur être inférieurs; donc, les importations libres
cesseraient. Alors, comme l'approvisionnement du pays devrait
quand même continuer, l'État se serait condamné à l'effectuer
lui-même. Ainsi, il devrait se faire importateur de toutes les
denrées et substances, et, par suite, s'être mis en mesure de
les payer. A l'aide de quelles ressources?

La rareté du sucre a été un nouvel exemple de
l'influence des taxations et interventions de l'État.
« Le sucre est rare, écrivait *le Temps*, parce que l'administration, évinçant le commerce, n'a pas fait les
importations nécessaires en temps utile. Il fallait
laisser s'exercer le commerce librement. La crise
actuelle eût été évitée si, par ses menaces de réquisition à 75 francs, en novembre dernier, quand le
granulé américain valait de 80 à 85 francs, le gouvernement n'avait pas mis le commerce dans l'impossibilité d'importer. »

Malgré toutes ses prétentions à l'organisation savante, le gouvernement allemand a échoué lui aussi
dans ses luttes autocratiques contre les lois naturelles.
Il arriva, comme cela était inévitable, à augmenter

encore la raréfaction des marchandises produite par un demi-blocus et de nombreuses émeutes en résultèrent.

Voici comment s'exprime à ce propos le journal allemand *Lokal Anzeiger* en mai 1916 :

Quelles absurdités avons-nous été forcés de subir ! La population croyait que le gouvernement, grâce à ses grands services de statistique, grâce à son organisation administrative, grâce à la science de ses hauts fonctionnaires, était exactement renseigné sur les approvisionnements du pays. Mais le gouvernement a-t-il été renseigné le moins du monde et a-t-il manifesté de la prévoyance, lorsque, peu après le début de la guerre, il a ordonné le grand massacre obligatoire des porcs ? On voulait économiser ainsi des pommes de terre ; mais ces pommes de terre, au printemps de 1915, ont pourri en grande quantité dans les celliers, et le manque de viande dont on souffre aujourd'hui est en grande partie la conséquence de cette mesure hâtive.

Le gouvernement a encouragé la consommation exagérée du sucre : avec son approbation, on a nourri de sucre des chevaux, des vaches et des porcs. Aujourd'hui, nos femmes restent debout pendant des heures en longues files devant les boutiques des marchands et attendent qu'on leur en remette un quart de livre. Voilà ce qu'on a réussi à faire en Allemagne, le pays qui autrefois approvisionnait en sucre la moitié du monde !

L'hiver dernier, le gouvernement a tranquillement regardé faire, pendant qu'on massacrait les bêtes à cornes et qu'on emmagasinait leur viande sous forme de boîtes de conserves. Actuellement, il est presque impossible de trouver sur le marché de Berlin un morceau de viande de bœuf...

Les protestations des journaux allemands furent unanimes. Ils ont trouvé entre la réglementation actuelle et celle du Comité de Salut Public en 93, « une ressemblance effrayante. »

Les attroupements devant les magasins, les prix maxima et leurs conséquences aussi néfastes qu'inévitables, enfin et surtout la haine déchaînée des consommateurs contre les producteurs, les accusations d'accaparement, les menaces et leurs suites possibles, rien ne manque au tableau. Les journaux conservateurs et agrariens publient un appel à la concorde : habitants des villes, les agriculteurs sont vos frères. Les mesures du gouvernement seraient-elles excellentes que la technique ne pourrait rien sans l'esprit. Or, l'esprit, la volonté de se sacrifier par devoir patriotique, n'existe plus. Plus durait la guerre, plus il a fait place à la routine, à l'égoïsme, à la recherche de ses aises, à une confiance quiétiste dans le gouvernement. Le bourgmestre de Cologne constate en séance du Conseil : « Il est « regrettable au plus haut point de voir les difficultés du mo- « ment exploitées par les partis politiques qui exagèrent, géné- « ralisent, et excitent la haine des classes pour en tirer un « profit. » *(Kölnische Volkszgt, 17-3-16.)*

Une des grandes leçons de la guerre sera sûrement d'avoir appris aux peuples et à leurs conducteurs, d'une façon sinon définitive au moins durable, que certaines lois naturelles dominent la volonté des plus puissants despotes.

Cette incapacité générale à comprendre la force des lois naturelles tient sans doute à ce qu'elles n'agissent qu'au bout d'un certain temps, alors que les mesures dictatoriales semblent avoir des effets immédiats. Le visible immédiat cache l'invisible lointain, mais inexorable.

Tous les désordres énumérés dans ce chapitre et résultant du pouvoir autocratique furent acceptés avec résignation, comme nécessités de la défense nationale. Ils finirent cependant par s'accumuler à tel point que le gouvernement autocratique dut évoluer et se soumettre au contrôle des assemblées parlementaires évité pendant longtemps.

Ce fut la phase fatale de l'autocratisme dont j'ai déjà signalé la nécessité au début de ce chapitre. Nous allons en constater maintenant les effets.

CHAPITRE V

ÉVOLUTION DU GOUVERNEMENT DE LA FRANCE PENDANT LA GUERRE

§ 1. — L'évolution du gouvernement autocratique Rôle des commissions parlementaires.

Nous avons vu que l'autocratie gouvernementale finit par devenir, en raison surtout de la façon dont elle était exercée par les agents subalternes, trop oppressive pour pouvoir durer.

Elle ne dura pas, en effet, et se trouva mitigée par deux procédés différents.

Le premier fut l'intervention des commissions parlementaires. Le second, la substitution au véritable Conseil des Dix que formaient les ministres, d'un nouveau ministère dont le nombre des membres était doublé et comprenait des représentants de tous les partis, de l'extrême gauche à l'extrême droite.

Parmi eux figuraient les anciens présidents du conseil possédant le plus de prestige. Cette conception, basée sur une psychologie assez sûre, fut l'œuvre personnelle de M. Briand[1].

---

1. Les journaux neutres étrangers ont été unanimes à reconnaître l'œuvre considérable de cet éminent homme d'État. Il sut créer l'unité partout, unité de conduite dans la politique intérieure et unité dans les opérations des Alliés. Comprenant le premier qu'en Orient se déciderait l'issue de la guerre, il envoya

Dans la phase nouvelle où entrait le gouvernement, les commissions parlementaires jouèrent un rôle important. Leur influence s'était déjà exercée, mais elle restait minime tant que leurs réclamations ne pouvaient être portées devant les Chambres, c'est-à-dire devant l'opinion.

Il faut bien rendre au Parlement cette justice que pendant la guerre — sauf de rares exceptions — sa tenue fut parfaite et son action fort utile. Cette excellente attitude a beaucoup frappé les étrangers.

Quand on se rappelle ce qu'est la Chambre actuelle, écrivait le *Journal de Genève* du 27 mars 1915, cela tient du miracle.

Elle est née des intrigues exaspérées des partis, à l'heure d'une des pires divisions intestines que la troisième République ait connues. Elle est faite avant tout de spécialistes pour les luttes électorales, de politiciens, d'hommes de parti professionnels. Chacun a son étiquette de groupe. Beaucoup ne valent,

---

une armée anglo-française importante à Salonique et réussit à surmonter les hésitations de la Roumanie. Son rôle visible dans cette nouvelle phase de la guerre fut aussi considérable que l'avait été son influence invisible au début. Plusieurs journaux ont rappelé discrètement ce rôle à propos de l'anniversaire de la bataille de la Marne, mais on n'a pas encore publié les détails de la mémorable séance du conseil des ministres tenue au début de septembre 1914 et dont on peut dire que s'y décida le sort de la France.

J'ai rappelé dans mon précédent volume que le généralissime considérant la défense de Paris impossible et rejetant l'idée du maréchal French d'organiser une ligne de défense sur la Marne, avait par son ordre du jour n° 4 prescrit à son armée de se replier à 100 kilomètres environ au sud de la capitale, sur une ligne dont j'ai indiqué les principaux points.

Il en résultait l'abandon de la capitale et comme conséquence son incendie quartier par quartier afin d'obliger le gouvernement à une paix immédiate. La bataille de la Marne nous sauva, mais il est clair que pour la gagner il fallait d'abord consentir à la livrer.

Or bien peu s'en fallut qu'elle ne le fût pas. Devant la décision du généralissime de se replier au sud de Paris, le ministre de la Guerre de cette époque déclarait à ses collègues réunis en conseil qu'il refusait formellement d'intervenir dans les opérations militaires. A la suite d'une discussion où il fut appuyé par MM. Ribot, Thomson, Guesde, Sembat, Viviani, et le président de la République, M. Briand finit par obtenir que l'ordre fût donné au généralissime d'arrêter sa retraite et de livrer bataille aux Allemands parvenus déjà aux portes de Paris. Cette décision qui sauva la France pourra, comme je l'ai fait remarquer, être invoquée pour montrer à quels hasards tiennent quelquefois les prétendues fatalités historiques.

n'ont été élus qu'à raison de cette étiquette. La Chambre de 1914 s'annonçait comme une pétaudière délirante d'animosités de partis et de rancunes personnelles. Les premiers mois de son existence avaient été détestables. Sa complexion même fut sans doute pour beaucoup dans le choix que fit l'Allemagne de l'heure où elle a déchaîné la guerre. Cette assemblée qui, malgré le péril impossible à ne pas voir, pour peu qu'on ouvrît les yeux, ne parlait que de revenir sur la loi de trois ans, avant même qu'elle eût été complètement appliquée, paraissait à la chancellerie impériale merveilleusement apte à servir involontairement ses projets.

Et voici que la nécessité historique et le sentiment national, réveillé par le péril, lui imposent une unanimité, une cohésion dont aucune de ses devancières n'a donné le spectacle, doublement impressionnant parce qu'il s'agit d'elle. L'impératif catégorique de la France a passé. Les groupes sentent qu'à reprendre leurs sempiternelles disputes ils risqueraient gros. Le peuple ne le pardonnerait pas et même, tout permet de le croire, il saurait agir, car l'événement a montré à quel point ses prétendus représentants lui sont inférieurs.

Le Parlement ne s'est pas borné à un rôle effacé. Par ses grandes commissions il a exercé, je le répète, une action fort utile et mitigé l'autocratie gouvernementale. Ce sont elles, par exemple, qui arrivèrent à vaincre la routine des directeurs de l'Artillerie, s'obstinant à refuser la création de canons lourds et l'accroissement de la fabrication des obus, par suite de leur persuasion que la guerre ne pouvait durer[1].

---

1. Le rôle des Commissions de l'armée, favorisé par la campagne du sénateur Humbert dans le *Journal*, a été tout à fait capital pour l'accroissement de notre matériel de guerre. Voici ce que m'écrivait à ce propos le président de la Commission de l'armée de cette époque, M. le sénateur Boudenoot.

« Son rôle s'est surtout exercé pour amener en mai 1915, après une résistance qui se manifestait de plus en plus grande depuis janvier 1915, le Gouvernemen et plus spécialement le ministre de la Guerre à modifier les errements, les méthodes et les conceptions des directeurs de l'Artillerie. Ce sont les rapports multiples, les objurgations réitérées de la Commission sénatoriale de l'armée (comme aussi de la Commisssion de la Chambre), qui ont vaincu l'inertie et la résistance des bureaux et ont fait qu'à l'heure actuelle et depuis quelques mois déjà, progressivement de juin 1915 à la date où nous sommes, on a accru la production et la fabrication dans des proportions énormes et nous bataillons toujours pour qu'on les accroisse encore. »

La presse étant réduite au silence par la censure, les commissions parlementaires constituèrent pendant la guerre le seul stimulant du gouvernement. Grâce à elles fut faite la lumière sur les invraisemblances de certains marchés dont j'ai parlé plus haut, sur les négligences des bureaux, l'imperfection de notre outillage, la routine administrative due à l'absence de responsabilités, etc.

L'expérience a prouvé que beaucoup de nos services avaient besoin d'être fort étroitement surveillés. C'est ainsi, par exemple, que, malgré les affirmations répétées de certains bureaux, des régiments entiers furent, par la négligence de l'intendance, privés de vêtements chauds, en décembre 1915, alors que les magasins en étaient remplis. Pour découvrir la vérité les membres d'une commission parlementaire durent aller eux-mêmes voir, sur divers points du front si oui ou non les effets avaient été distribués. Ils ne l'avaient pas été.

Le résultat de cette enquête fut une interpellation qui amena la révocation de plusieurs intendants. Les soldats obtinrent alors de suite les vêtements que, sans la commission, ils auraient attendus longtemps encore.

Les exemples précédents, auxquels on ajouterait facilement bien d'autres, montrent qu'un régime parlementaire, si médiocre soit-il, est le correctif nécessaire d'un régime autocratique, quelles que puissent être les circonstances qui l'ont imposé.

La Russie elle-même en fit l'expérience lorsque, trahi de tous côtés, trompé par ses conseillers, voyant ses armées constamment battues, ne sachant plus à qui s'adresser, le tsar se résigna à convoquer la

Douma. Bien qu'étant seulement une ombre de Parlement, elle eut vite démasqué les trahisons et les concussions qui avaient conduit la Russie jusqu'aux extrêmes limites de l'abîme. Le ministre de la Guerre fut emprisonné, un de ses protégés, qui vendait tous les plans de l'état-major à l'ennemi, pendu, d'autres condamnés aux travaux forcés. Les dilapidations se trouvèrent arrêtées, au moins pour quelque temps, et des munitions obtenues. Les scandales révélés furent d'ailleurs tels qu'on préféra proroger la Douma, pour ne pas trop effrayer le public.

Si notre Parlement s'était borné à exercer l'influence bienfaisante dont je viens de montrer les effets, il aurait tracé une belle page dans l'histoire, mais il renfermait un certain nombre de socialistes fanatiques dont les passions, contenues un instant par la nécessité, finirent par se manifester.

Ils empêchèrent les votes de lois sur l'alcoolisme, exigèrent le vote de l'impôt sur le revenu, qui ne pouvait rien rapporter et gênait considérablement les projets d'emprunt du ministre des Finances. Ils en arrivèrent même à vouloir provoquer une crise ministérielle parce que le ministre de la Guerre prétendait empêcher les marchands de vins de Marseille, électeurs influents, de vendre de l'alcool aux soldats.

Un professeur, d'opinions avancées pourtant, M. Séailles, a jugé comme il suit cette triste séance :

Le général Gallieni disait ce que nous pensons tous, et il le disait avec force : « Les mercantis au front et les débitants de boissons, dans un grand nombre de localités, sont les moins intéressants parmi les profiteurs de guerre ; je mettrai des entraves à leur action pernicieuse. » Vous attendiez des applaudissements unanimes ; c'est le commencement de l'orage. Les interruptions, dès lors, se succèdent jusqu'à ce que le ministre de la Guerre, écœuré, descende de la tribune et quitte la salle. Quel triomphe pour les adversaires de notre régime parlementaire, qui montrent dans le marchand de vins l'homme intangible, le grand électeur de la démocratie.

Je doute fort que beaucoup des socialistes actuels reparaissent dans la prochaine Chambre. S'ils reparaissaient ce serait le symptôme d'une décadence sans espoir.

§ 2. — Comment se recrutèrent les Directeurs de services. Faible valeur des spécialistes.

La guerre a prouvé, ce qu'aurait pu prévoir, d'ailleurs, une psychologie clairvoyante que, si les spécialistes sont nécessaires pour exécuter un travail, il n'en faut jamais mettre à la tête d'un service. Ils demeurent, surtout ceux sortis des Écoles, trop stabilisés dans de vieilles théories pour pouvoir en sortir.

Des faits innombrables viennent à l'appui de cette théorie.

Le *Journal de Genève* (31-9-16), a très bien marqué avec quelle peine le gouvernement surmonta l'opposition des techniciens contre les nouvelles méthodes de guerre. Leur incapacité à s'adapter à ces nouvelles méthodes nous a coûté plusieurs centaines de milliers d'hommes.

C'est à un directeur de l'Artillerie qu'on attribue la mauvaise volonté du ministère de la Guerre, pendant une grande partie de l'année 1915, à l'égard de la fabrication du matériel. On prête à un officier d'artillerie, de l'entourage du ministre, ce mot : « Nos canons sont si bons que nous en aurons toujours assez ». Et un autre aurait émis cet aphorisme, digne du maréchal Lebœuf : « Ce ne sont pas les fusils qui nous manquent, mais nous avons trop d'hommes ! »

Dans cette question technique, les techniciens ont eu tor
contre les laïques. Mais, heureusement, la campagne de M. Charles Humbert et des commissions parlementaires, appuyée par
les initiatives hardies et révélatrices d'industriels de génie, a fini
par avoir raison des bureaux. Sur l'Aisne, les Français furent
arrêtés par le manque de moyens matériels. La même raison
limita leurs offensives de 1915. Chacune d'elles fut une sur
prise quant à la dépense d'obus; jamais les prévisions n'at
teignirent à la réalité. Le même motif obligea les Russes à la
retraite et empêcha le salut des Serbes, auxquels la France
aurait pu envoyer des soldats, mais non des armes.

A l'heure actuelle, cette situation est profondément modifiée.
Devant l'évidence des expériences, l'unanimité des esprits s'est
faite. Tout le monde convient aujourd'hui que si la victoire
contient un élément humain et moral « on ne prend pas, selon
le mot d'un général, l'ascendant moral sur des fils de fer ».

L'expérience prouva vite l'impossibilité de maintenir des spécialistes à la tête des services, qu'il
s'agit de l'artillerie, de l'aviation ou de la santé. Tant
qu'ils y demeurèrent, ce fut un complet désordre.
Leur insuffisance devint si manifeste, qu'il fallut les
remplacer par des non-spécialistes dégagés d'idées
préconçues. Alors seulement, nous eûmes des canons,
des munitions, des avions et un service sanitaire
fonctionnant régulièrement.

Les idées fixes des spécialistes sont redoutables. On
sait quels avantages les Allemands ont retirés de
leurs grands dirigeables. Seuls, ils peuvent s'orienter
sûrement dans la nuit à des hauteurs inaccessibles
aux avions et sont peu vulnérables. Nous n'en avons
pas eu parce que nos spécialistes militaires déclaraient, comme ils le firent d'ailleurs pour l'artillerie
lourde, que le dirigeable représentait une arme sans
valeur militaire pouvant, en toute occasion, être
remplacée par l'aéroplane. Quand on constata que
grâce uniquement aux dirigeables les Allemands
avaient pu entreprendre les bombardements lointains

en France et en Angleterre, et que l'aéroplane était presque impuissant contre eux dans la nuit, l'erreur fut reconnue, mais il était trop tard pour la réparer.

Quoi qu'il en soit il fallut remplacer la plupart de ces chefs de service, dont l'incapacité nous avait coûté si cher, par des parlementaires. Assurément, ceux-ci manquaient d'expérience, mais, n'ayant pas de doctrines préconçues et désirant bien faire, ils surent s'entourer de personnes susceptibles de les renseigner.

Le résultat de toutes ces substitutions montra que les hommes vraiment capables d'administrer un service public n'étaient ni des spécialistes, ni des avocats, mais des industriels ayant prouvé leur talent d'organisation par la direction de grandes entreprises. Un directeur d'usine quelconque, fût-elle une simple filature, saura — et l'expérience de la guerre l'a surabondamment prouvé — créer et organiser une fabrication étrangère à sa spécialité.

Il possède en effet de par ses anciennes fonctions, les aptitudes nécessaires à l'organisation le services compliqués. Le célèbre Carnegie raconte, dans un de ses livres, qu'il dut la position d'où résulta sa colossale fortune, à une circonstance ayant prouvé ses aptitudes directrices. Mis alors à la tête d'une fabrique de locomotives, bien que ne s'étant jamais occupé de mécanique, il y réussit au point de devenir milliardaire.

Toute l'expérience de la guerre a vérifié la proposition énoncée plus haut que si les spécialistes sont indispensables pour exécuter un travail, il ne faut jamais leur confier la direction d'un service. Ils ont, de par leur spécialisation même, des vues trop étroites pour concevoir l'ensemble d'une organisation.

§ 3. — L'effort industriel de la France pendant la guerre

Pour concevoir l'effort accompli par notre industrie il faut se rappeler ce qu'elle était aux débuts de la guerre.

Dès les premiers jours de la guerre, la désorganisation des rares usines que nous possédions fut complète. Privées par la mobilisation de leurs ingénieurs et de leurs ouvriers, plusieurs furent obligées de suspendre leur fabrication. Beaucoup d'entre elles se trouvaient d'ailleurs en territoire envahi. Les établissements militaires eux-mêmes avaient perdu une partie de leur personnel.

Par suite de ces pertes diverses la production des hauts fourneaux français fut bientôt réduite de 80 %, et nos mines de houille ne produisirent plus que 15 millions de tonnes de combustible au lieu des 60 millions nécessaires.

La valeur de l'effort accompli en moins de deux ans est montrée par le fait que ce furent des usines improvisées qui arrivèrent à fabriquer 70 % des obus employés. D'une fabrication de 10.000 par jour, elles finirent par dépasser 200.000.

On s'adressa d'abord aux diverses industries de construction mécanique, mais tout leur manquait : matières premières, personnel et outillage. En considérant les résultats obtenus on peut se demander si les Allemands qui vantent si haut leurs méthodes auraient été capables d'improviser une pareille organisation.

De tels efforts ne seront pas perdus. Envisageant à la suite d'une interpellation l'avenir de la France, un ministre français disait à la tribune :

Déjà rayonne sur son front une couronne de prestige et de gloire qui, dans les luttes de la paix, la fera plus ardente au travail, lui rendra une main-d'œuvre plus efficace. N'oubliez pas, dans vos statistiques, cette énergie morale d'un peuple, centuplée par la victoire obtenue pour une noble cause. Demandez-vous si nous n'en tirerons pas de larges compensations.

§ 4. — L'ébauche d'un gouvernement international.

Une des plus remarquables idées du gouvernement français pendant la guerre et une des plus fertiles en conséquences lointaines, fut celle conçue par M. Briand, le lendemain même du jour où il devint président du conseil. L'entente des Alliés était alors assez incomplète. On échangeait des notes. Elles provoquaient des objections, des controverses, qui ralentissaient toutes les opérations. Le premier ministre prit le parti d'aller lui-même à Londres et à Rome, et de réunir à Paris, à époques intermittentes, un conseil de ministres des divers pays auxquels leur situation conférait le pouvoir de solutionner immédiatement les questions d'intérêt commun. Ce résultat, les conférences d'ambassadeurs n'auraient pu l'atteindre et leur totale inutilité était démontrée depuis longtemps. Ainsi fut réglée, par exemple, la question de l'envoi à Salonique de troupes que les Anglais destinaient d'abord à l'Égypte.

Cette collaboration de chefs de gouvernement, réunis pour solutionner, sans recourir à des intermédiaires, les problèmes intéressant leurs pays respectifs, constitue un fait très nouveau. C'est une ébauche de gouvernement international que n'avait pas encore connu l'histoire et dont l'avenir seul précisera les fonctions.

Il ne pouvait, d'ailleurs, naître qu'à la suite du développement de l'interdépendance des peuples.

L'existence seule de cette interdépendance grandissante impliquait l'avènement probable d'une forme nouvelle de gouvernement chargé de régler les intérêts communs. Une des conséquences utiles de la guerre sera d'avoir hâté la création d'un tel gouvernement. Si la paix peut durer en Europe pendant quelque temps, c'est à lui surtout qu'on le devra.

Impossible de comparer cette institution nouvelle à rien de ce qui existait déjà. Aucune analogie avec les États-Unis d'Amérique et moins encore avec le tribunal de La Haye. Les décisions de ce dernier étant dénuées de sanctions — la guerre l'a prouvé — devaient rester sans effet.

La seule comparaison possible, bien que lointaine encore, serait celle qu'on pourrait établir avec l'ancienne conférence des sucres, dont les délégués possédaient le pouvoir de prendre, à la majorité des voix, des décisions sans appel auxquelles les divers gouvernements contractants devaient se soumettre.

Ce chapitre montre, comme plusieurs autres de cet ouvrage, que la guerre a déraciné bien des conceptions anciennes, fixées par l'habitude, et que l'expérience seule pouvait détruire. Si, par une opération magique, nous réussissions, d'un coup de baguette, à ressusciter nos morts et réparer nos ruines, on serait en droit de dire que la guerre rendit à la France des services que les institutions les plus admirables ne lui auraient pas rendus. Seul, ce terrible conflit pouvait renouveler nos sentiments, nos croyances et nos pensées.

CHAPITRE VI

LA MENTALITÉ FRANÇAISE APRÈS LA GUERRE

§ 1. — Genèse de la mentalité française après la guerre.

J'ai examiné dans un précédent chapitre la création d'individualités nouvelles sous l'influence de nécessités diverses. Ces personnalités sont généralement éphémères, ainsi qu'on put l'observer au moment de la grande Révolution.

Il est bien probable cependant que les événements actuels laisseront des traces dans les âmes. Ignorant la profondeur de cette empreinte on ne saurait former que des conjectures sur la mentalité des hommes qui verront la paix.

En essayant de la déterminer un peu nous allons pénétrer sur un terrain inconnu qu'aucune lueur n'éclaire encore. Toutes les prévisions tentées ne peuvent donc constituer que des vraisemblances.

Ces prévisions ont nécessairement, d'ailleurs, un caractère conditionnel. Comment savoir, par exemple, si l'unité intérieure créée par la guerre sera maintenue par les dangers extérieurs qui nous menaceront longtemps encore. Étant donnés les fanatismes qui rongeaient notre pays au moment de la décla.ration du conflit, on ne saurait affirmer leur définitive disparition.

Avant d'examiner ce que pourra être la mentalité des diverses couches sociales, nous rechercherons l'influence des facteurs susceptibles de la créer.

Les sources auxquelles les hommes puisent habituellement les opinions et les croyances régulatrices de leur conduite ne sont pas très variées. Il leur arrive quelquefois de les former par réflexions personnelles, mais ce cas est si rare qu'on peut le négliger Le milieu, le genre de profession, la contagion mentale fournissent un certain fond d'idées et d'habitudes servant à interpréter les événements et à critiquer ce qui s'écarte de l'opinion du groupe dont nous faisons partie.

Au cours des grands bouleversements sociaux comme la guerre actuelle, ce fond habituel des opinions est désagrégé. Des facteurs nouveaux, dont nous allons examiner quelques-uns, suscitent des idées et des orientations de sentiments pouvant créer des mentalités nouvelles.

§ 2. — Égalisation des conditions créée par la vie en commun.

Malgré tout le sang versé, la Révolution ne réussit pas à établir l'égalité et la fraternité parmi les hommes. On était trop près de l'ancien régime et les vieilles séparations sociales reparurent bientôt.

En dépit des théories et des codes, la société française restait divisée en castes et classes, jouissant des mêmes droits devant la loi mais pratiquement séparées.

Sans parler des différences de races qui distinguent nettement les diverses parties de la France : Bretons,

Normands, Gascons, Provençaux, etc., les classes vivaient sans se connaître. Le noble ignorait le bourgeois et ce dernier considérait le travailleur manuel comme d'une essence inférieure à la sienne, bien qu'en réalité il n'en différât le plus souvent que par le costume, des habitudes plus raffinées et quelques subtilités de langage.

La guerre actuelle a créé rapidement l'égalité sociale que la Révolution et les régimes qui suivirent n'avaient pu établir en plus d'un siècle. Cette égalisation a été provisoire, sans doute, mais son empreinte ne pourra s'effacer facilement.

Pendant de longs mois les hommes de toutes races, de toutes classes : grands seigneurs, magistrats, professeurs, ouvriers, prêtres, fonctionnaires, etc., auront vécu dans la plus fraternelle intimité, partageant les mêmes dangers, les mêmes occupations, les mêmes espoirs. Sous les obus ils apprirent pour la première fois à se juger, s'aider, s'apprécier, en un mot à se connaître, ce qui ne leur était jamais arrivé auparavant.

Cette existence en commun a vite prouvé aux intellectuels que le niveau moral des hommes dépend beaucoup plus du caractère que de l'instruction. Notre pauvre bagage classique a paru bien maigre dans les tranchées. Il y a été vite reconnu que la valeur d'un individu se mesure à sa ténacité, son endurance, son initiative, son courage, sa volonté, son jugement, qualités que n'enseignent pas les livres et qui ne sont les privilèges d'aucune classe. Sur le front comme l'a justement écrit un médecin, M. Helmes :

ancienne échelle des valeurs a été complètement renversée.

L'habileté, l'éloquence, la mondanité, tous ces mots n'ont plus de sens pour nous, qui vivons dans la violence et ne subsistons que par l'action.

Avant la guerre, les purs intellectuels : littérateurs, publicistes, professeurs, etc., s'assignaient volontiers une place en haut de l'échelle sociale. Ils apparaîtront après la paix comme des produits de luxe un peu démodés.

Ayant appris sur le front à juger exactement de la valeur des hommes nos combattants feront peu de cas dans l'avenir des inutiles bavardages. Les vieilles hiérarchies sociales ne leur en imposeront plus beaucoup.

Les habitudes communes et la solidarité devant le danger ont donc établi une égalité et une fraternité que jamais la guillotine, les codes et les utopies socialistes n'avaient pu créer dans les âmes.

Ce ne sont pas seulement les différences sociales qui auront été effacées. Aux lueurs sinistres de la guerre ont disparu toutes les haines héréditaires qui divisaient si profondément les partis en France depuis plus d'un siècle. Socialistes, syndicalistes, monarchistes, catholiques, libres penseurs, pacifistes, antimilitaristes, etc., ont senti de quel faible poids pesaient les théories devant les réalités.

Les dissensions renaîtront peut-être quand les horreurs de la lutte seront oubliées, mais elles auront certainement beaucoup perdu de leur force. Les anciennes conceptions qui nous ont valu tant de révolutions et nous menaçaient de tant d'autres, survivront comme opinions, mais ne constitueront plus des dogmes défendus avec la furieuse intolérance des croyants.

§ 3. — Mentalité future des anciens combattants.

L'identité du but poursuivi durant des années, la même existence soumise à la même discipline auront donné aux combattants certains caractères communs dont quelques-uns subsisteront sans doute après la paix. Ils n'apprécieront plus les choses de la même façon qu'avant la guerre et leur regard mental sera changé.

Ils ne seront peut-être pas toujours d'un maniement facile, écrit M. Maurice Donnay. Supporteront-ils, ces poilus, d'être commandés par des gens qui ne se seront pas battus ? En tout cas, ils voudront être bien commandés. Là encore il faudra que la bourgeoisie soit à la hauteur. Et si elle demande à ces hommes, qui auront défendu ses propriétés et ses biens, de la sobriété, du travail et des vertus, il faudra qu'elle donne l'exemple. En revanche, ces anciens soldats qui auront appris à juger les hommes, camarades et chefs, sauront faire le départ entre les flagorneurs du peuple et ses véritables amis. Espérons qu'ils se défieront des socialistes ploutocrates ; mais ils sauront reconnaître ceux qui vont vers le peuple pour lui apporter l'instruction sans billevesées et le bien-être sans utopie.

Je ne sais pas s'ils reviendront au socialisme, mais je doute fort qu'ils reviennent aux socialistes dont les doctrines pacifistes et révolutionnaires contribuèrent tant à désagréger nos moyens de défense nationale.

Actuellement, les hommes du front ne sont pas tendres dans leurs propos à l'égard des dangereux parleurs qui n'avaient rien fait, rien prévu pour nous préparer à la guerre.

Beaucoup de combattants ont pris en horreur ces gouvernements faibles et éphémères, à la merci de majorités de hasard, et dont les chefs ne songeaient qu'à satisfaire les exigences de petits comités électoraux.

La fraternité d'armes des anciens soldats ne s'étendra pas, naturellement, à la population civile et, pendant une génération au moins, le « poilu » se considérera comme un peu distinct du reste des citoyens. Il est donc bien improbable qu'on le voie accorder ses suffrages aux hommes politiques actuels, sauf au tout petit nombre de ceux qui n'ayant pas voulu se retrancher derrière leur qualité de parlementaires, sont partis au front.

Obtenir que l'ancien combattant ne se place pas trop au-dessus de la loi pourra être parfois difficile. C'est une démocratie assez nouvelle que nous verrons naître.

Les socialistes qui, sûrement, une fois la paix signée, tenteront de regagner leur prestige en exagérant encore les promesses et les surenchères, auront donc peu de chances d'être écoutés de leur ancienne clientèle, éclairée par les leçons de la guerre.

Il ne faut pas oublier, cependant, que si, sous la poussée socialiste, les combattants de la grande guerre voulaient faire des révolutions, ils le pourraient sans difficultés puisqu'on n'aurait pas d'armée à leur opposer. Ce serait alors une ère de *pronunciamientos* sans fin et un avenir comparable à celui du Mexique ou des petites républiques hispano-américaines. Un tel danger est improbable, mais sa possibilité ne doit pas être ignorée.

§ 4. — Mentalité de la bourgeoisie et de la jeunesse actuelle.

Après la guerre se formeront, sans doute, dans le sein de l'ancienne bourgeoisie, deux classes bien distinctes : 1° celle qui, voyant ses revenus réduits considérablement, sera obligée de vivre plus simplement; 2° celle des nouveaux riches qui, après avoir fait fortune en servant d'intermédiaires dans les fournitures militaires, voudront jouir de l'argent gagné.

Comme sous le Directoire, ces derniers constitueront une société artificielle, bruyante et un peu néfaste.

Cette division s'est déjà établie, au cours même de la guerre. Les modes excentriques, les thés, les réceptions brillantes, les restaurants à la mode, les réunions mondaines, ont été le fait des nouveaux riches. Leurs allures de parvenus tranchaient sur la vie calme d'une population laborieuse et d'une bourgeoisie modeste, occupées de travail et d'œuvres de charité.

A côté de la bourgeoisie ancienne et des nouveaux riches, se trouvera la jeunesse qui a quitté les bancs des universités pour la tranchée, et pénétrera ensuite d'emblée dans la vie sociale. Quels seront ses sentiments, ses conceptions, sa conduite?

Je crois qu'on n'en peut rien dire à l'heure actuelle, car les idées de cette génération sont en voie de formation, mais non constituées encore.

Quelques symptômes un peu vagues, d'ailleurs, sembleraient indiquer que les prétentions de la nouvelle jeunesse ne se montreront pas toujours modestes.

Un député, M. J. Hennessy, qui, sans doute, croit représenter leurs tendances, écrivait dans un journal :

« La jeunesse se presse aujourd'hui en criant : « Place à nos idées », et criera demain : « Place aux « jeunes. »

Je crains bien que l'auteur de ces lignes ne soit victime d'une catégorie d'illusions fréquentes à toutes les époques. D'idées nouvelles, la jeunesse n'en a formulé et n'en pouvait formuler aucune. Où les aurait-elle prises? Ses anciens maîtres de l'Université se sont trop lourdement trompés sur les événements actuels, pour n'avoir pas perdu toute autorité. La vanité de certaines théories, enseignées solennellement comme vérités éternelles, lui a été révélée par la leçon des réalités.

Sans doute, la mentalité des jeunes combattants s'est transformée par la guerre. Une nouvelle hiérarchie des êtres et des choses s'établit à leurs yeux. Mais, si le danger les a orientés, il ne pouvait guère les munir d'idées philosophiques pour remplacer celles dénuées maintenant de prestige.

Prendre le contrepied des idées abandonnées ou revenir aux conceptions passées serait simplement changer d'erreurs. Les idées sont des joyaux rares, de formation difficile. Cinq ou six à peine illuminent chaque génération, et le plus souvent elles sont élaborées avec d'anciennes idées, dont l'aspect seul a changé.

Les problèmes consécutifs à la guerre seront si hérissés de difficultés, qu'on ne pourra les étudier et les solutionner rapidement. Le cri de demain ne sera pas, comme le prétend l'auteur cité plus haut : « Place aux jeunes », mais bien : « Place aux capables. »

Avant de nous imposer ses idées, la jeunesse actuelle devra donc commencer par en acquérir. Elle devra surtout apprendre que, dans la vie sociale, pas plus que dans la nature, rien n'est simple ni définitif. Les formules violentes, si chères aux politiciens, sont généralement erronées, et deviennent redoutables par leurs conséquences quand on prétend les appliquer au maniement des peuples.

Parmi les éléments nouveaux que devra étudier la jeunesse actuelle et que ne lui enseignèrent ni les professeurs, ni les livres, figurent les grands facteurs psychologiques qui président à la conduite des hommes.

Le rôle des facteurs économiques sera toujours considérable, mais celui des facteurs psychologiques restera prépondérant. La psychologie ne construit pas les navires et les usines, mais elle oriente les hommes qui les fabriquent. Elle est devenue la seule base possible du gouvernement des peuples.

§ 5. — Mentalité féminine après la guerre.

Pendant la guerre, l'homme retenu sur le front a été remplacé à la ferme, dans les champs, au bureau, à l'usine, en un mot un peu partout, par des femmes. Dans tous les ordres de l'activité, elles sont devenues indispensables. L'expérience les a montrées aptes à des travaux dont l'homme semblait seul capable.

Les nouvelles fonctions exercées, l'initiative et les efforts développés réagiront nécessairement sur leur mentalité. La guerre aura plus fait pour l'indépendance des femmes que toutes les élucubrations féministes pendant cinquante ans. Elle entraînera probablement une extension de leurs droits politiques et civils, et aussi plus d'indépendance à l'égard de l'homme.

Il est bien certain, en tout cas que, dans la vie industrielle et sociale, elles auront pris des places qu'elles garderont. L'homme voyant ces places définitivement perdues pour lui sera obligé, et on ne saurait y trouver d'inconvénients, de ne postuler que les emplois où ses facultés et sa force sont absolument indispensables.

La femme après la guerre sera donc fort différente de la femme avant la guerre et il deviendra bien difficile de la maintenir en tutelle.

Une femme, écrit M. M. Donnay, qui, pendant toute la durée de la guerre, aura organisé, administré, dirigé un hôpital, une œuvre, ou une maison de commerce, une usine, qui aura fait preuve d'initiative, d'intelligence, de résistance et de force, acceptera-t-elle, après la paix, de rentrer en tutelle dans le mariage, en infériorité dans le code? Elle aura conscience de sa valeur; surtout, elle aura été son maître, elle aura été indépendante. Grave question! Tous les grands et justes mouvements qui se sont dessinés avant la guerre s'accentueront après la victoire; le mouvement féministe est parmi ceux-là.

J'ai parlé, plus haut, de l'égalisation créée par la guerre. Lors même qu'elle s'établirait entre les hommes ou encore entre les hommes et les femmes, je crois bien qu'elle ne pourra jamais s'établir entre les femmes.

Très autoritaires, elles sont peu soucieuses d'égalité. Alors que les divergences entre les hommes résultent surtout des divers niveaux d'instruction, celles qui divisent les femmes sont fondées sur trois éléments fort différents : la beauté, l'âge et le costume. Les différences de costume, notamment, constituent entre elles d'infranchissables démarcations. Un judicieux observateur, Pierre Mille, l'a bien exprimé dans les termes suivants :

La toilette institue entre vous une hiérarchie dont les rangs sont infranchissables, par des signes que vous distinguez fort bien. Avouez-le : quelle que soit l'intelligence, la culture, la distinction d'une femme, ce sera pourtant par sa toilette que vous déciderez qu'elle est « de votre monde », ou qu'elle n'en est point. Tant qu'il en ira de la sorte, il existera dans les classes inférieures de la société féminine des rancunes inexpiables, justement parce qu'on n'y pense pas de façon fort différente, et que c'est sur ces marques extérieures du rang social que se porte l'envie. Donnez alors à ces envieuses une bribe d'autorité : elles vous la feront sentir. Ce sera, pour elles, une consolation.

§ 6. — Rôle des livres et de la presse sur la formation de la mentalité après la guerre.

J'ai déjà marqué ailleurs la minime influence de la plupart des livres sur la mentalité d'une époque. Si ces livres émanent de professeurs, on sait d'avance qu'ils ne font que répéter des choses cent fois dites. S'ils proviennent d'esprits originaux, ils agissent sur une petite élite, puissante par l'intelligence mais faible par l'influence. Pour que des idées originales étrangères à l'enseignement classique fassent leur chemin, il faut au moins une trentaine d'années.

Comme moteurs très actifs de l'opinion publique, on ne peut guère citer que les grands journaux quotidiens, surtout ceux, bien rares aujourd'hui, qui n'appartiennent pas à des politiciens ou à des groupements financiers, plus désireux de flatter les goûts de la masse que de les orienter. La presse est devenue, qu'elle guide l'opinion ou la suive, une des forces de l'âge moderne. Pendant la guerre, les Allemands ont dépensé dans les pays neutres de nombreux millions pour la conquérir.

Son rôle en France n'a pas été très effectif, mais

non pas nul cependant. Le directeur d'un grand journal a marqué son rôle dans les termes suivants :

Il n'est pas exagéré de dire que la presse sortira, de cette guerre, renforcée et ennoblie. En regardant en arrière, elle apercevra les dangers qu'elle a courus jadis, et comment, à certaines heures, elle a failli se déconsidérer par l'industrialisme et la violence; puis comment elle s'est ressaisie et a conquis de la moralité, de la culture, du sérieux.

La guerre de 1914 aura été pour elle l'épreuve suprême. Loin d'y avoir sombré elle a pris, en devenant l'interprète du sentiment national, des accents incomparables. Elle s'est retrempée à sa vraie source, et elle a vu de quoi elle était capable quand elle défendait la cause de la Patrie.

Son rôle pendant la guerre aura été la magnifique préface de son rôle après la guerre, lorsqu'il s'agira de reconstituer le pays et de remettre la France sur la vraie ligne de son histoire.

Souhaitons que ces prédictions se réalisent, mais ne l'espérons pas trop. Avec la presse se referait l'âme d'un pays, si les journaux n'étaient pas en immense majorité dans les mains de politiciens et de financiers plus soucieux de leurs intérêts que de ceux de leur patrie.

§ 7. — Formation de sentiments pouvant maintenir l'union française après la paix.

La guerre a créé entre les Français une union indissoluble. Survivra-t-elle à la guerre?

Ici des doutes peuvent naître. Un adage latin rappelle que l'évanouissement des causes entraine celle des effets. Vraie en général, cette assertion ne l'est pas cependant toujours.

J'ai indiqué, dans les *Enseignements de la Guerre*, qu'en vertu de certaines lois psychologiques des états affectifs intenses effacent les états affectifs moins forts.

Des sentiments intenses seront nécessaires pour maintenir l'union des partis après la guerre. Il en est deux — et ici l'influence du livre et de la presse pourrait se montrer précieuse — que l'on devra entretenir soigneusement dans les âmes. Le premier sera la conviction que les Allemands profiteraient de nos défaillances pour recommencer leur entreprise. Le second une antipathie irréductible à l'égard du peuple germanique. Ce sentiment nous facilitera les futures luttes sur le terrain commercial, mais en outre, par suite de la loi psychologique rappelée plus haut, des inimitiés profondes au dehors diminueront les animosités à l'intérieur du pays.

Comme moyen de maintenir cette antipathie chez un peuple qui a l'oubli facile, j'avais préconisé dans mon dernier livre « que toutes les atrocités constatées soient, après vérification complète, réunies dans un livre spécial devant toujours faire partie de l'enseignement primaire ».

J'ai été heureux de voir un observateur aussi judicieux que M. Maurice Donnay arriver aux mêmes conclusions. Il les justifie par les réflexions suivantes :

En vérité nous avons besoin d'être réveillés, et nous nous habituons trop facilement. Déjà beaucoup de Français, par exemple, ont oublié ces atrocités allemandes, dont on parlait tant *jadis*, à l'automne de 1914! Dernièrement, j'ai eu l'occasion de remémorer, à plusieurs personnes assemblées, quelques-unes de ces atrocités classées, classiques. Eh bien, j'ai eu l'air de les leur apprendre; elles avaient oublié; ça ne les avait pas frappées.

Rappeler à des Français, chaque fois que l'occasion s'en présente, les atrocités allemandes, leur rappeler la cruauté organisée, la férocité dogmatique, c'est remplir le plus sacré devoir. Il faut relire sans cesse, jusqu'à les savoir par cœur, les enquêtes et les rapports établis sur les forfaits perpétrés par nos ennemis.

Ce qu'il faut rappeler surtout, et je l'ai répété plusieurs fois, c'est qu'aucune culture n'efface les instincts ancestraux. Les Germains sont aujourd'hui ce qu'ils furent jadis, ce qu'ils seront toujours. En ne l'oubliant jamais nous pourrons nous préserver d'eux.

CHAPITRE VII

L'ÉVOLUTION DES IDÉES RELIGIEUSES ET PHILOSOPHIQUES

---

§ 1. — Les influences religieuses pendant la guerre

Le rôle joué par les dieux dans l'histoire fut toujours prépondérant. Dans le monde antique ils étaient mêlés à tous les actes de la vie. Aux plus brillantes époques de la civilisation grecque, aucun général n'aurait osé entreprendre une expédition sans les avoir consultés.

Pendant toute la durée du Moyen Age et jusqu'aux temps modernes leur influence ne fut pas moindre. La vie religieuse continuait à envelopper la vie civile. Une providence, bienveillante quelquefois, menaçante souvent, redoutable toujours, guidait le cours de l'histoire. Elle présidait aux batailles et décidait leur sort.

Le rôle des dieux ne s'atténua que quand des investigations précises, commencées vers l'époque de la Renaissance, montrèrent qu'une foule de phénomènes, jadis attribués à des volontés divines, résultaient de lois invariables ne fléchissant jamais.

Après avoir été éliminés du domaine de la science, les dieux finirent par être éliminés aussi, quoique moins complètement, de celui de la philosophie. Bien rares aujourd'hui sont les philosophes ayant recours à des interventions divines dans leurs explications.

Mais en dehors des savants pour lesquels les divinités de tous les âges n'offrent plus qu'un intérêt historique, il reste un nombre immense d'âmes ayant besoin de l'assistance de ces grands fantômes. Ils représentent pour eux la consolation, l'espérance, le réconfort dans les heures sombres. Prétendre leur ôter une aussi précieuse croyance serait une vaine tentative, car si les dieux redoutent l'influence du temps ils ne craignent pas celle de la raison.

On peut remarquer d'ailleurs que les religions ne seraient pas dénuées de fondement si elles consistaient seulement à qualifier de divinités les mystères innombrables dont nous sommes enveloppés. Leur rôle hypothétique commence à ce point précis où le croyant veut attribuer des volontés intelligentes aux forces qui dominent le monde.

Les croyances religieuses sont chimériques sans doute, mais elles ne sont pas vaines. J'ai insisté bien des fois sur la puissance considérable qu'elles donnèrent à l'homme aux âges de foi.

Pendant la guerre se manifesta une certaine reviviscence des croyances religieuses, mais on ne saurait dire encore si elle survivra aux causes lui ayant donné naissance. Après la guerre de 1870, le mouvement religieux qui s'était développé avec intensité s'évanouit rapidement.

Chacun a pu remarquer que ce ne fut pas seulement sur le front, mais chez des écrivains éminents que se manifesta la renaissance de l'esprit religieux.

La biblique conception d'un Dieu ordonnant la guerre a paru défendable à des historiens tels que M. Gabriel Hanotaux. Voici comment ce dernier s'exprime dans l'introduction de son grand ouvrage sur la guerre européenne.

Pourquoi cette guerre? Était-elle dans les desseins de Dieu? Était-elle inévitable? Quel homme ou quel groupe d'hommes doit en porter la terrible responsabilité? De tels maux résultent-ils d'une volonté déclarée, d'une erreur pitoyable? S'agit-il d'un phénomène malheureux mais accidentel? Est-ce une évolution nécessaire? une fatalité inéluctable? Est-ce une aberration affreuse, une calamité salutaire; ou bien, n'est-ce pas, plutôt, un châtiment?

Un autre académicien éminent, M. Paul Bourget, avait, dès les premiers temps de la guerre, soutenu des opinions analogues.

Il assurait dans un grand journal que « le malheur national est une expiation de nos péchés » et pour apaiser la colère de Dieu, conseillait d'organiser des prières publiques.

Évidemment cette conception d'un Dieu se vengeant sur ses créatures de fautes commises sous l'influence de mentalités dont il est cependant l'auteur, semble inconciliable avec les idées modernes. Cependant, puisqu'on les formule, c'est sans doute qu'elles semblent encore acceptables à des esprits distingués.

Ils ont d'ailleurs pour justification de suivre fidèlement les enseignements catholiques. Dans une réunion du 22 janvier 1915, le Pape s'exprimait de la façon suivante :

Nous ne croyons pas que la paix ait quitté le monde sans l'assentiment divin. Dieu permet que les nations qui avaient placé toutes leurs pensées dans les choses de cette terre se punissent les unes les autres, par des carnages mutuels, du mépris et de la négligence avec lesquels elles l'ont traité.

Je crois douteux que beaucoup de savants retournent pour longtemps à des conceptions correspondant si peu à l'évolution de la pensée scientifique. Néanmoins, la sphère du mystique est si indépendante de celle du rationnel qu'on ne saurait considérer comme absolument impossible la persistance d'idées semblables.

Aux dieux personnels peu défendables aujourd'hui a succédé dans nombre d'esprits une religion vague sans contours arrêtés, analogue à celle professée par les protestants libéraux. On peut la résumer dans la déclaration suivante de M. Monod, rappelée par son biographe M. Albert Delatour :

« Je crois en Dieu, si c'est croire en Dieu que de croire qu'une loi supérieure gouverne le monde, loi d'ordre, d'harmonie et de bonté, à laquelle nous obéissons quand nous faisons le bien. »

En supprimant de ce passage le mot de bonté, visiblement incompatible avec la notion de loi, on arrive à la conception moderne de l'évanouissement dans l'idée de loi, des dieux personnels et providentiels de nos pères, accessibles à la prière et dominant la nature.

Bien que la science ne connaisse plus de tels dieux, ce sont pourtant les seuls que l'humanité puisse adorer. Ils sont créateurs d'espoir et les aveugles puissances métaphysiques qui prétendent les remplacer n'enseignent que la résignation. Or, l'homme vit surtout d'espérance et n'a jamais trouvé d'éléments de progrès dans la résignation.

Il y a, on le voit, plusieurs manières de concevoir les religions. Elles peuvent, en définitive, être considérées comme des croyances mystiques dégagées d'éléments rationnels ou n'en contenant que fort peu. Le culte de la patrie, la foi socialiste sont des religions au même titre que le bouddhisme ou l'islamisme.

Toutes ces croyances ont un élément commun : l'espérance et un soutien nécessaire, la foi. Elles sont concrétisées dans un idéal divin, politique ou social.

La plupart des hommes étant guidés par un idéal quelconque, on peut dire qu'ils sont tous plus ou moins religieux. Un peuple sans idéal et par conséquent sans croyances disparaîtrait vite de l'histoire.

La guerre aura eu au moins pour résultat de supprimer pendant sa durée les dissentiments religieux et les persécutions qui assombrirent le cours de ces dernières années.

Beaucoup de peuples, Anglais, Américains, etc., étaient arrivés depuis longtemps à cette phase de tolérance permettant à chacun d'adorer les dieux de ses rêves ou de ne pas en adorer du tout. Il faut espérer que nous les imiterons et serons définitivement guéris de nos fanatismes.

§ 2. — L'Évolution nouvelle de la pensée philosophique.

Il serait inutile de disserter plus longtemps sur des croyances que leur antiquité et leur utilité rendent respectables. A côté d'elles surgissent ces problèmes philosophiques qui se posent toujours lorsque le temps fait pâlir la foi. Quand les hommes renoncent à invoquer les dieux ils cherchent aussitôt quelques conceptions philosophiques capables d'orienter leur vie.

Ils les cherchent mais ne les trouvent pas toujours. Nous sommes justement à une période où les diverses philosophies qui se sont succédé après un éclat éphémère ont disparu sans qu'aucune doctrine les ait remplacées. Il n'est plus aujourd'hui de système philosophique ayant conservé quelque prestige. La seule philosophie vivante, et à peine peut-on lui donner un tel nom, est constituée par l'ensemble des principes fondamentaux de chaque science. Nous avons acquis une vision philosophique des choses, mais nous n'avons plus de véritable philosophie.

Que si cependant un lecteur curieux me demandait comment, dans l'état actuel de nos connaissances, on peut considérer le problème de notre destinée et l'orientation de la vie, je répondrais qu'il paraît déjà possible de formuler quelques linéaments de la philosophie qui se constituera peut-être bientôt. Je vais dire dans quelles circonstances ils se présentèrent à mon esprit.

*
* *

Un inoubliable soir de la fin d'août 1914, je traversais la place de la Concorde. Un ami sortant d'une ambassade m'apprit alors brusquement que les Allemands, supposés encore à la frontière, étaient aux portes de Paris et se proposaient d'incendier progressivement la capitale avec ses habitants, pour forcer la France à une paix rapide et pouvoir se retourner vers la Russie devenue menaçante.

Aux reflets du soleil couchant scintillaient les dômes, les coupoles et les façades des palais qui forment à la grande place une ceinture de pierre, d'une si majestueuse beauté. Les rues adjacentes étaient pleines de vie et de mouvement. La foule ambulait lentement ignorant son destin.

Et cependant, à moins d'un improbable miracle, Paris allait périr. Dans les flammes s'évanouiraient pour toujours les vieux témoins de sa grandeur passée. Ils racontaient dans leur muet langage les persistants efforts de l'homme pour surmonter les instincts rudimentaires des âges primitifs, constituer des empires, bâtir des cités, passer des luttes sans pitié à de solidaires groupements.

Notre époque se croyait définitivement soustraite aux violentes destructions des premiers âges et voici qu'un effroyable cataclysme allait fondre sur la capitale de la pensée et de la liberté.

Un dernier rayon de soleil frappant au centre de la place l'obélisque du roi Rhamsès me fit songer à ce conquérant réputé, qui remplissait l'Asie du bruit de son nom à un moment où les Grecs et les Romains, destinés à devenir si célèbres à leur tour, n'avaient pas encore rayonné dans l'histoire.

Si l'ombre de l'illustre roi flottait autour de cet ultime vestige de sa gloire passée, que devait-elle penser des causes éternelles qui firent périr tant d'empires, jadis tout-puissants, ensevelis dans l'oubli aujourd'hui ?

Des grandes capitales qui éblouissaient alors le monde ne survivent actuellement que d'incertains souvenirs. Le sable recouvre les ruines de l'impérieuse Ninive et de la formidable Babylone. De la Thèbes aux cent portes subsistent seulement quelques colonnes à moitié détruites et l'obélisque, transporté bien des siècles plus tard dans la célèbre capitale menacée de périr à son tour.

Peuples et conquérants tentent en vain de bâtir pour l'éternité. La loi de l'éphémère les domine toujours. Les empires naissent, grandissent et s'éteignent, les générations rentrent dans la poussière d'où elles ont surgi un instant. Les interprétations successives de la raison des choses ne durent pas davantage.

Que faut-il donc penser de ces édifications et de ces destructions successives de monuments, d'idées et de croyances ? Sont-elles les conséquences de lois fatales ? Faut-il y voir seulement le jeu de hasards incertains ?

Si le hasard était le seul maître des choses on pourrait se demander alors avec l'Ecclésiaste ce que retire l'homme de tout le travail qu'il accomplit sous le soleil et considérer ses œuvres comme infiniment vaines.

Cette conception pessimiste est la première qui s'offre à l'esprit quand on considère combien fugitives furent les plus importantes des créations humaines. Mais il est facile d'arriver à une vision presque optimiste du monde, si nous dirigeons nos regards non vers le passé, mais vers l'avenir et si, d'autre part, nous renonçons à vouloir isoler nos personnalités de l'ensemble dont elles font partie et à prétendre les stabiliser pour toujours.

Ce sont surtout les religions qui nous ont appris à ne regarder qu'en arrière. Elles nous enseignaient que l'homme était un être déchu de sa primitive splendeur et tout son effort devait viser à reconquérir le passé.

Mais une conception plus approfondie des phénomènes a montré au contraire que le progrès est devant nous et non derrière nous. L'homme n'est plus une créature déchue, mais un être qui évolue progressivement édifiant lui-même sa destinée.

La science dit peu de choses de nos origines et d notre avenir, mais elle enseigne au moins que le formes supérieures sont préparées par des forme moins parfaites.

Et c'est justement pourquoi le passé ne peut être qu'un amoncellement de débris. Quand une époque a rempli sa tâche elle doit disparaître pour laisser place à une autre plus parfaite issue de nos efforts. Les grands progrès de l'humanité ont toujours été préparés par une lente élaboration antérieure.

Telle fut la loi de la nature depuis la naissance des monstres géologiques auxquels succédèrent des formes de plus en plus élevées.

Création du passé, l'homme est aussi un créateur d'avenir. C'est à cet avenir qui sera vivant un jour et non à un passé mort qu'il doit songer.

Si les lois de ce passé restent celles de l'avenir, les générations qui nous succéderont se détacheront de plus en plus de l'ancestrale barbarie et posséderont une plus claire compréhension de l'univers.

L'humanité nouvelle que nous portons déjà en nous résultera de l'intensité et de la continuité de nos efforts. Ces efforts, comme nos erreurs, ne sont éphémères qu'en apparence et déroulent souvent leurs répercussions sur une durée de plusieurs siècles. L'homme ne crée pas seulement sa destinée pendant sa courte vie. Il prépare aussi sa future grandeur.

C'est sur de tels principes que s'édifiera peut-être un jour une philosophie nouvelle. A des hypothèses devenues infécondes parce qu'elles ont épuisé leurs forces, succéderont des doctrines préoccupées surtout de l'avenir.

Contre une semblable conception, on aurait pu objecter, il y a peu de temps encore, que beaucoup d'hommes se soucient médiocrement de l'avenir.

Mais la guerre montre, au contraire, que des millions d'êtres savent se sacrifier pour l'avenir de leur race, c'est-à-dire pour des générations qu'ils ne verront pas naître.

Depuis que l'homme réfléchit, ses points de vue fondamentaux ont plusieurs fois varié. Pour s'adapter aux nécessités qu'implique la marche du monde, il devra les modifier encore. La tâche sera évidemment pénible, car il faudra d'abord renoncer à d'antiques conceptions, et surtout à l'éternité de notre personnalité.

Cette illusoire éternité ne serait pas très enviable. Mieux vaut le rôle de créateurs de personnalités nouvelles, qui seront une image perfectionnée de nous-mêmes.

Et c'est ainsi que revêtus de formes transitoires pendant notre brève existence, nous prolongeons notre vie par des êtres futurs, dont nos efforts auront préparé l'existence.

Pour que cette philosophie de l'avenir puisse se constituer, il faudra d'abord nous dégager un peu de la vie individuelle, et accentuer le sentiment de notre participation à l'existence séculaire de la race, dont nous sommes de passagères incarnations. L'éphémère cachant la durée, nous oublions facilement que la perpétuité refusée à l'individu est accordée à la race dont il fait partie.

Chaque être momentanément surgi sur la ligne du temps dérive d'un long passé et contient un immense avenir. Synthèse du passé, il renferme en puissance une suite infinie de générations attendant le moment d'échapper à leur provisoire néant. Nos formes transitoires recèlent un contenu éternel.

CHAPITRE VIII

L'ÉVOLUTION DES SENTIMENTS DES PEUPLES
A L'ÉGARD DE L'ALLEMAGNE ET DE LA FRANCE

---

§ 1. — Les courants germanophiles avant la guerre.

Avant la guerre un courant germanophile était
établi dans le monde. Il fallut la démonstration de
la férocité de l'Allemagne, de ses appétits de conquête, de son mépris du droit des neutres et des
dangers qu'elle faisait courir à tous les peuples, pour
renverser le sens de ce courant. Le succès des Alliés
finit par devenir un souhait universel.

M. Ferrero a très bien marqué l'origine des sympathies que l'Allemagne avait su inspirer avant la guerre
et la confiance aveugle qu'on plaçait en elle.

L'industrie, le commerce, la banque, la science, l'école, l'armée,
la marine marchande, la flotte de guerre, beaucoup d'institutions
sociales de l'Allemagne étaient l'objet d'une admiration croissante dans le monde... L'admiration pour l'Allemagne était devenue si grande qu'on comptait surtout sur sa force et sur sa
sagesse pour la conservation de la paix.

Au contraire, une méfiance singulière et croissante entourait
la France. Sans doute, on s'accordait à reconnaître encore aux
Français l'intelligence, la culture, le goût, et, en général, les
qualités agréables et brillantes ; mais on leur déniait les qualités
solides et sérieuses, l'énergie, la persévérance, l'audace, l'am-
pleur de vues nécessaire aux entreprises de grande envergure.
La France « vieillissait et déclinait ». Parcimonieuse, prévoyante,
prudente jusqu'à la timidité, déchirée par les luttes religieuses

et politiques, affaiblie par les erreurs et les excès d'un gouvernement de plus en plus démocratique, elle semblait un pays de petite industrie, de fortunes moyennes et de routine, destiné à s'effacer de plus en plus devant des rivaux mieux doués. On lui reprochait d'être un pays arriéré en beaucoup de choses, malgré toutes les révolutions qu'elle avait faites. On reconnaissait que la France était riche, mais on attribuait ses richesses enviées à la faiblesse de son esprit d'initiative, qui la portait à économiser, comme si les pièces d'or tombaient du ciel sur son sol privilégié pour être ramassées par un peuple d'heureux fainéants ! On la considérait encore, après tant d'années, comme le grand danger de la paix européenne, par ses aspirations inavouées à une revanche impossible; mais on était en même temps convaincu que sa puissance militaire avait été détruite par la richesse, les plaisirs, l'antimilitarisme, les idéologies démocratiques, la désorganisation incurable de l'armée.

Quand on se rappelle cet état de choses, le revirement produit par la guerre européenne apparaît d'autant plus extraordinaire. Il ne sera pas facile aux historiens futurs de la guerre de décrire le frisson d'horreur et de terreur qui a saisi partout les admirateurs de l'Allemagne, quand ils découvrirent tout à coup quelles sombres ambitions se cachaient au fond de la fiévreuse activité qui les avait si longtemps éblouis. Pendant les premiers mois de la guerre, la France fut vengée des calomnies dont elle avait été l'objet, par l'angoisse avec laquelle tant de ses anciens détracteurs supplièrent Dieu de s'être trompés en la jugeant. Un problème — un grave problème — se pose donc et se posera pour longtemps devant nous : pourquoi et comment une époque aussi éclairée a-t-elle pu se tromper si lourdement ?

La réponse sera bien facile si l'on veut se remémorer ce principe psychologique fondamental sur lequel je suis revenu tant de fois : qu'il n'existe aucun parallélisme entre l'intelligence et le caractère. Les facultés intellectuelles attribuées aux Allemands impliquaient pour les observateurs ignorants des lois de la psychologie, des qualités analogues de caractère. Or, si les siècles avaient apporté aux Germains une culture scientifique avancée, leur fond de sauvagerie ancestrale ne s'en trouvait pas atténué et il se manifesta dès que les hordes teutonnes purent suivre librement leurs instincts. L'édifice de la civilisation allemande était superposé à une mentalité demeurée barbare.

Si donc l'Europe s'étonne de voir un peuple fort cultivé incendier les villes, les cathédrales, les bibliothèques, brûler vifs les femmes et les enfants, torturer les prisonniers, c'est simplement par la méconnaissance d'une des lois les plus sûres de la psychologie. Aucun développement intellectuel ne pouvait empêcher l'Allemand de rester vorace, brutal, sanguinaire et pillard. Innombrables furent les lettres de femmes allemandes demandant à leurs frères ou à leurs époux de piller pour elles des bijoux, de l'or et des dentelles. « Des femmes d'officiers sont venues dévaliser en Lorraine des maisons françaises ; des officiers supérieurs ont pris part à ces pillages, et d'innombrables wagons sont partis pour l'Allemagne emportant le profitable produit des infatigables rapines allemandes. » A côté de ces habitudes de pillage les faits publiés dans les documents officiels ont prouvé avec quelle joie sadique officiers et soldats torturaient les prisonniers et brûlaient vifs d'inoffensifs habitants.

Ainsi s'est révélée au monde l'âme ignorée des Allemands et il a bien fallu reconnaître qu'elle n'était pas belle.

§ 2. — Évolution des sentiments des peuples à l'égard de la France depuis la guerre.

Pratiquement, de pareils instincts de rapine et de férocité appuyés sur une organisation militaire toujours accrue, constituaient un sérieux danger pour les autres peuples. Aucun, désormais, ne pouvait se croire à l'abri.

L'opinion publique subit donc un revirement complet à l'égard de l'Allemagne.

En même temps elle découvrait chez nous des qualités insoupçonnées. Notre prestige historique, que les désordres politiques des dernières années avaient un peu fait oublier, reparut dans un éclat nouveau.

Sur une aussi délicate matière on ne peut être son propre juge. Nous devrons donc nous borner à des citations. Elles seront empruntées non seulement à des neutres mais aussi à des ennemis.

La *Kölnische Volkzeitung* du 16 février 1916 écrivait :

N'exagérons pas la force morale de nos adversaires ! Mais ne nous faisons pas non plus trop d'illusions ! Aurait-on supposé que les Français auraient assez de force morale pour supporter deux campagnes d'hiver ? Aurait-on cru que l'Angleterre aurait assez de désintéressement pour faire des sacrifices en hommes, en argent, en vaisseaux, comme ceux qu'elle a faits pour soutenir la Russie et la France ? Aurait-on cru que la Russie aurait assez de force morale pour résister, comme elle l'a fait, à ses grandes défaites ? Que de prophéties ont été démenties !

Voici maintenant l'opinion d'un neutre dans le journal hollandais *Algemeen Handels blad* du 24-3-16, sous la signature de son directeur M. Boissevain :

On m'a demandé pourquoi, dans cette guerre, je me plaisais à tant honorer les Français. Et je réponds : parce que les Français méritent, à tous égards, cet hommage. Ils ont été attaqués alors qu'ils étaient un peuple pacifique et non préparé à la guerre. Mais à l'heure du danger, et quelles qu'aient été leurs divisions en temps de paix, ils se sont immédiatement unis, serrés épaule contre épaule, pour ne plus former qu'un peuple de frères.

... Et les femmes françaises se montrent ce qu'elles ont toujours été, telles que je les ai connues pendant toute ma longue carrière, les femmes les plus courageuses, les plus fines, les plus pratiques, les plus raisonnables, les plus patriotes femmes du monde !

...J'honore le peuple français pour le « sublime élan » avec lequel il lutte depuis tant de mois, je l'honore pour son inlassable enthousiasme. Et c'est aussi à cause de leur sublime élan que je rends particulièrement hommage à ces jeunes hommes de France qui, par l'éblouissant rayonnement de leur idéalisme, élèvent notre âme. J'ai lu ce qu'ils ont écrit dans leurs journaux, dans leurs livres récemment parus, dans les lettres qu'ils adressent aux leurs du fond de leurs tranchées ; j'ai lu les adieux qu'ils envoient au moment de mourir dans les hôpitaux et j'ai senti profondément combien ces jeunes chevaliers français sont restés fidèles aux nobles traditions de la douce France, combien ils sont restés fidèles à leur haut idéal, et avec quelle foi ardente ils se battent, sans amertume d'ailleurs, ni sans haine vindicative. uniquement pour la Liberté et le Droit, pour l'avenir de leur patrie, pour la victoire en Europe de la démocratie.

Frappée de notre transformation, la *Reichs Post* écrivait :

La guerre fut pour la France une fontaine de Jouvence. Elle y retrouva des forces insoupçonnées. La lutte virile soutenue par elle, pour son existence, n'aura pas été menée en vain. Ceux qui dirigent en réalité les opérations sur tous les fronts sont Français, et ce peuple est le seul qui ait réussi à créer derrière le front une organisation très satisfaisante bien qu'elle ne soit pas comparable à la nôtre.

L'âme populaire française s'est fortifiée dans sa lutte contre nous et a été sauvée d'une décomposition certaine.

La transformation de notre mentalité a beaucoup frappé les étrangers visitant la France pendant la guerre.

Voici quelques extraits d'un article publié dans *la Stampa*, de Turin, par son correspondant M. Bevione.

La guerre n'a pas affaibli mais bien renforcé la France d'une manière certaine. La France d'aujourd'hui a incomparablement plus de valeur, plus d'énergie, plus de poids que la France d'août 1914. La France a guéri beaucoup de ses maux, elle a guéri ses vieilles blessures, elle a créé les vertus qui lui manquaient et a éliminé des défauts invétérés. On disait qu'elle était divisée et elle a retrouvé l'unité; qu'elle était frivole et elle est devenue sérieuse, en certains cas, austère; qu'elle était nerveuse, excitable, hystérique, et elle s'est cuirassée de calme, de sérénité, presque de flegme; qu'elle oscillait perpétuellement entre l'enthousiasme et la dépression, et elle a acquis une inébranlable résolution, une fermeté de volonté granitique; qu'elle était incapable d'organisation, et elle a créé en huit mois une armée formidable et réveillé la vie du pays.

... Mais la transformation qui m'a le plus fait d'impression est celle des nerfs de la France. Réellement on demeure admiratif en présence de la sérénité, du sang-froid, du calme de cette nation. Quatre millions d'hommes sont loin de leurs foyers. Un million peut-être sont perdus; on s'attend à des sacrifices de sang plus grands encore, et la France est là, sans ombre de souci, sans ombre de jactance, tranquille, parfois enjouée et gaie.

Pendant la première année du conflit l'Amérique est restée neutre avec des tendances plutôt germanophiles qu'expliquent sa nombreuse population allemande et les sommes énormes dépensées en propagande.

Aujourd'hui le courant germanophile est devenu franchement germanophobe. Comme en Europe, la conduite des Allemands dans la guerre a été la cause de ce revirement.

Un professeur américain, M. Mark Baldwin, a très bien marqué dans les lignes suivantes la genèse de cette évolution.

L'exemple des armées héroïques qui combattent sur le sol européen, les exploits de bravoure, tant individuels que collectifs, la révélation des dangers constants auxquels les peuples amis de la paix eux-mêmes sont exposés de la part de voisins pillards et fourbes, l'élévation de l'idéal de chevalerie et de sacrifice d'un côté, en face de tant d'actions basses et ignobles de l'autre, ce spectacle, vu et senti par les Américains, devait stimuler leur enthousiasme en faveur des idéals plus nobles qu'il met en lumière.

... Le frisson qui a parcouru le pays à la nouvelle de l'exécution d'Edith Cavell a montré que pour les Américains, aussi bien que pour les autres peuples, les Allemands incarnent le véritable ennemi contre lequel les forces morales de toute civilisation doivent être dirigées.

Si après un siècle d' « Aufklarung », il résulte que l'Allemagne a rétrogradé jusqu'à la conception tribale d'être un peuple choisi, jusqu'à la prétention dynastique du droit divin, jusqu'à la conviction d'avoir les exemptions morales et les pouvoirs sans responsabilités des bandes déprédatrices des temps primitifs, alors il est bien temps que toute la civilisation cesse de discuter avec de telles gens, et pense à prendre des armes pour les détruire.

Ce conflit n'est pas un conflit européen. C'est une guerre mondiale pour tout ce qui a vraiment une valeur éternelle, la confirmation du droit de se gouverner et la conservation de la moralité publique.

LIVRE III

MENTALITÉ DE L'ALLEMAGNE ET DE L'AUTRICHE PENDANT LA GUERRE

CHAPITRE PREMIER

INVARIABILITÉ DE L'AME ALLEMANDE PENDANT LA GUERRE

§ 1. — Pourquoi l'âme allemande n'a pas évolué.

La mentalité de bien des pays, France, Angleterre et Russie, notamment, s'est profondément modifiée sous l'influence de la guerre. Les manifestations de l'âme allemande, étudiées dans cet ouvrage, prouvent qu'elle n'a pas sensiblement évolué encore. La croyance mystique du peuple allemand, persuadé qu'il a été choisi par Dieu pour dominer le monde, est restée intacte. Ses projets de domination universelle persistent. Les illusions sur les causes du conflit gardent leur force.

Pourquoi la guerre, qui a transformé l'âme de plusieurs peuples, exerça-t-elle si peu d'action sur la mentalité germanique? On ne saurait le découvrir, sans rappeler quels éléments l'ont orientée depuis un demi-siècle.

§ 2. — La stabilisation de l'âme allemande. L'Étatisme et le rêve d'hégémonie.

La psychologie des Allemands modernes est, en partie, une création artificielle due à la conquête, par la Prusse, des différents pays de l'Allemagne. Elle remonte à la fondation du royaume prussien, et surtout à celle de l'Empire allemand.

D'une éducation civile et militaire nouvelle est sortie une mentalité spéciale, des conceptions imprévues sur le droit, le mépris des traités, la prédominance de la force, etc.

Les grands stabilisateurs de la mentalité allemande furent l'école et la caserne. Elles apparaissent comme les créatrices d'une rigoureuse discipline tendant à faire de l'être individuel un être collectif, entièrement soumis aux volontés de ses chefs.

A défaut de la discipline héréditaire formée depuis longtemps par la monarchie prussienne, l'école et la caserne eussent suffi à modeler l'âme allemande sur le type précis rêvé par ses maîtres. L'école est, en Allemagne, le vestibule de la caserne.

Les principes de son éducation se rapprochent de ceux des anciens Jésuites : détruire les germes de volontés personnelles et imposer l'habitude de l'obéissance, de façon à former des rouages dociles. L'élève se trouve vite enfermé dans un réseau étroit de pensées et d'habitudes. L'emploi de ses moindres minutes est réglé. Du haut en bas de l'échelle, il représente une unité, modeste ou importante, suivant ses aptitudes, mais toujours un simple rouage. A peine entré dans la vie, le jeune Allemand est classé. Plus tard, il jugera de la valeur des hommes d'après leur classement. La vie sociale lui apparaît sous forme d'une liste de grades et de règlements.

Avec une mentalité semblable l'étatisme, si funeste à d'autres peuples, était la seule organisation politique possible pour les Allemands. Grâce à lui, une poussière d'individualités médiocres a pu devenir un bloc homogène, redoutable pour la paix du monde.

Chez les peuples très vigoureux et où chaque individu compte uniquement sur lui-même, les éléments de l'édifice social n'ont pas besoin d'être agrégés. Chez les peuples dont la docilité est grande et l'initiative faible, la constitution étatiste représente, au contraire, un facteur de puissance. L'individu isolé a conscience de sa médiocrité. Devenu partie intégrante de l'État, il s'imagine participer à son pouvoir. Grâce à l'école et à la caserne, chaque sujet allemand est tellement identifié avec l'État que le moindre garçon de laboratoire, en rinçant ses flacons, considère qu'il travaille à la prospérité de l'Empire et participe à sa grandeur.

La puissance allemande s'appuie aujourd'hui sur des éléments redoutables : un souverain, maître absolu des volontés de son peuple, une féodalité héréditaire très forte, une organisation industrielle perfectionnée, une armée immense assez disciplinée par le rude régime de la caserne pour ne reculer devant aucun effort. Jamais peuple dans l'histoire, y compris les Romains, ne réunit pareilles conditions de succès.

Le rendement de la machine militaire et sociale allemande est formidable. Il a fallu l'alliance d'une grande partie des pays de l'Europe pour lutter contre la germanisation du monde dont l'Allemagne les menaçait.

A l'étatisme rigide qui plia si rigoureusement les Allemands, mais les rendit si forts, s'est superposé un nouvel élément de puissance : la croyance mystique du peuple dans la mission divine de conquérir l'Europe.

Cette conception a fait, je l'ai déjà montré ailleurs, de la guerre actuelle une lutte comparable aux grandes crises religieuses de l'histoire. Ce n'est pas la première fois que l'univers se voit ravagé par des peuples s'imaginant choisis de Dieu pour régénérer les infidèles, en les pliant à leurs lois. Les Arabes au temps de Mahomet, les Turcs plus tard, obéirent aux mêmes illusions que les Allemands actuels.

Les croyances religieuses qui ont dévasté le monde furent toujours fort tenaces. La croyance mystique des Allemands dans leur misssion le sera plus encore parce que, contrairement à d'autres croyances, elle possède à sa base des conceptions d'origine rationnelle.

Les illusions mystiques des Allemands n'eurent point, en effet, comme tant d'autres religions, des hallucinés pour fondateurs, mais des historiens et des philosophes. Les plus célèbres, ceux qui exercèrent l'influence la plus effective sur les Universités allemandes, Treitscke et Lamprecht, notamment, ne cessèrent d'enseigner que le peuple germain est appelé par Dieu à régénérer le monde. Suivant Lamprecht, Guillaume II avait reçu de toute évidence la mission divine de reconstituer le Saint-Empire germanique. La guerre, d'après lui, était voulue par Dieu.

Aux yeux de la plupart des écrivains allemands, les autres peuples n'ont eu pour rôle que de préparer la grandeur de l'Allemagne et l'accomplissement de sa destinée providentielle. Elle ne peut la remplir, suivant eux, qu'en acquérant assez de force pour être la terreur des nations. Il faut obliger le monde, sinon à devenir allemand, puisqu'il n'en est pas digne, au moins à subir l'hégémonie allemande. Toutes les races restant inférieures aux Germains, doivent être traitées par eux comme l'étaient jadis les nègres par les blancs.

Ces conceptions résultent directement de la formation scolaire et militaire de la Prusse. J'ai eu l'occasion de montrer, dans mon dernier livre, que les philosophes allemands se mirent toujours au service de l'absolutisme prussien. Ils devaient, naturellement, tenter de persuader à leurs compatriotes que la forme inférieure de civilisation représentée par l'étatisme est, au contraire, l'expression la plus haute de la culture, et que le peuple qui la pratique se trouve supérieur à tous les autres.

Pareilles notions, solidement ancrées dans l'esprit de chaque Allemand, font comprendre pourquoi la mentalité germanique a si peu changé pendant la guerre. Quand l'âme d'un peuple est fortement stabilisée par son passé et surtout par ses croyances, les raisons les plus claires, les désastres militaires les plus accentués ne la changent pas. Le temps seul et des expériences répétées peuvent agir.

§ 3. — Conséquences de l'incompatibilité entre les conceptions allemandes et celles des autres peuples.

Le bref exposé que je viens de faire des origines de la mentalité allemande montre que la guerre actuelle synthétise une lutte d'idées et de croyances contradictoires et irréductibles. Le fait qu'elles sont inconciliables prolongera la durée du conflit ou le renouvellera fatalement.

Lorsque des peuples luttent pour des intérêts momentanés : conquête d'une colonie, ambitions dynastiques, etc., leurs dissentiments ne sont pas bien profonds ; les haines provisoires qui les divisent ne survivent pas à la paix.

Il en est tout autrement lorsque les nations aux prises sont séparées par des différences de mentalité et de croyances impliquant des conceptions totalement divergentes.

Les théories militaires et étatistes de l'Allemagne sont, en effet, l'antithèse absolue des notions de liberté individuelle de la plupart des autres pays. Aux principes de liberté et de droits des citoyens, les écrivains allemands substituent l'absolutisme militaire et civil de l'Etat. Nos théories d'égalité et de liberté sont considérées par eux comme des bavardages de légistes. Ils qualifient volontiers de sociétés d'avocats les peuples qui les professent, et soutiennent que de tels peuples ne sauraient triompher d'une nation d'ingénieurs et de techniciens. Les indécisions des Alliés et des Etats-Unis, les dissertations des neutres, leur ont fait affirmer que la plupart des peuples appartiennent au type avocat. A l'éducation latine qui ne formerait, suivant eux, que des rhéteurs, ils opposent leur éducation technique, permettant de cantonner chaque citoyen dans une cellule sociale d'où il ne doit jamais sortir.

Si les Allemands réussissaient à établir leur hégémonie sur le monde, ils lui imposeraient naturellement leur régime. Les Anglais et les Américains, qui ont réalisé tous leurs progrès par l'individualisme, préféreraient assurément la mort à un tel esclavage.

Nous verrons, dans un autre chapitre, que le grand problème de l'avenir sera de savoir, non pas assurément si les Allemands domineront l'univers, mais dans quelles limites les peuples désireux de maintenir leur indépendance pourront se soustraire au militarisme et à l'étatisme peut-être nécessaires comme moyen de défense.

CHAPITRE II

LA PERSISTANCE DES ILLUSIONS ALLEMANDES SUR LES ORIGINES DE LA GUERRE

§ 1. — Les idées générales en Allemagne sur les causes de la guerre.

Lorsque les psychologues voudront prouver le faible rôle de la raison dans la genèse des croyances, ils n'auront pas de meilleur exemple à citer que la persistance des illusions allemandes sur les origines de la guerre.

On aurait pu supposer que l'évidence des documents diplomatiques publiés depuis les commencements du conflit éclairerait les Germains sur ses véritables causes.

Leurs illusions sont, cependant, à cet égard demeurées intactes. L'Allemand ayant une foi absolue dans les assertions de son gouvernement ne les conteste jamais. Les affirmations officielles furent d'autant plus facilement acceptées qu'elles s'appuyaient sur des passions très fortes, la haine et l'ambition, notamment, créatrices, elles aussi, de croyances.

Les opinions courantes en Allemagne au début de la guerre, que j'ai reproduites dans mon dernier livre, se sont donc peu modifiées. On ne croit plus à l'histoire vraiment trop absurde, et démentie d'ailleurs par les autorités allemandes locales elles-mêmes, d'une guerre déclarée à la France parce que cette dernière avait fait bombarder Nuremberg au moyen d'avions, mais l'idée d'un conflit provoqué par l'Angleterre est restée générale. Cette conviction se trouve assez bien exprimée par l'extrait suivant du journal *Deutsche Tagesztg*, 20-6-1916.

C'est l'Angleterre qui a poussé les peuples européens les uns contre les autres afin de les anéantir les uns par les autres et de pêcher en eau trouble. C'est l'Angleterre qui, depuis dix ans, répète sans se lasser : « *Germania delenda est.* » C'est l'Angleterre qui inventa contre nous la politique d'encerclement et qui entraîna l'Italie à la félonie. C'est l'Angleterre qui nous ferma la mer du Nord et essaya de nous interdire toute issue vers l'Orient. C'est l'Angleterre qui entama avec nous des pourparlers concernant les colonies belges et portugaises, pour nous compromettre aux yeux des Portugais et des Belges. C'est elle qui, par ses conventions militaires avec la Belgique, a violé la neutralité de ce pays. C'est l'Angleterre qui a lancé contre nous la légende des « atrocités allemandes ». L'Angleterre est l'ennemie héréditaire de l'Europe. C'est l'Angleterre qui a déchaîné la guerre mondiale.

§ 2. — Nouvelles explications allemandes sur les causes de la guerre.

Les rares Allemands que n'aveuglait pas entièrement la haine et qui se sont résignés à lire les documents diplomatiques, y ont vu les efforts désespérés faits par l'Angleterre pour éviter une guerre dont elle ne voulait à aucun prix.

Le pacifisme plutôt exagéré de la France à cette époque ne pouvait laisser non plus aucun doute. Quant à la Russie, les événements ont surabondamment prouvé qu'elle était militairement trop mal préparée pour vouloir songer à la lutte.

De telles évidences montraient que les Alliés ne souhaitaient nullement la guerre et n'avaient aucun intérêt à la déclarer. Certains Allemands éclairés avouent aujourd'hui que l'Allemagne en eut l'initiative, mais uniquement, prétendent-ils, pour prévenir une future attaque des Alliés.

Cette opinion, répandue seulement parmi les classes éclairées, a été très bien exposée par le pasteur Bolliger dans un mémoire écrit en réponse à une demande de ses collègues français. En voici quelques passages d'après le journal allemand, *la Gazette des Ardennes*, du 28-1-16. Le fait seul que la censure n'a pas supprimé cet article permet d'en déduire qu'il représente assez bien l'opinion des gouvernants.

Après avoir longuement insisté sur les prétendues intrigues du ministre Delcassé « qui travaillait, dit-il, à encercler l'Allemagne » essayait de détacher l'Italie de la Triple Alliance, négociait à Saint-Pétersbourg, intriguait à Constantinople et s'arrangeait pour que l'Allemagne étant isolée, l'Angleterre, appuyée par la France, pût tenter de l'écraser, l'auteur écrit :

Certainement la France et la Russie ne voulaient pas la guerre le 1er août 1914, mais elles travaillaient de toute leur âme à la rendre inévitable. Preuves : la Triple Entente et tout ce qui a rapport avec elle. Mais il va de soi qu'elles voulaient la guerre au moment choisi par elles, peut-être en 1916 ou 1917, après avoir complètement achevé leurs armements. Et elles furent très irritées du fait que l'adversaire ne leur laissât pas le choix du moment. Tout ceci est clair et simple comme l'alphabet.

L'auteur reconnaît que l'empereur d'Allemagne pouvait éviter la guerre en engageant l'empereur d'Autriche à se montrer un peu conciliant pour la Serbie et il ajoute :

Pourquoi ce moyen simple et infaillible ne fut-il pas employé? D'après mon opinion, on ne l'a pas fait parce que le gouvernement allemand, d'accord avec le gouvernement autrichien, voulait la guerre. En arriverai-je donc à formuler un arrêt de condamnation à l'adresse du gouvernement allemand? Pas le moins du monde. Il devait vouloir la guerre. Ne pas la vouloir eût été un crime. La grande guerre contre les trois puissances était inévitable. Depuis longtemps, on pouvait la prévoir. Dans cet état de choses, la prudence exigeait de choisir l'heure favorable et de ne point en abandonner le choix à des adversaires trop puissants. Le calcul pour l'Allemagne était extraordinairement simple : l'heure présente nous est plus favorable pour une guerre, terrible mais tout à fait inévitable, qu'elle le sera l'année prochaine ou l'année d'ensuite... Dans deux ans, la Russie aura presque achevé la construction de ses voies stratégiques et aura considérablement amélioré ses armements. La France aura sous les armes ses soldats bien exercés, dans leur troisième année de service. Un souverain très âgé, qui tient ensemble les peuples de l'Autriche, toujours à la veille de se séparer, aura peut-être, dans deux ans, fermé les yeux et le seul allié sur lequel on puisse vraiment compter sera plus faible qu'aujourd'hui. Nous avons une bonne récolte et notre préparation financière est également bonne. Donc cette entreprise hasardeuse et terrible est à présent un devoir. Le cours des événements avait amené une occasion très importante de déchaîner la catastrophe. Je parle du meurtre de l'héritier du trône autrichien.

L'Allemagne assuma courageusement la responsabilité de déclarer la guerre. D'après la forme, c'était une guerre offensive; d'après les faits, une guerre défensive. Car dans ce cas, l'offensive était la meilleure défensive. C'était une guerre en vue de la défensive; en effet, celui qui veut vaincre un adversaire puissant doit prévenir son coup, au moment où il s'y attend le moins. Tout cela est dans l'ordre, conforme aux règles de la sagesse et de la morale. L'Allemagne a agi comme elle devait agir pour se sauver elle-même, dans la situation politique créée en grande partie par la France.

En adoptant les principes et les raisonnements de M. Bolliger, qui correspondent bien à ceux de ses compatriotes, on serait toujours en droit d'attaquer un peuple simplement parce qu'on suspecterait ses intentions.

L'auteur oublie d'ailleurs dans son argumentation que depuis de nombreuses années, journalistes, professeurs, écrivains ne cessaient de pousser à la guerre.

Ces polémiques, aussi bien que tous les faits observés depuis le début des hostilités, prouvent combien la mentalité germanique est distincte de celle des autres peuples. Les mots célèbres : « nécessité n'a pas de loi », « un traité n'est qu'un chiffon de papier », des actes comme la destruction de Louvain, le bombardement de la cathédrale de Reims, les massacres de femmes et d'enfants, l'exécution de miss Cawell, etc., prouvent que les Allemands ne sentent pas comme les autres nations.

Un peuple étant incapable de changer l'agrégat de sentiments constituant son caractère, nous ne pouvons pas supposer que les Allemands se transformeront. Il faut donc les accepter tels qu'ils sont, mais tâcher, en vue de notre future attitude à leur égard, de les bien connaître.

Le conflit européen aura montré une fois de plus à quel point les institutions, la religion, l'éducation sont impuissantes à modifier les sentiments héréditaires.

Toutes les classes de l'Allemagne ont manifesté les mêmes sentiments pendant la guerre et ce sont justement les professeurs d'universités et les membres du clergé qui se révélèrent les plus durs, les plus féroces et les plus incompréhensifs dans leurs écrits. La guerre aura ôté bien des illusions sur l'action civilisatrice des religions et de l'éducation.

CHAPITRE III

MANIFESTATIONS DE L'AME ALLEMANDE PENDANT LA GUERRE

§ 1. — Qualités manifestées par les Allemands.

Pendant la guerre, les Allemands ont fait preuve de qualités et de défauts qu'il est utile d'étudier.

En dehors de leurs qualités militaires : discipline inflexible et obéissance absolue, ils tirèrent grand parti d'aptitudes manifestées déjà dans la vie civile. Personne ne leur conteste le goût du travail, la persévérance, l'esprit d'ordre et de méthode, surtout dans les œuvres collectives.

On ne peut nier qu'au cours de la guerre les Allemands aient manifesté beaucoup de prévoyance et d'initiative, qualités dont leurs ennemis souvent manquèrent et dont on ne saurait exagérer l'importance. Supposez qu'au début des hostilités le commandant d'un des cuirassés qui se trouvaient dans la Méditerranée ait possédé l'énergie de caractère suffisante pour entrer hardiment à Constantinople à la suite du *Gœben* et du *Breslau*. Cette décision purement psychologique aurait eu pour résultat : 1° d'éviter la mort de cent mille Anglais tués inutilement à Gallipoli quand on se décida à tenter d'entrer par force à

Constantinople; 2° de modifier complètement la marche de la guerre; 3° d'économiser pàs mal de milliards et de centaines de mille de combattants. Certaines qualités de caractère ont donc une valeur qu'aucun matériel militaire ne pourrait remplacer.

On ne voit pas très bien, sans doute, au premier abord, comment la discipline, l'action collective et la division du travail poussée si loin chez les Allemands peuvent favoriser l'initiative. Il semble même y avoir contradiction entre la discipline et l'initiative.

Cette contradiction n'est qu'apparente. La division du travail limite étroitement, il est vrai, l'horizon de chaque Allemand, mais l'individu peut se mouvoir très librement entre les bornes de cet horizon. Ses chefs tiennent même à ce qu'il conserve une entière liberté dans la cage mentale où il se meut.

Et c'est pourquoi son initiative s'exerce dans toutes les branches de la vie, aussi bien militaire qu'industrielle. Le colonel d'un régiment par exemple, laissera à ses capitaines le soin d'éduquer leurs compagnies comme ils l'entendent, et n'interviendra qu'à périodes espacées pour constater les résultats obtenus. Le chef d'une grande usine laissera de même à ses ingénieurs et à ses chimistes toute latitude pour travailler au sujet concernant leur spécialité : synthèse d'un composé nouveau, création d'une machine destinée à exécuter un travail déterminé, etc.

C'est parce qu'il possède une confiance complète dans ses subordonnés qu'un chef peut leur laisser cette liberté. Il n'en est pas toujours de même en France. Le chef, officier, fonctionnaire ou industriel, se méfiant de ses subordonnés se montre tatillon, méticuleux, intervient inutilement dans les détails et paralyse ainsi toutes les initiatives. C'est un point fondamental peu signalé pourtant et sur lequel on ne saurait trop insister. Notre imparfaite organisation civile, militaire et industrielle n'a souvent pas d'autres causes que cette paralysie des initiatives.

Malgré nos allures parfois révolutionnaires, nous sommes en réalité extrêmement conservateurs. Ce qui a été établi une fois nous semble l'être pour toujours. Un chef d'usine ayant adopté une machine en adoptera difficilement une autre. Les nouveautés, fort bien reçues en Allemagne, le sont assez mal en France. A la récente découverte de l'aviation, nos grands chefs militaires firent un très médiocre accueil, alors que les Allemands en comprirent immédiatement l'importance.

On sait aussi ce que nous ont coûté les préjugés de nos chefs militaires contre l'artillerie lourde, qu'ils refusèrent pendant longtemps de créer.

En France, malheureusement, la plupart des opinions sont fondées sur le prestige de ceux qui les énoncent. Alors que le transformisme était admis par presque tous les savants de l'univers, il avait contre lui, chez nous, la majorité des membres des Académies et des Universités. C'est un état mental très nuisible dont la guerre nous a montré le danger, et qui exigerait pour être modifié une éducation entièrement nouvelle.

Il ne faudrait pas trop s'illusionner d'ailleurs sur l'absence d'individualisme des Allemands. Individualistes ils ne le sont pas souvent mais quelquefois cependant et en tout cas reconnaissent les avantages de l'individualisme. On en pourra juger par le passage suivant d'un grand journal allemand :

Il est possible que pour suffire aux énormes charges financières, on soit forcé de recourir à certains monopoles. Mais le champ doit en être strictement limité, car les monopoles et le socialisme d'État dont ils relèvent sont excessivement dangereux pour la vie économique d'une nation. C'est l'initiative individuelle qui reste la source de tout progrès. Si l'industrie allemande a réussi à s'adapter si rapidement à la guerre, elle le doit à son caractère individualiste qui avait déjà fait sa grandeur en temps de paix. Après la guerre, l'Allemagne devra, dans des conditions plus difficiles, reconquérir sa place sur le marché mondial et lutter contre la coalition économique de ses ennemis; l'individualisme seul pourra apporter l'esprit d'audace, d'énergie, de création nécessaire pour cette lutte. La longue durée de la guerre tend à faire oublier que le socialisme d'État auquel on a eu recours en maints domaines n'est bon que pour une situation exceptionnelle; dès que nous serons de nouveau en libres relations avec l'univers, la plus grande partie de l'organisation actuelle ne répondra plus aux besoins. *(Rhein-Westf. Zeitung,* 15-9-16.)

§ 2. — Vices et défauts manifestés par les Allemands pendant la guerre.

Les Allemands ont, naturellement, montré au cours de la lutte européenne leurs défauts habituels, mais ils ont, en outre, révélé d'autres vices, comme la méchanceté et la férocité, que le monde ne leur connaissait pas.

Leurs prévisions ne furent pas toujours très sûres et les réflexions que Thucydide formulait il y a plus de deux mille ans pourraient leur être appliquées :

Pleins d'une présomptueuse confiance dans l'avenir, tout gonflés d'espérances supérieures à leur puissance, mais inférieures encore à leurs désirs, ils ont pris les armes et préféré la force à la justice.

Sur les divers défauts germaniques manifestés pendant la guerre, inutile d'insister maintenant. Il suffira de rappeler l'habitude invétérée du mensonge dans toutes les classes de la société. Les dépêches allemandes et les discours du chancelier en ont fourni des preuves édifiantes. Pas d'exemple, d'ailleurs, depuis Frédéric II, qu'une fourberie ait jamais fait reculer un diplomate ou un souverain allemand. La diplomatie prussienne a toujours été caractérisée par un manque complet de sincérité. Avant la guerre japonaise elle poussait la Russie contre le Japon, tout en exhortant ce dernier à conclure avec la Grande-Bretagne une alliance contre le Tsar. Pendant la guerre du Transvaal, l'Empereur envoyait des félicitations aux Boërs révoltés contre l'Angleterre et excitait en même temps l'Angleterre contre eux. Dès que la puissance russe fut annulée par la défaite de Moukden, la diplomatie allemande dépêcha Guillaume II à Tanger pour y empêcher l'action française. On ne doit pas, évidemment, demander de la sincérité ni même beaucoup d'honnêteté aux diplomates d'aucun pays mais, de tout temps, les diplomates prussiens dépassèrent les autres par la persistance de leur hypocrisie. Elle est d'autant plus fâcheuse pour eux qu'ils l'accompagnent généralement de lourdes maladresses.

Quant à la férocité déployée par les Allemands pendant cette campagne, elle résulte de leurs dispositions naturelles, et de haines de race très antérieures au conflit. Les Allemands vivant en France et en Angleterre les refrénaient naturellement, mais ils négligeaient de les dissimuler dans d'autres pays.

Leurs journaux d'avant la guerre ne nous épargnaient pas, d'ailleurs, les injures. Paris était la

« Sodome moderne, l'abcès de l'Europe, la maison de Satan ». On en parlait, dans la société allemande, avec des airs de pudeur effarouchée, très amusants depuis que le fameux procès Eulenbourg avait révélé les mœurs honteuses des intimes de l'Empereur.

Nous étions loin de l'époque où la France avait entièrement subjugué les grands hommes de l'Allemagne, et où Kotzebue remarquait que, dans un dîner d'une heure, il entendait « plus d'observations fines, de critiques spirituelles et délicates, qu'on n'en peut lire pendant toute une année dans une gazette d'Allemagne ».

En réalité, la haine des Allemands pour la France était surtout une création de la jalousie prussienne, propagée par contagion mentale, à toutes les couches de la population germanique.

L'intensité de cette haine peut seule expliquer les explosions de fureur du peuple, des écrivains et des savants au début de la guerre. J'ai déjà cité, dans mon précédent volume, un passage de l'illustre psychologue Wundt, déclarant que cette guerre « est l'attaque infâme de brigands, dont les moyens sont l'assassinat, la piraterie et la flibusterie ».

Le non moins illustre professeur Lénard déclarait, à propos de l'Angleterre, qu' « on ne peut avoir de vraie paix avec un voleur de grands chemins tant qu'il n'aura pas péri ou qu'on ne l'aura pas détruit ».

Si des savants renommés sont descendus à de semblables termes, on conçoit ce qu'a pu être le langage des simples journaux. Les massacres de femmes et d'enfants par les torpillages, les faisaient frémir de joie. Ce fut une manifestation nouvelle de ces haines entre races, contre lesquelles ni la civilisation ni la fusion apparente opérée par les relations internationales ne peuvent rien, mais qu'il importe d'avoir toujours présentes à l'esprit pour éclairer l'avenir.

Avec de pareilles excitations les soldats allemands pouvaient donner libre jeu à leurs instincts naturels de férocité. J'ai cité dans mon dernier livre, quelques-unes des atrocités les plus connues.

La principale conséquence de ces violences fut de rendre les Allemands profondément antipathiques à la plupart des peuples.

L'indignation universelle provoquée par les massacres de femmes et d'enfants, les incendies des monuments, la destruction d'œuvres d'art fut même si vive que les Germains finirent par essayer de nier ou de justifier leurs actes.

Les soldats ne furent pas seuls à manifester au cours de la guerre, cette sombre férocité. Traduite dans des actes sauvages, elle se développa aussi dans les discours. On sait quel délire d'enthousiasme provoqua en Allemagne le naufrage du *Lusitania*. On en peut juger par le passage suivant des *Hamburger-Nachrichten* du 4 février 1916 :

Tout le peuple allemand sentit passer sur lui une joie solennelle que ne troublait guère la compassion des âmes faibles pour la mort des passagers que l'infamie anglaise et le mépris frivole des lois des États-Unis avaient attirés à bord de ce dangereux navire.

Le bombardement par les zeppelins de villes ouvertes, telles que Paris et Londres, ne fut pas accueilli avec moins de satisfaction. La *Kolnische Zeitung* du 31 janvier 1916, applaudissait ces expéditions aériennes « entreprises pour châtier les deux nids de brigands mondiaux sur la Tamise et sur la Seine ». Voici comment s'exprimait le grand journal viennois *La Nouvelle Presse de Vienne* à propos de torpillages divers dans l'Adriatique :

> Les poissons, les langoustes et les polypes de l'Adriatique n'avaient pas fait depuis longtemps une meilleure chère. Au sud, ils ont pour repas presque tout l'équipage du *Léon-Gambetta*, ceux de l'Adriatique centrale trouvent leur aliment dans les Italiens de la *Turbine*, et, dans l'Adriatique du Nord, les habitants de la mer ont une table toujours plus abondamment fournie; au sous-marin *Medua* et aux deux torpilleurs se joint maintenant le croiseur *Amalfi*.
>
> La collection qui ne comprenait jusqu'ici que des petits exemplaires maritimes, s'est de la sorte enrichie et l'Adriatique doit être plus amère que jamais avec son fond qui se couvre des corps éventrés des navires italiens et ses flots bleus effleurés par l'haleine empoisonnée de ceux qui sont tombés pour délivrer le *Carso*.

Une seule publication allemande, le *Vorwaërts*, journal socialiste, osa protester. Il le fit de la façon suivante :

> Qu'il y ait au monde des monstres qui restent froids devant des montagnes de morts, nous voulons le croire; mais qu'un journal mette ses colonnes à la disposition d'un cynisme de cette espèce, c'est un de ces phénomènes que nous ne pouvons flétrir comme il le mérite.

Le clergé ne se montra pas moins féroce en ses discours que les intellectuels allemands. Il ne cessa d'exciter dans les églises la haine de la population contre l'ennemi. Prêtres et pasteurs ne se lassèrent pas de prêcher les massacres, l'incendie sans pitié « des fils de Satan ». Tous rêvaient de l'extermination biblique des peuples dégénérés par le peuple élu.

> Nous faisons la guerre, disait l'un d'eux, comme une sainte croisade contre tout ce qui est profane et grossier dans ce

monde. Le mot d'ordre est maintenant de frapper dans le tas avec Dieu, à poings fermés et avec le tranchant de l'épée [1].

J'ai déjà montré dans mon précédent ouvrage l'influence exercée sur l'âme allemande par ses philosophes, ses historiens et ses professeurs. On ne saurait trop insister sur cette observation. J'ai été heureux de voir M. Aegerter la formuler en termes si justes qu'il me semble utile de les reproduire :

Ce sont les théoriciens du Beau et les logiciens de l'Impératif catégorique qui ont rendu possible l'état d'esprit des destructeurs de cathédrales et des violateurs de traités. Il n'y a pas deux Allemagnes, le pays sentimental d'où le clair de lune romantique épandait sur le globe des transparences moirées de chimères, et un État métallurgiste, férocement pratique, tout fumant de cheminées d'usines. Il y a une Allemagne qui est celle de Gœthe, de Hegel, de Bismarck, de Krupp, des armateurs de Hambourg. Il y a une Allemagne qui s'est développée dans le sens de son germe.

Ces soldats qui se terrent dans les ouvrages de Champagne ou marchent en formations serrées vers les cités en flammes réalisent la pensée des philosophes. Il y faudra songer après la victoire. Si l'Allemagne doit reprendre sa place parmi les nations avec son génie personnel, il conviendra de se souvenir que ce génie est celui de la domination brutale et de la force implacable. Tel il fut formé par ses penseurs, princes comme Frédéric II, professeurs comme Hegel. Tel il demeura au lendemain d'Iéna, tel il demeurera au lendemain d'une plus lourde défaite. Il ne faut pas seulement briser une résistance, il faut anéantir une doctrine.

---

1. La *Gazette de Francfort* ayant contesté l'exactitude des sermons reproduits dans les journaux, une revue, *le Christianisme au XX° siècle*, du 10 février 1916, cita quelques fragments des sermons de guerre empruntés à l'opuscule de M. Koehler, pasteur à Berlin. Le style en est exactement le même que celui des sermons dont la réalité avait été discutée. Le *Lokal Anzeiger* a justement fait remarquer que « l'idée d'intensifier la guerre sous-marine a gagné du terrain, surtout grâce à l'influence d'une notable fraction du centre catholique. »

§ 3. — L'abaissement de la moralité publique
en Allemagne.

Vanter sans cesse les vertus qu'on ne possède pas, c'est réussir parfois à faire croire qu'on les possède. Ainsi avait agi l'Allemagne et il fallut quelques procès scandaleux comme celui d'Eulenburg pour révéler les mœurs de la cour de Guillaume II. Les habitudes sadiques de tant d'officiers allemands pendant la guerre ont contribué également à montrer que l'âme de ce peuple n'était pas très haute.

Les seules appréciations utiles dont un Français puisse étayer son jugement sur la moralité germanique sont celles empruntées à des publications allemandes.

Elles accusent un fléchissement notable de la moralité en Allemagne. La criminalité juvénile, entre autres symptômes, prend une grande extension.

Au Landtag de Prusse on a discuté, le 23 février 1916, la question de la diminution des naissances ; en 1876, il y avait 42 nouveau-nés pour 1.000 habitants ; en 1913, 27 ; aucune nation n'a connu une décroissance aussi rapide. En revanche, le gouvernement estime le chiffre annuel des avortements à 500.000 ; la propagande néo-malthusienne, le colportage d'objets propres à empêcher la conception, s'exercent dans les plus petits villages et dans les campagnes ; le scandale est éclatant. Les causes morales ont plus d'action que les causes économiques : on veut bien vivre ; les enfants sont une charge, les femmes n'en veulent plus ; il faudrait une régénération morale de la nation. Et l'on ne peut pas attendre que les choses aillent mieux après la guerre ; au contraire, la diminution continuera ; la vie sera trop chère ; l'Allemagne aura perdu trop d'hommes.

Un judicieux observateur, Jules Huret, avait noté, il y a déjà longtemps, que l'Allemagne jouissait du maximum de civilisation matérielle avec un minimum de civilisation morale.

En ce qui concerne l'armée, la discipline y est trop rigoureuse pour que la moralité militaire ait pu fléchir. Cependant on a trouvé sur des prisonniers faits à Verdun des lettres indiquant un certain découragement. Voici quelques extraits de celles que publia M. Madelin dans la *Revue des Deux Mondes* :

C'est épouvantable : les hommes sont entraînés par force à la boucherie; naturellement, ce ne sont que les pauvres, car les riches ne vont pas si loin à l'avant. Au commencement de la guerre, on lisait dans les journaux que tel ou tel riche avait été tué, mais maintenant il n'y a plus que les pauvres qui tombent au champ d'honneur. Merci pour l'honneur! Vous vous faites tuer là-bas, et nous à l'intérieur, nous mourons de soucis et de chagrins.

Un autre écrit :

...De ceux qui ont causé la guerre, aucun ne meurt.

On voit partir avec tristesse, parfois avec désespoir, les jeunes hommes comme les vieux. On devrait refuser de marcher, et cela serait la fin. Les grands n'ont qu'à se débrouiller tout seuls. Après tout, cela nous est bien égal d'être Français, Anglais ou Russes. Ici, c'est une vraie misère. Si ça continue quelque temps, il y aura ici un sérieux grabuge.

Je ne tirerai aucune conclusion générale de ces lettres. Tout au plus laissent-elles pressentir qu'un jour viendra où le peuple allemand comprendra qu'il a été conduit à l'abattoir pour le triomphe d'une chimère. Ce jour-là seulement, et sans doute est-il lointain encore, l'Allemagne cessera d'être un menaçant fléau pour le reste de l'univers. Vaincre la force militaire des Germains ne représente qu'une partie de la tâche à accomplir. Ce sont, je n'ai cessé de le répéter, les illusions animant leur âme qu'il faudrait détruire.

CHAPITRE IV

LE GOUVERNEMENT IMPÉRIAL
SITUATION ÉCONOMIQUE ET SOCIALE DE L'ALLEMAGNE
PENDANT LA GUERRE

§ 1. — Le gouvernement impérial.

Jugées uniquement d'après les livres qui les exposent, les diverses institutions des peuples sont parfaites et d'ailleurs très voisines. C'est donc uniquement la façon dont elles se trouvent appliquées qu'il importe de connaître.

L'Allemagne ayant un parlement, on s'imagine parfois qu'elle possède un gouvernement constitutionnel. Rien de moins exact. Le parlement est une fiction. Les députés n'y jouissent d'aucune autorité et n'exercent d'autres fonctions que voter le budget et certaines lois.

Le gouvernement ne se considère nullement obligé de tenir compte de leur vote. Les ministres, nommés directement par l'empereur, ne sont presque jamais recrutés dans le parlement et ne peuvent être renversés par des votes dont ils se soucient très peu.

Sans doute M. de Bülow, en 1909, donna sa démission à la suite du refus d'un projet d'impôt sur les successions par le parlement, mais ce fut un simple prétexte pour justifier un départ uniquement dû à ses dissentiments avec l'empereur.

En dehors de ces cas tout à fait exceptionnels, les ministres ne se préoccupent aucunement des votes du parlement et saisissent volontiers l'occasion de lui rappeler qu'ils en sont indépendants.

On le vit nettement le jour où M. de Bethmann-Hollweg, à la suite d'observations déplaisantes de certains députés, n'hésita pas à déclarer à la tribune qu'il se considérait simplement comme l'exécuteur des ordres de l'empereur. Ce même chancelier n'a pas caché depuis combien le suffrage universel et la démocratie lui étaient antipathiques. Il a même affirmé que « la démocratisation du parlementarisme a, dans tous les pays, amené un abaissement des mœurs politiques ».

Si pendant la guerre le parlement allemand a semblé jouer un rôle moins effacé qu'auparavant, c'est uniquement parce qu'il servit de tribune au chancelier pour ses justifications et aussi à ses adversaires pour leurs attaques. Les socialistes y ont trouvé également la seule tribune d'où ils pouvaient formuler leurs revendications.

La situation fort secondaire du parlement allemand s'explique très bien quand on se souvient que l'empereur est convaincu qu'il doit son trône uniquement à la grâce de Dieu. Comment dès lors pourrait-il admettre un pouvoir indépendant du sien?

Il fait donc aussi peu de cas que ses ministres des votes du parlement. Lorsque le Reichstag se déclara hostile à l'expropriation des Polonais, par une majorité de deux cent treize voix contre quatre-vingt-dix-sept, l'empereur ne se gêna aucunement pour passer outre.

Nombreux sont les exemples du même ordre. En 1913, à la suite des événements de Saverne où des officiers allemands avaient fait jeter dans une cave des habitants, parmi lesquels figurait un juge allemand, le blâme voté par la grande majorité des députés n'exerça pas la moindre influence sur la politique du chancelier. Il se borna à déclarer que, dépendant de l'empereur et nullement du Reichstag, aucun vote de méfiance ne pouvait l'atteindre.

Les ministres n'étant pas recrutés au sein du parlement, un député allemand reste toujours un assez mince personnage. Ce n'est qu'en entrant dans l'administration qu'on peut espérer arriver à conquérir un portefeuille.

Simples fonctionnaires ayant parcouru tous les échelons d'une carrière, les ministres possèdent l'expérience des affaires et une compétence technique fort utile à l'État.

Bien qu'indépendant des parlements, le gouvernement prussien n'est pas cependant une monarchie tout à fait absolue. Si puissant que soit l'empereur, il doit tenir compte non seulement de l'influence des États confédérés de l'empire, mais aussi des intérêts de la caste militaire et de la noblesse agrarienne, vraies colonnes de son pouvoir. Ce sont elles surtout qui l'ont poussé à la guerre.

A l'aristocratie terrienne il faut ajouter encore l'oligarchie commerciale et industrielle qui, en raison du développement énorme de l'industrie, rêvait la conquête économique du monde.

Pour des motifs divers les castes entre lesquelles est divisée la société allemande ne cessèrent de propager les idées d'hégémonie et utilisèrent dans ce but les théories des professeurs et des historiens. Quand l'immense troupeau germanique fut suffisamment halluciné, il marcha joyeusement à la mort.

Depuis l'ouverture des hostilités, la direction des armées appartient à l'Empereur. La destruction de Louvain, le bombardement de la cathédrale de Reims, les massacres de populations inoffensives, le torpillage du *Lusitania*, etc., résultèrent uniquement de ses ordres. Jamais un chef allemand n'aurait osé prendre l'initiative de telles mesures.

§ 2. — La direction de l'opinion pendant la guerre.

J'ai déjà rappelé que pendant la guerre, le gouvernement allemand avait fait de grandes dépenses pour se concilier l'opinion dans les pays étrangers, et notamment en Amérique.

En Allemagne, la tâche était facile, la presse ne pouvant dire que ce qu'on lui permettait de dire. Elle a gardé un complet silence sur la bataille de la Marne et vingt fois annoncé la fin prochaine des hostilités. Les Russes étaient définitivement repoussés. L'Angleterre, paralysée par la révolte de l'Irlande, ne pouvait plus participer à la guerre, etc. Ce n'est que sur les questions à l'égard desquelles le gouvernement hésitait et voulait tâter l'opinion, la guerre sous-marine, par exemple, qu'il laissa quelque liberté aux journaux[1].

---

1. A l'exception de deux ou trois feuilles socialistes, tous les journaux allemands sont dans les mains du gouvernement. Les plus importants : *Berliner Tageblatt, Lokal Anzeiger, Tag Vossische Zeitung, Frankfurter Zeitung* (ce dernier le plus répandu de tous), appartiennent à des juifs. Possédant les journaux, les théâtres et les plus importantes banques, ils exercent une influence directe ou occulte considérable en Allemagne.

Le gouvernement essaya d'agir, par ses publications et ses agents, non seulement sur les neutres, mais encore sur les Alliés. En Russie, il accumula des efforts considérables pour obtenir une paix séparée. Dans l'espoir d'affaiblir le moral des soldats, il faisait jeter sur les tranchées, par des avions, en mars 1916, des proclamations écrites en russe, et qui indiquent quelques progrès de la part des Allemands dans la connaissance, si rare chez eux, de la psychologie des peuples. En voici quelques extraits :

De nouveau une malheureuse guerre, de nouveau, contrairement à la loi et à la parole divines, le frère tue le frère, des gens qui ont reçu le baptême se frappent à mort. Combien cela est triste, combien cela est affreux et terrible !

Le Sauveur pleure !

Russes et Allemands vivions tranquillement ensemble. Nous nous respections, nous nous aidions. Souvenez-vous, frères, de la campagne du Japon ! Qui vous est venu en aide, sauf les Allemands ? Vos alliés, les Français, n'ont pas bougé le petit doigt pour vous aider !

L'Angleterre a aidé les Japonais, des gens qui n'ont pas reçu le baptême, qui vous ont volé Port-Arthur, qui vous ont dépouillé en Extrême-Orient, qui ont tué et massacré des milliers de milliers de Russes !

Et c'est d'accord avec ces mécréants que la Russie a entrepris la guerre contre les Allemands baptisés ! Comme c'est affreux ! comme c'est triste !...

L'Anglais fut toujours l'ennemi de la Russie, c'est lui qui a envoyé les Japonais contre vous. Il vous a toujours détestés. Et c'est lui qui, en commerçant rusé, a préparé cette guerre seulement pour son avantage particulier ! Croyez-nous : sans cesse il s'est servi des autres les faisant se battre pour lui.

L'armée allemande est partout victorieuse ! La Belgique, alliée de l'Angleterre, est occupée par nous.

Les Français reculent, ils sont vaincus ! Notre armée est déjà près de Paris. L'armée anglaise est en retraite, elle est vaincue !

Mais, nous ne voulons pas verser votre sang !

Cessez la lutte ! rendez-vous et passez de notre côté. Chez nous on nourrit bien les prisonniers, on a pitié des malheureux ! ou bien rentrez chez vous ! Ce n'est pas la peine que ni vous ni nous fassions la guerre !

Quoique fortement muselée par la censure, la presse allemande put parfois, surtout dans les royaumes confédérés, faire entendre ses plaintes. En voici quelques-unes, extraites de divers journaux allemands :

La censure employée sans modération a fait renaître tous les maux de l'absolutisme : les commérages, les allusions obscures ou inquiétantes, les manœuvres sournoises et perfides, les exagérations, l'empoisonnement de l'esprit public. *(Munchener Neueste Nachrichten, 19-3-16.)*

Un peuple intelligent et discipliné, écrit M. Bernhard, a le droit de savoir d'après quels points de vue il est gouverné et vers quels buts il marche. Or, d'un côté on n'apprend rien et de l'autre on ne peut même pas poser des questions... *(Vossische Zeitung, 13-3-16.)*

Les membres du Reichstag, au moment de se réunir, sentent peser comme un cauchemar sur leur esprit. *(Kölnische Volksztg, 15-3-16.)*

Le gouvernement a pris l'habitude commode d'enlever le droit de parler à tous ceux qui le gênent; il n'y a plus de liberté d'opinion. Le mensonge empoisonne la vie politique de la nation. *(Kreuzztg, 17-3-16.)*

Pendant les premiers temps de la guerre, les journaux allemands triomphèrent bruyamment des succès germaniques, sans jamais parler de leurs revers. Les plans de l'état-major étaient infaillibles et l'Allemagne marchait vers une paix rapide.

Mais, de même que les diplomates allemands n'avaient pas prévu l'intervention de l'Angleterre et la défense de la Belgique, l'état-major n'avait pas supposé que les Alliés pourraient arriver, en créant des armées et des munitions, à se défendre d'abord, puis à attaquer.

Ce fut pour lui une surprise, partagée par beaucoup de journaux neutres qu'influençaient les publications allemandes. Voici comment s'exprimait l'un d'eux :

Qui aurait dit, il y a deux ans, qu'en outre des armées connues, estimées à leur valeur potentielle par les stratèges des empires centraux, il en surgirait une autre complètement nouvelle, capable d'altérer tout jugement sur les facteurs militaires prévus? La présente guerre est une guerre de surprises et de miracles. La France se sauva à la Marne alors que personne ne pouvait l'espérer. La Russie se sauva sur la Dvina, quand on croyait unanimement qu'elle allait succomber. La Serbie s'est sauvée à Corfou, quand les plus optimistes eux-mêmes n'espéraient pas que ses divisions dispersées pussent échapper à la misère et à l'ennemi. (*Correspond. de Espana*, 23 juin 1916.)

Ce que le journaliste qualifie de miracle est le résultat de la ténacité des Alliés, et aussi du défaut de sens politique que le prince de Bülow reprochait justement à ses compatriotes, en rappelant le mot de Gœthe : « Capable dans le détail, l'Allemand est piteux dans l'ensemble. »

Raillant un peu l'enseignement des sciences politiques en Allemagne, l'ancien chancelier ajoutait :

Il faudra longtemps avant que nous sentions les effets de cette érudition sur la pratique politique : il coulera beaucoup d'eau sous nos ponts jusqu'à ce que la faiblesse et les défauts innés de notre tempérament politique disparaissent par ce procédé.

§ 3. — Situation économique et sociale de l'Allemagne pendant la guerre.

Dans le livre consacré aux *Enseignements psychologiques de la guerre*, j'ai montré la prospérité croissante de l'Allemagne avant le déclanchement du conflit, et précisé ses causes.

Cette prospérité était surtout matérielle. L'Allemagne couvrait le monde de ses représentants et de ses industries, mais elle ne l'envahissait plus avec ses pensées. L'ère des grands philosophes, des littérateurs illustres, des artistes éminents, était close depuis la conquête prussienne. La caserne et l'école avaient rapidement nivelé les âmes. Le joug des règlements, utile aux esprits médiocres, ne favorise pas le développement des puissants cerveaux.

L'Allemagne en était encore à la phase où l'Etatisme crée la prospérité d'un peuple avant d'engendrer sa décadence. La guerre a ébranlé cette prospérité pour longtemps. Un pays industriel et exportateur ne perd pas impunément ses clients. Or, en 1913, les importations de l'Allemagne atteignaient environ 12 milliards et ses exportations 11 milliards.

Les ressources de l'Allemagne, pendant la lutte européenne ont été constituées avec des emprunts et des bons du Trésor. Grâce à ses réserves à l'étranger, elle est loin d'être entièrement ruinée. Son commerce lui permettait des placements considérables qui lui furent fort utiles.

Voici comment un journal neutre expose cette situation :

Le portefeuille allemand en valeurs américaines est estimé à sept milliards de marks, celui en valeurs argentines à quatre milliards, les autres titres à environ trois milliards de marks. Dans certains milieux on recommande la création d'une réserve nationale au moyen de ces valeurs, qui, alors, ne seraient pas vendues, mais garantiraient les achats et importations allemandes après la paix. 184 millions de marks de titres roumains ont été affectés à l'achat de 500.000 tonnes de blé en Roumanie.

Au début de la guerre, le commerce de l'Allemagne avec les autres pays fut gêné, mais non supprimé.

Le blocus de l'Angleterre finit cependant, par le réduire à peu de chose. D'après les derniers chiffres publiés et qui, naturellement, ne sauraient être bien sûrs, le commerce avec les Etats-Unis s'est restreint progressivement de 94 pour cent, avec l'Italie de 96 pour cent, avec le Brésil de 98 pour cent. Inutile d'ajouter qu'avec la France, l'Angleterre et le Japon, c'est-à-dire avec ses plus importants clients, le commerce de l'Allemagne est devenu nul.

Il ne faut pas oublier, pour comprendre l'importance de tels chiffres, que l'Allemagne vit surtout de ses exportations et ne saurait pour cette raison prolonger indéfiniment la lutte. On pourrait même soutenir que l'Angleterre, par la seule présence de ses cuirassés, empêchant les navires d'entrer en Allemagne ou d'en sortir, ruinerait l'Allemagne dans l'espace de quelques années sans tirer un seul coup de canon, et la forcerait à solliciter la paix.

L'obligation pour les Allemands de vivre sur leurs propres ressources eut certainement quelques avantages pour eux. Ils affirment que les milliards dépensés pour le matériel de guerre restant en Allemagne, le blocus a constitué une économie. L'assertion est évidemment peu exacte, mais il ne semble pas exagéré de dire que la privation d'une foule de produits nécessaires stimula beaucoup les recherches des spécialistes allemands et les amena à créer des industries nouvelles. C'est ainsi, par exemple, qu'ils arrivèrent à remplacer huit cent mille tonnes d'engrais, venues autrefois d'Amérique, par des nitrates fabriqués avec l'azote de l'air.

Suivant plusieurs théoriciens allemands, un pays en guerre doit pouvoir vivre sur lui-même et l'Allemagne aurait presque réalisé cette conception. Ils font remarquer que les nations ayant vécu d'importations pendant le conflit se sont appauvries par la sortie de leur or et parce que ces importations entraînaient une

élévation des prix de transport résultant de l'insuffisance des navires et des dangers auxquels les expo-
saient les sous-marins.

L'industrie allemande, celle surtout consacrée aux
fournitures militaires, a grandement prospéré pendant la guerre. Le chancelier de l'Empire allemand a
pu dire à la tribune du Reichstag : « Sans notre
industrie, nous aurions depuis longtemps perdu la
guerre ».

Assertion très juste. L'élément le plus redoutable
pour nos armées ne fut pas le soldat, mais les produits de l'industrie allemande : obus et canons.

Ce fait dont l'exactitude devient de plus en plus
évidente chaque jour crée un nouvel aspect aux
batailles modernes. Les véritables adversaires sont
les industriels qui, du fond de leurs usines, forgent
inlassablement les explosifs et les masses d'acier
contre lesquels les plus vaillants courages restent impuissants.

Les industriels allemands travaillant aux fournitures
de guerre se sont immensément enrichis. L'usine
Krupp a pu prélever vingt-cinq millions sur ses bénéfices d'une année pour secours aux familles des
soldats. Ses gains en 1915 dépassèrent, d'après le
Vorwaerts, cent millions. Dans l'état actuel de la civilisation, aucune industrie n'enrichit aussi vite que
la fabrication de machines destinées à tuer ou estro-
pier les hommes avec célérité.

Avant la guerre l'Allemagne qui devenait de plus
en plus une nation industrielle, n'avait pas cessé,
cependant, de rester en partie un pays d'agriculture
et d'élevage. Si elle avait comme l'Angleterre remplacé
presque entièrement ses champs de blé par des

usines une famine complète, consécutive au blocus, l'eût absolument empêchée de prolonger la guerre.

Grâce à son agriculture et à son élevage, l'Allemagne put continuer à vivre simplement en se rationnant un peu, beaucoup moins d'ailleurs que ne le firent les Parisiens à la fin du siège de 1871. Les cartes d'aliments, les jours sans viande et sans beurre, etc., ont bien provoqué quelques émeutes, mais doués d'une extrême docilité les Allemands acceptèrent les privations sans beaucoup de plaintes.

Il faut remarquer aussi que malgré le blocus l'Allemagne a été un peu ravitaillée par les neutres. Danois, Suédois, Roumains, etc., contribuèrent à l'alimenter, malgré la surveillance de l'Angleterre. Ils le firent surtout dans les premiers temps de la guerre, mais des statistiques américaines, établies d'ailleurs dans un tout autre but, le révélèrent vite.

On sut ainsi que les exportations de l'Amérique pour le Danemark, qui en novembre 1913, étaient de 6 millions de francs s'élevèrent, en novembre 1914, à 65 millions. L'exportation pour la Norvège passa de 3 millions à 80 millions; pour la Suède, de 6 millions à 37 millions, pour l'Italie, de 37 millions à 85 millions. Comme la consommation intérieure de ces divers pays n'avait pu subir de pareilles augmentations il était bien certain que les marchandises ne faisaient que les traverser pour passer ensuite en Allemagne.

Ce fut cette alimentation indirecte de l'Allemagne que l'Angleterre réussit à entraver par diverses mesures, mais sans y réussir complètement.

Le résultat final de l'intervention des neutres se traduisit, d'un côté, par la prolongation des hostilités et de l'autre par le considérable enrichissement de ces neutres. Aucune guerre de conquête, si heureuse qu'on la suppose, ne leur eût jamais rapporté de telles richesses.

Plus l'Europe sera ruinée, plus les neutres vivront dans l'abondance. L'expérience leur aura ainsi fait découvrir la justesse de cette proposition, encore assez neuve pour les peuples et leurs gouvernements, que dans l'état actuel de la civilisation, le commerce peut enrichir un peuple alors que les guerres le ruinent rapidement.

CHAPITRE V

LES DISSENTIMENTS INTÉRIEURS DE L'ALLEMAGNE PENDANT LA GUERRE

§ 1. — Les éléments de discorde en Allemagne.

L'unité de l'Allemagne s'est maintenue pendant la guerre, mais quelques germes de discorde y sont nés cependant qui pourront se développer plus tard et que, pour cette raison, nous devons signaler.

Ils représentent seulement le début d'un mouvement capable, s'il continuait, de transformer le gouvernement autocratique de l'Allemagne en gouvernement démocratique.

L'unité morale des Allemands, n'est pas parfaite, en effet, malgré leur soumission. Catholiques, protestants, socialistes, agrariens, etc., demeurent profondément divisés. Les égoïsmes corporatifs, les appétits violents sont aussi développés qu'en France, bien que contenus par la dure main de l'Etat.

Les privations des masses ouvrières, les terribles hécatombes du front ont engendré de profonds mécontentements. Si malléable et disciplinée que soit l'âme d'un peuple, sa résignation a des limites. Elle sera mise encore à de dures épreuves quand, après la guerre, la nation se verra écrasée sous le poids des impôts nécessaires pour payer les rentes d'une dette dépassant 80 milliards.

Aujourd'hui le peuple reste dévoué à son gouvernement parce qu'il est persuadé que l'Allemagne, attaquée par des ennemis jaloux, rêvant sa destruction, fut obligée de se défendre. Mais la lumière se fera un jour et que diront alors les foules allemandes d'une entreprise utile sans doute aux intérêts de leur souverain et de certaines castes, mais si funeste aux leurs ?

Les rigueurs de la censure n'ont pas empêché un petit nombre d'écrivains de traduire parfois les inquiétudes des masses germaniques. Voici, par exemple, comment s'exprime Harden, dans son journal *Zukunft* du 13 mai 1916 :

Si l'Allemagne veut absolument triompher, elle doit être résolue à rompre toutes relations avec le reste du genre humain et poursuivre une guerre sans pitié pendant plusieurs années. Si elle veut prendre au contraire la raison pour guide, il lui faudra se résigner à une paix possible sans les voraces annexions réclamées par plusieurs écrivains. On gave le peuple de gloire et de mensonges. La nation doit se défendre contre ceux qui la trompent et la déshonorent. Les Allemands perdront plus qu'ils ne gagneront lorsqu'ils auront fait périr par milliers par la guerre sous-marine des êtres sans défense, femmes, enfants, vieillards. Le torpillage du *Lusitania* fut un acte de démence. Si les Allemands ne reviennent pas à la raison et à la politique, l'impondérable fera pencher la balance en faveur de leurs ennemis. L'Allemagne reste persuadée que la paix qu'elle voudrait sans retard n'est empêchée que par l'Angleterre. Elle reconnaît que l'arme sous-marine est inefficace, mais cependant il faudrait triompher de l'Angleterre de suite parce que le faisceau des forces nationales de l'Allemagne commence à être ébranlé. Le peuple éprouve des inquiétudes et des angoisses. Il n'est plus très certain que la responsabilité initiale de la guerre incombe à ses ennemis et non à son propre gouvernement. Il n'est plus très sûr de retirer quelque chose des immenses tueries d'hommes faites à ses dépens.

Il semblerait que l'opinion populaire allemande

soit en voie de se modifier un peu. Un neutre habitant l'Allemagne écrivait dans le *Journal de Genève*, en date du 18 juillet 1916 :

S'il est vrai que les milieux de haute bourgeoisie demeurent belliqueux et conservent leurs ambitions, les classes populaires sont tombées dans le plus morne abattement. Littéralement, elles sont en proie à la famine. J'ai vu plusieurs personnes qui ont traversé l'Allemagne ces temps derniers. Toutes donnent la même note. Dans le peuple il n'y a qu'un cri : « Nous en avons assez, la paix à tout prix ! » Tout manque, non seulement les aliments, mais les chaussures et les vêtements. Il faut une carte spéciale pour acheter une chemise. Le nécessaire manque, même à l'administration militaire, pour l'équipement des nouvelles recrues. Les vêtements de laine leur manqueront pour l'hiver. Cela ne veut pas dire que l'armée ne tiendra pas jusqu'au bout, tant le *drill* l'a façonnée à la discipline automatique. Mais, après la guerre, il y aura de sérieux règlements de compte. Liebknecht et ses amis ont dans le peuple une immense popularité. On le verra bien lorsqu'il y aura des élections au Reichstag.

§ 2. — Le socialisme en Allemagne pendant la guerre.

L'internationalisme prêché par les socialistes des divers pays s'est effondré, en Allemagne comme ailleurs, devant le patriotisme. Les théoriciens ont vite compris que les intérêts de la nation à laquelle un homme appartient passent pour lui avant ses intérêts professionnels. Cette vérité était élémentaire, assurément, mais la guerre seule a pu expérimentalement en prouver la justesse.

Le jour même où elle fut déclarée, toutes les chimères pacifistes s'évanouirent. Beaucoup de socialistes allemands notoires s'engagèrent spontanément sous les drapeaux. En théorie, ils étaient les citoyens du monde, mais leur âme subit le patriotisme inconscient qu'ignoraient leurs discours.

Le parti socialiste, très puissant en Allemagne

puisqu'il représente quatre millions d'électeurs, y est fort divisé actuellement. Il se scinde à peu près en trois groupes, dont un seul révolutionnaire, les autres sont gouvernementaux.

Parmi les députés socialistes, une vingtaine de voix seulement votèrent contre les crédits de guerre. En fait, les socialistes allemands marchèrent toujours plus ou moins avec le gouvernement.

C'est bien exceptionnellement qu'ils ont proféré des violences analogues à celle qu'on lit dans les comptes rendus des séances du Landtag de Prusse des 22 et 23 février 1916. Le député Strœbel y disait :

L'union sacrée n'existait que par l'étouffement de toute discussion. Après la guerre se déchaîneront les conflits politiques et sociaux les plus violents qu'on ait jamais vus, mais dès maintenant, la concorde ne subsiste que par le bâillon. Les éléments démocratiques de la nation sont privés de leurs droits par une politique férocement réactionnaire. On interdit la parole aux socialistes dans les réunions, on les jette en prison sans que personne sache pourquoi; on envoie au front comme punition pour leurs opinions politiques, des gens que les médecins ont reconnus inaptes. Plus la guerre dure et plus les conflits sociaux qui la suivront seront acharnés; on dépensera soixante-dix milliards et l'accroissement du budget normal sera de six ou sept milliards.

La colère des socialistes tenait surtout aux mesures de protectionnisme agricole destinées à enrichir la noblesse agrarienne. Au Landtag de Prusse du 7 mars 1916, le député Hoffer s'exprimait ainsi :

Il faut que le peuple s'élève contre ces tarifs protecteurs, alors qu'il est encore obligé de se serrer le ventre. Les agrariens se fortent bien de l'union sacrée, et ils commencent déjà à s'agiter pour qu'on renforce les tarifs. Il est temps pour les travailleurs de passer à a contre-offensive. Aujourd'hui vous donnez des éloges à l'ouvrier, vous l'appelez héros, vous lui attachez la croix de fer sur la poitrine... Croyez-vous que cela vous suspend de vos obligations envers les travailleurs? Les travailleurs agricoles sont soumis actuellement à des lois d'exception inhumaines. La guerre est le moment propice pour mettre fin à cette politique réactionnaire de la Prusse. Puisqu'on a besoin des ouvriers là-bas pour gagner la victoire, il faut que les ouvriers fassent usage de leurs forces.

Dans un discours du député Haase, prononcé le 23 mars 1916 et publié par le *Vorwaerts*, l'auteur dit :

Les coalitions qui sont aux prises sont trop puissantes pour qu'à la fin de cette lutte effroyable il puisse y avoir des vainqueurs et des vaincus. Quelle que soit l'issue de la lutte, un appauvrissement attend l'Europe. On a dit ici que les citoyens devaient se préparer à travailler quatre mois dans l'année uniquement pour payer les intérêts des emprunts de guerre et les pensions aux invalides et aux veuves de la guerre. Hier, on a même dit qu'il pourrait se faire que nous dussions travailler pour cela six mois par an...

Quel sens cela a-t-il même au point de vue des partisans de la guerre, de la poursuivre ? Nous autres socialistes détestons la guerre et voulons l'empêcher. Il est évident que si nous voulions nous borner à maintenir l'indépendance de l'Empire nous pourrions avoir déjà la paix...

Vous ne pourrez pas contester que dans les cercles capitalistes, pour autant qu'ils ne profitent pas de la guerre, on a reconnu que la guerre était un faux calcul. On devrait pourtant penser que seuls des fous furieux ou des gens sans conscience peuvent rechercher l'hégémonie mondiale.

Il ne faut pas s'illusionner sur la portée de ces discours, d'ailleurs fort mal accueillis en Allemagne. Ce sont seulement, je le répète, des germes qui se développeront peut-être un jour.

Pour le moment, le socialisme allemand demeure en grande majorité, un parti gouvernemental.

Il restera tel, sans doute, longtemps, pour cette excellente raison que l'étatisme germanique et le socialisme poursuivent à peu près le même but : réglementation étroite, sous la direction de l'Etat, d'hommes travaillant à des œuvres collectives.

Supposons un instant le triomphe du socialisme en

Allemagne. Rien n'y serait changé. A peine les entreprises collectives, déjà si nombreuses, se trouveraient-elles un peu plus répandues. Si les salaires des ouvriers étaient accrus, ils le seraient bien légèrement. Relever les salaires constituerait en effet une augmentation des prix de revient et, par conséquent, rendrait plus difficile le commerce extérieur de l'Allemagne.

Il ne faut pas oublier, je l'ai déjà rappelé, qu'une étroite analogie existe entre notre socialisme collectiviste et l'étatisme allemand.

Nous avons marqué les traits principaux de cet étatisme, et constaté qu'étant parfaitement adapté à la mentalité du peuple allemand il avait fait sa force. Créateur d'égalité mentale, il abaissera nécessairement un jour tous les citoyens au même niveau de médiocrité. C'est un régime excellent, peut-être, pour une nation militaire, mais que l'Angleterre et l'Amérique n'accepteront jamais, car il nécessiterait un retour à des périodes inférieures de civilisation.

Nombreux furent, dans l'histoire, les gouvernements prétendant penser pour leurs peuples. Ils n'y réussirent qu'en annihilant la pensée et rendant les hommes incapables de se conduire. Un ministre anglais, M. Herbert Samuel, l'a très bien montré dans les lignes suivantes :

Je ne dis pas que les gouvernements soient toujours funestes pour les peuples, mais malheur à la nation qui permet au gouvernement de lui régler de jour en jour, de la jeunesse à la vieillesse, ses idées et son développement intellectuel.

C'est la gloire de la France et de l'Angleterre que de laisser ouverte la carrière, non seulement aux talents, mais aussi aux idées. Quant aux Allemands, puisque nous n'avons pas pu les persuader de la moralité et de la valeur des idées libérales et pacifiques des nations de l'Ouest, il faut bien les battre et c'est là ce que nous sommes en train de faire.

CHAPITRE VI

LE RÊVE D'HÉGÉMONIE ALLEMANDE AVANT
ET PENDANT LA GUERRE

———

§ 1ᵉʳ. — Le rêve d'hégémonie avant la guerre.

On se ferait de grandes illusions sur la durée possible de la lutte avec l'Allemagne, en supposant que la paix terminera le conflit d'une façon définitive.

Vaincre l'Allemagne n'est pas détruire ses idées. Or, une paix durable ne deviendra possible, je le répète encore, que quand le rêve d'hégémonie allemande sera anéanti pour toujours.

Il suffit de lire les discussions des journaux de l'Allemagne pendant la guerre, sur ses projets d'extension en Orient et en Occident, pour être convaincu qu'une paix, si victorieuse qu'on la suppose, ne saurait détruire l'orgueilleuse chimère germanique.

Elle a revêtu la forme d'une croyance religieuse d'autant plus forte qu'elle a pour défenseurs non seulement une foule aveugle, mais encore des économistes, des professeurs, des savants, en un mot, toute l'élite intellectuelle de l'Allemagne.

Sans doute, la Prusse de jadis rêvait déjà de

s'agrandir et, dès 1815, elle réclamait les territoires que réclament ses hommes d'Etat actuels comme conditions de paix.

Mais, à cette époque lointaine, il s'agissait simplement d'aspirations dynastiques dont le peuple allemand se désintéressait entièrement.

L'idée d'hégémonie, contre laquelle le monde lutte aujourd'hui, a une source plus moderne. Elle ne remonte même pas à la fondation de l'Empire allemand, il y a cinquante ans. Bismarck ne fut pas pangermaniste. Ses origines datent du jour où l'industrie et le commerce d'outre-Rhin prenant une extension croissante, naquit l'idée d'agrandir l'Allemagne en fondant des colonies.

Bismarck était opposé à cette conception. Pour lui, des groupements allemands dans les pays étrangers valaient mieux que des colonies.

Ses successeurs finirent par penser différemment. Une vue, d'ailleurs assez inexacte, leur laissait croire que les possessions lointaines pouvaient constituer d'utiles débouchés commerciaux. J'ai montré, dans les *Enseignements psychologiques de la guerre*, qu'aucune colonie ne serait pour l'Allemagne un marché commercial aussi fructueux que l'étaient les grands pays européens.

Malgré l'insuccès des premières tentatives coloniales, l'idée de colonisation se répandit rapidement.

Le gouvernement l'adopta, les sociétés de propagande la répandirent et, vers 1907, c'est-à-dire précisément à l'époque où l'industrie allemande avait atteint un grand essor, elle était devenue populaire.

Mais, sur tous les chemins de la colonisation,

l'Allemagne rencontrait le même concurrent tout-puissant, l'Angleterre. C'est ainsi que naquit et se propagea l'idée de la combattre.

Convaincue de cette future nécessité, l'Allemagne accroissait rapidement son armée et sa flotte.

Se considérant comme la première des nations par son industrie et son armement, elle entrevoyait la possibilité d'imposer son hégémonie au monde. Pourquoi l'Allemagne n'obtiendrait-elle pas à son tour, comme jadis les Romains et un peu de nos jours les Anglais, la tutelle économique de l'univers? Il lui semblait surtout fort réalisable de former un vaste Empire d'Orient, comprenant les États balkaniques, la Turquie et toutes les régions qui environnent le golfe Persique.

L'Angleterre seule paraissant pouvoir s'opposer à de telles ambitions, il faudrait probablement la combattre. La lutte, pensaient les Germains, serait assez facile, car la Russie demi-barbare ne comptait pas et la France ayant perdu son ancienne influence semblait renoncer à son rang de puissance mondiale.

Si d'ailleurs cette dernière intervenait, on en profiterait pour lui enlever des colonies qu'elle ne savait pas exploiter et ce serait justice car, d'après les théoriciens allemands, chaque peuple ne doit avoir qu'une étendue de colonies proportionnée aux besoins économiques qu'il se suppose et à sa population.

En raison de ces principes, les petits pays : Belgique, Hollande, Portugal seraient dépouillés de leurs colonies et mis en tutelle.

Nous avons déjà montré que les philosophes allemands surent toujours découvrir des théories pour justifier les ambitions successives de leur gouvernement. Utilisant les conceptions de Darwin, un peu dépassées aujourd'hui, ils affirmèrent que la concurrence vitale et la sélection régissant le monde animal dominent aussi la vie des peuples. Les espèces animales qui se sont succédé à la surface du globe ont disparu pour faire place à des espèces supérieures. Les peuples eux aussi traverseraient tour à tour la scène du monde en y apportant une acquisition nouvelle et, leur rôle achevé, disparaîtraient devant une race supérieure.

Naturellement les Allemands représentent maintenant cette race supérieure destinée à dominer le monde. Étant les plus forts, ils ont seuls le droit de survivre. Les faibles doivent être asservis ou anéantis. Aucune raison n'existe de les ménager.

On a dit avec beaucoup de justesse que cette philosophie simpliste de l'histoire, reposant sur des principes biologiques très ébranlés aujourd'hui et applicables seulement au monde animal, étaient « le vernis intellectuel donné aux appétits de la race » ou du moins d'un groupe de races d'origines diverses, momentanément unifiées par les ambitions de l'empire allemand.

L'histoire est en réalité beaucoup plus complexe. Elle nous montre que depuis la chute de l'empire romain aucun peuple ne réussit à asservir définitivement les autres. De très petites nations, la Hollande par exemple, surent parfaitement prospérer. La faiblesse militaire d'un peuple n'est pas pour lui une cause de ruine, car il arrive toujours à se créer des alliances. Chaque fois qu'un souverain tenta d'imposer son hégémonie, comme Louis XIV et Napoléon, il vit se dresser contre lui tous les autres.

Rompre à son profit l'équilibre des nations, ainsi que l'Allemagne le tente aujourd'hui, est un rêve mystique irréalisable, mais capable tel autrefois l'islamisme, de bouleverser le monde.

La chimère allemande est redoutable parce qu'elle ne représente pas un simple plan de gouvernement comme aurait pu en concevoir Richelieu ou Bismarck, mais l'ambition nationale de tout un peuple, appuyée sur une formidable armée et une flotte non moins formidable.

Les explications qui précèdent montrent ce qu'était l'idée d'hégémonie avant la lutte européenne. Les citations qui vont suivre expliqueront comment elle se précisa au cours du conflit et devint un dogme.

§ 2. — Le rêve d'héjémonie pendant la guerre.

La guerre n'a fait qu'affermir les espoirs de domination universelle allemande restés un peu vagues dans les livres de ses historiens et de ses philosophes.

Ses projets d'extension se sont manifestés au début des hostilités et pendant toute leur durée.

On sait — et il ne faudra jamais l'oublier — que dès les premiers mois de la guerre, les six grandes associations industrielles de l'Allemagne présentèrent au chancelier un mémoire sur les conditions de la paix à imposer aux vaincus.

La côte française jusqu'à la Somme devait être annexée de façon à garder pour l'Allemagne Dunkerque, Calais, Boulogne, Lille, Douai, Valenciennes,

Toul, Verdun, Belfort et, par conséquent, toutes nos mines de fer et de charbon. La Russie se verrait dépouillée de ses régions agricoles.

Ces conquêtes seraient accompagnées de l'expropriation et de l'expulsion des grands propriétaires, remplacés par des sujets germains. Tel est le sort qu'eût préparé à la France une victoire allemande.

De telles ambitions, quoique assez vastes, paraissaient cependant insuffisantes à quelques-uns. Le naïf Rohrbach, pangermaniste estimé, assurait déjà en octobre 1914 que l'Orient, la Chine et l'Afrique devaient être également soumis à l'influence allemande.

Voici, à ce sujet, quelques extraits de journaux allemands choisis parmi beaucoup d'autres :

Il faut avant tout se préoccuper de la politique mondiale, de celle qui, appuyée sur une supériorité militaire écrasante, doit donner à l'Empire agrandi une situation hors de pair et assurer partout aux produits allemands des débouchés avantageux. Voilà la vraie politique d'avenir pour l'Allemagne, la seule capable de la faire triompher dans les luttes économiques acharnées qui auront lieu après la guerre. (*Tagzeitung*, 29-5-16.)

Il faut que l'Allemagne s'assure une situation qui lui permette de déployer partout sa force économique. L'Allemagne de l'avenir ne doit pas se contenter du rôle de puissance directrice sur le continent européen. Elle doit, unie à l'Autriche, devenir une puissance mondiale (*Vossische Zeitung*, 9-4-16.)

Lomer divise le monde en six domaines, voit l'Allemagne dominer plus ou moins ouvertement dans quatre d'entre eux, de sorte que, seuls, l'Empire anglais et l'Amérique du Nord échapperaient à son emprise. (*Grenzboten*, 24-5-16.)

Hagen dit qu'il est temps que le peuple allemand prenne conscience de son incomparable valeur et de sa mission sans limites. L'Entente, par l'étendue géographique et sa population, dépassait tellement les puissances centrales que le triomphe de celles-ci démontre chez elles une immense supériorité morale et culturelle. (*Das Grössere Deutschland*, 27-6-16.)

Quant à la Belgique, les plans proposés ont varié

entre l'annexion définitive et une sorte de protectorat. Le programme le plus général est celui que formulait la revue *Das Grossere Deutschland* (3-7-16) : démembrement de la Belgique, rattachement des Flamands au germanisme avec une indépendance relative, expulsion des Wallons et colonisation allemande de leur sol.

Reventlow, dans la *Deutsche Tageszeitung* du 28-1-16, écrit à ce sujet :

La Belgique indépendante serait un instrument entre les mains de la France et de l'Angleterre. C'est une imbécillité que de parler de « conquêtes morales » et de se figurer que l'on pourra gagner le bon vouloir des Belges. Les Wallons, tout au moins, sont irréductibles : Un État belge serait en tout temps et sous tous les rapports un centre de haine et d'intrigue contre l'empire allemand.

L'idée d'expulser les Wallons de la Belgique a fait l'objet d'une brochure spéciale parue sous la signature du comte Hœnsbrœck. C'est le procédé proposé également pour l'Alsace et, nous l'avons dit plus haut, pour les propriétaires du nord de la France.

Dans un ouvrage intitulé *la Réorganisation de l'Europe*, le Dr Aritler assure que l'Allemagne doit s'emparer du nord de la France jusqu'à l'embouchure de la Somme, annexer la Belgique, la Vénétie, la Turquie d'Asie, la Perse, le Congo, etc. Prévoyant quelques difficultés pour la conquête d'aussi vastes territoires, le publiciste berlinois déclare nécessaire de continuer la guerre mondiale pendant une dizaine d'années.

Ces prétentions ne doivent pas être considérées comme des rêveries isolées d'écrivains sans autorité. L'ancien chancelier de l'Allemagne, le prince de Bülow, ayant réédité en mai 1916 un travail intitulé *l'Allemagne sous Guillaume II*, y ajouta une préface où il réclamait les annexions comme condition de paix. « Nous devons, dit-il, garder des garanties pour notre avenir, des sûretés réelles et des dédommagements pour les peines et les souffrances que nous avons endurées. »

Les Allemands, depuis qu'ils parlent de paix, n'ont pas toujours montré la même franchise. Il est bon pour les Alliés de ne pas ignorer leurs véritables intentions.

Aujourd'hui toute la jeunesse des universités a pour idéal un grand empire mondial gouverné par des Allemands. Les petits peuples, Belgique, Hollande, Pologne, etc., doivent être germanisés les premiers.

On conçoit l'antipathie que de tels projets ont inspirée en Europe. On conçoit moins l'étonnement éprouvé par les Allemands en la constatant. Voici ce qu'écrivait un de leurs journaux :

A Verdun nous luttons non seulement contre la France, mais contre l'industrie, contre la richesse et contre la haine de la moitié de l'univers. Pourquoi nous hait-on ? Parce que nous ne sommes pas comme les autres. Mais ce que nous sommes est pour nous le vrai et le juste et ce sans quoi nous ne pouvons vivre. Nous luttons ici pour notre foi, pour notre être intime, pour notre âme allemande. *(Norddeutsche, 15-7-16.)*

Pas de conciliation possible évidemment.

CHAPITRE VII

LES PROJETS DE FORMATION D'UN EMPIRE CENTRAL. SITUATION DES PEUPLES SOUMIS A LA DOMINATION ALLEMANDE

§ 1. — L'Europe centrale et les projets d'agrandissement en Orient.

Tout en rêvant d'annexions variées, les gouvernants allemands ont fini par pressentir qu'elles ne seraient peut-être pas faciles à réaliser. Ils ont alors songé à l. fondation d'un grand empire central et oriental qui, sans annexions réelles, rendrait l'Allemagne commercialement indépendante des autres peuples.

Ce nouvel empire comprendrait la Serbie conquise, la Turquie et la Bulgarie en vasselage, l'Autriche en tutelle, l'Asie Mineure à conquérir. Tous ces pays étant reliés par le chemin de fer d'Anvers et de Hambourg au golfe Persique il ne resterait plus, la paix signée, qu'à les exploiter. Deux fois par semaine roule déjà « l'express des Balkans » allant d'Anvers à Constantinople. Début d'un grand rêve.

L'absorption économique par l'Allemagne de l'Autriche, de la Turquie, des pays balkaniques et d'autres régions ne pouvant être considérée comme une conquête ne constituerait pas à proprement dire une domination politique, mais une association d'États sous la direction allemande. Ce serait un bloc qu'un mur douanier protégerait contre les autres peuples.

Pareille association d'États sous le contrôle germanique impliquerait pour chacun d'eux l'abdication de ses libertés politiques et économiques. L'Allemagne dirigerait en réalité leurs destinées.

Les écrivains allemands ont consacré de nombreuses pages à discuter les avantages de ce nouvel empire, désigné par eux sous le nom de *Mittel Europa*. Naumann a publié un volume sous ce dernier titre où il déclare que la fondation d'un empire central représente le principal but de la guerre.

La fédération germano-austro-turco-bulgare, à laquelle devraient être annexées un jour la Roumanie et la Grèce, sans parler de la Suisse et de la Hollande, constitue une forme nouvelle des ambitions germaniques.

Les Allemands trouveraient dans les pays ainsi agrégés des produits d'alimentation et des matières premières et y écouleraient sans concurrence leurs marchandises.

Une illusion, immédiatement révélée par la statistique, réside à la base de cette conception. Il peut être flatteur de dominer Constantinople, de syndiquer les agriculteurs bulgares, turcs et autrichiens, mais les chiffres montrent quel faible commerce l'Allemagne faisait autrefois avec les pays qu'elle voudrait associer, comparativement à celui réalisé avec la France, l'Angleterre, la Russie et le reste du monde.

Former une union douanière entre certains pays

auxquels seraient réservés des traitements privilégiés, c'est naturellement se fermer les débouchés avec d'autres nations. L'Allemagne s'ouvrirait donc des marchés peu avantageux pour en perdre de très fructueux. L'impérialisme économique ne serait pas sans doute plus heureux pour les Allemands que leur impérialisme politique. Il est douteux, d'ailleurs, que les commerçants germaniques consentent à perdre leurs anciens débouchés pour les remplacer par un commerce faible et incertain.

Les rares économistes allemands que n'illusionnent pas les chimères ne conservent guère d'illusions sur les bienfaits commerciaux de l'Europe centrale. Voici ce qu'écrit le Dr Jastrow, professeur à l'Université de Berlin :

> Les États du centre ne peuvent se suffire à eux-mêmes ni renoncer au commerce de dix milliards qu'ils faisaient avec les puissances de l'Entente. Celles-ci, d'autre part, ne peuvent se passer de l'Allemagne, l'un de leurs meilleurs clients. Il ne peut être question de haine après la guerre. On aura un tel besoin de matières premières et de machines qu'on n'hésitera pas à les acheter partout où on les trouvera.

Une autre revue, *Preussiche Jarbücher*, de février 1916 ne fonde pas non plus beaucoup d'espérances sur la formation de cet empire central, clos de toutes parts, et elle écrit :

> L'exportation n'est pas seulement nécessaire pour faire vivre l'industrie nationale, elle sert aussi à payer les matières premières et les moyens d'existence que l'Allemagne est forcée de tirer de l'étranger. A ceux qui répètent que l'Allemagne peut et doit se suffire à elle-même, il faut répondre que c'est une chimère de croire qu'avant longtemps, l'Allemagne pourra se passer de l'étranger. Beaucoup d'Allemands fondent de grandes espérances sur une entente économique avec l'Autriche-Hongrie, l'Orient et la Turquie. Sans doute, avec du temps et de la patience on obtiendra beaucoup, notamment de l'amélioration économique de l'Asie Mineure; mais ces résultats sont encore

lointains. En attendant, l'Allemagne réduite à sa puissance continentale, continuerait d'être à la merci d'une coalition européenne.

§ 2. — La vie dans les pays soumis à la domination allemande.

Les peuples qui, à l'imitation des Turcs, seraient tentés d'accepter l'hégémonie allemande feront bien d'étudier d'abord ce qu'est l'existence des nations étrangères soumises à la domination germanique. Ils pouvaient s'en faire déjà une idée par l'histoire de l'Alsace et de la Pologne prussienne, avant la guerre.

Des incidents comme ceux de Saverne constituent un saisissant exemple du despotisme militaire subi par les malheureux Alsaciens. Les expropriations multiples en Pologne prussienne et des persécutions variées avaient révélé l'application du même régime dans un autre pays, pourtant bien pacifique et soumis à la domination prussienne depuis plusieurs générations. Le système d'organisation dont les Allemands sont si fiers a montré ce qu'il produisait chez des peuples dont l'âme n'était pas héréditairement asservie.

A ces exemples, antérieurs au conflit européen, se joignent ceux observés durant son cours, même dans les régions telles que la Belgique et la Pologne, que l'Allemagne prétendait rattacher définitivement à l'empire.

Au pillage et aux massacres des premiers jours succéda le régime beaucoup plus productif des réquisitions. En 1915, les Allemands extrayaient mensuellement par voie de réquisition 50 millions de la Belgique.

Pour l'Alsace la domination prussienne avait toujours été si oppressive que la population ne s'est jamais résignée à l'accepter. Devant cette évidence, plusieurs écrivains émirent depuis les hostilités l'idée d'expulser complètement de l'Alsace les propriétaires du sol pour distribuer leurs territoires à des vétérans de la guerre.

La colonisation faite en Alsace par d'anciens combattants, écrivait la *Post*, favoriserait à la fois les deux buts que l'on se propose : assurer à ceux-ci une existence agricole et servir la cause nationale.

Dans la Pologne récemment conquise, les Allemands, tout en exploitant le pays au point de réduire les habitants à la famine, et en exportant les ouvriers pour les faire travailler dans leurs mines à coups de nerf de bœuf, ont tâché de se concilier quelques sympathies parmi les intellectuels par des faveurs morales qui ne coûtaient rien. Les Russes, psychologues fort médiocres au temps de leur domination, n'avaient pas eu assez de sens politique pour accorder ces faveurs, telle par exemple, la faculté d'enseigner en polonais dans les écoles et les universités.

On peut juger de la valeur et de la durée du libéralisme germanique en constatant que, dans la Pologne prussienne, l'usage du polonais était interdit aux enfants, sous peine du fouet, et qu'une loi permettait de s'emparer des propriétés convoitées par des Allemands.

L'ancien chancelier, le prince de Bülow, ne reprochait guère d'ailleurs aux Polonais que leur tendance à « pulluler comme des lapins ».

Tous les pays soumis à l'Allemagne pendant la guerre ont subi le plus effroyable régime. Une conférence lithuanienne, qui siégea du 31 mai au 4 juin 1916 pour étudier la situation de la Lithuanie et discuter les moyens de secourir les peuples asservis, a publié les résolutions suivantes :

Considérant que les données que nous possédons déjà montrent à n'en pas douter, que les autorités allemandes :

Persécutent impitoyablement les habitants des régions envahies et dévastent complètement le pays;

S'emparent de tous les biens et détruisent même les richesses naturelles en rasant les forêts;

Réquisitionnent les suprêmes ressources de la population et l'accablent d'impôts beaucoup trop lourds pour ses forces, en permettant par surcroît aux fonctionnaires d'en poursuivre la perception arbitraire, selon leur gré;

Écrasent cette population sous le poids de travaux obligatoires qui rétablissent le régime des serfs (on force les habitants à travailler deux jours par semaine);

Démoralisent le pays systématiquement, en contraignant les habitants à créer des maisons closes, même dans les petites villes, même dans les villages où pareils établissements n'ont jamais existé;

S'efforcent par tous les moyens possibles d'empêcher le développement de toute civilisation lithuanienne et interdisent toute publication en langue lithuanienne;

La Conférence ayant pris connaissance de tous les rapports qui établissent ces faits de façon indiscutable, proteste contre les persécutions allemandes et fait appel au monde civilisé en lui demandant d'intervenir au nom des principes humanitaires, en faveur du peuple lithuanien.

Le *Væ Victis* de Brennus, exact à l'aurore des civilisations, le demeurera toujours.

C'est aux peuples à tâcher d'acquérir l'énergie nécessaire pour n'être pas des vaincus. Ils n'ont plus, dans l'état actuel du monde, à compter que sur eux-mêmes et leurs alliances

L'exemple des pays qu'ont dominés les Allemands avant et durant la guerre montre ce que pèse « l'organisation » étatiste dont les Germains s'enorgueillissent, mais que le reste du monde repousse avec horreur.

CHAPITRE VIII

L'AUTRICHE PENDANT LA GUERRE

§ 1. — Les difficultés politiques intérieures de l'Autriche pendant la guerre.

L'évolution mentale de l'Autriche pendant la guerre serait d'une étude peu aisée. Ce pays est, en effet, resté le plus fermé de l'Europe, celui où les journaux se montrèrent le moins prodigues de renseignements.

Si, d'ailleurs, on peut justement décrire la mentalité allemande, parler de mentalité autrichienne constituerait un non-sens. Les diverses races : hongroise, tchèque, polonaise, etc., dont la réunion forme l'empire n'ont rien de commun, ni les intérêts, ni les idées, ni la langue.

En abolissant les frontières matérielles, la conquête ne pouvait détruire les barrières morales. L'Autriche est donc restée le plus artificiel des empires.

Pour maintenir unis pendant la guerre des peuples si différents, il fallut recourir à de sanglantes répressions. Dans l'espace de quelques mois, a dit Liebknecht au Parlement prussien :

On a infligé en Autriche des centaines et des centaines d'années de prison cellulaire, et d'innombrables condamnations à mort ont été prononcées. C'est ainsi qu'un de mes amis a été condamné à mort pour avoir écrit une poésie. Un de mes collègues a été fusillé sur-le-champ pour avoir prononcé un discours contre l'État.

Malgré la plus rigoureuse censure, les dissensions politiques n'ont cessé de régner en Autriche pendant la guerre. Voici par exemple la description d'une séance au parlement hongrois :

Un vacarme infernal, une tempête, un délire furieux se déchaînèrent, assourdissant les auditeurs qui ne pouvaient plus rien entendre. Des injures qui n'avaient jamais retenti dans aucun parlement volèrent à l'adresse du président du conseil... Aucun rappel à l'ordre ne put modérer cette rage. Les insultes étaient proférées par des bouches déformées par la fureur, et accompagnées de gestes qui eussent fait croire que les députés se battaient avec quelque adversaire imaginaire... (*Neue Wiener Tageblatt*, 5-9-16.)

Les troubles en Autriche furent augmentés par des mesures d'une férocité devant laquelle l'Allemagne elle-même eût reculé. Tels des procès comme celui qui aboutit à condamner à la pendaison plusieurs députés tchèques et notamment le D⃰ Kramarz, ancien vice-président du Reichsrath à Vienne et fort connu par sa modération. Le but principal de ces exécutions en masse était de terroriser les populations tentées de se soulever, les Tchèques entre autres.

Si l'Autriche fit preuve de la plus impitoyable dureté à l'égard de ses propres sujets, on peut deviner de quelle façon elle traita ses ennemis. J'en ai déjà rapporté de sinistres exemples dans mon dernier livre, d'après des témoins.

Les généraux se montrèrent aussi féroces que les soldats. Il fallait évidemment une mentalité de bar-

baro pour oser signer la proclamation lancée par un général en chef autrichien au Monténégro où on lisait :

Si le général Vechovitch et ses deux frères ne se présentent volontairement dans le délai de cinq jours auprès de l'autorité militaire impériale et royale, *leur père et leur quatrième frère que nous tenons seront pendus.*

Ils le furent en effet. Jusqu'à présent, de très primitifs sauvages auraient seuls eu l'idée de pendre un père, parce que l'on croit avoir à se plaindre du fils. La guerre ramène vraiment certains peuples aux plus basses régressions de l'histoire.

§ 2. — La vie en Autriche pendant la guerre.

Pendant la lutte européenne l'Autriche a, comme les autres pays, vécu d'emprunts. Les vivres y ont été rationnés ainsi qu'en Allemagne. Les billets de banque perdirent jusqu'à 40 °/₀ de leur valeur.

Si l'Autriche et la Hongrie ne sortent pas totalement ruinées de cette guerre, c'est qu'elles sont des pays agricoles où 60 °/₀ des habitants s'occupent aux travaux des champs. La misère y eût été, d'ailleurs, moins grande si l'Allemagne, au début des hostilités, ne s'y fût pas approvisionnée abondamment en fourrages, céréales et bestiaux. La monarchie autrichienne, qui croyait à une guerre très courte, se laissa dépouiller et ne reconnut que trop tard son erreur. Une contrebande méthodique continua du reste à vider les greniers de l'Autriche au profit de ceux de l'Allemagne à mesure que les Roumains les remplissaient.

L'Autriche présenta durant la guerre un contraste frappant dans la mentalité des diverses couches de sa population, suivant les perturbations qu'y produisaient les événements. Alors que les classes inférieures subissaient une complète ruine, les grands propriétaires, les métallurgistes, les fabricants de sucre, les banquiers, s'enrichirent immensément.

Il est difficile de prévoir les répercussions de cette situation :

Parmi les 50 millions d'habitants de l'Autriche-Hongrie, écrit un correspondant de la *Revue de Paris*, la moitié au moins appellent de leurs vœux sa défaite, et les quatre cinquièmes verraient le plus grave danger et la plus redoutable menace dans sa victoire complète, et surtout dans celle de son avide et impérieuse alliée.. Il est très vraisemblable que l'Allemagne, loin de rien faire pour diminuer les embarras de son alliée, s'emploiera au contraire à les grandir, et que l'affamement et l'épuisement financier de l'Autriche-Hongrie jouent leur rôle dans ses grandes combinaisons. Sans argent et sans pain, comment la monarchie soutiendrait-elle la faible résistance qu'elle oppose encore à son absorption dans la plus grande Germanie?

§ 3. — Les projets de l'Allemagne sur l'Autriche.

Vaincue par la Prusse à Sadowa, l'Autriche est progressivement devenue la vassale de l'Empire allemand. Elle fut son alliée pendant la guerre, mais une alliée bien subalternisée et qui, du conflit actuel, ne pourra, suivant toute vraisemblance, retirer qu'un assujettissement plus complet. Son seul moyen d'éviter la désagrégation après la paix sera de graviter étroitement dans l'orbite allemand.

L'Allemagne ne dissimule guère ses projets de tutelle à l'égard de l'Autriche. Les écrivains germaniques les ont fait connaître avec quelque cynisme.

On en peut juger par les articles où sont exposés les avantages que retirerait l'Autriche en se laissant diriger, par suite des infériorités politiques et économiques qu'on lui attribue, au gré de l'Allemagne. Ne pouvant insister sur ce sujet, je me bornerai à reproduire ici un résumé, emprunté à une publication spéciale, de divers articles, ceux de Hotzsche, notamment. On essaie d'abord, mais sans s'y attarder beaucoup, de flatter l'Autriche :

Cette guerre manifeste le triomphe dans la monarchie dualiste de la force unifiante de l'État sur la force dissolvante des nationalités. L'État sent aujourd'hui qu'il peut compter sur ses nations, et les nations savent que l'État est leur abri suprême et sûr. Dans la tourmente, les individus prennent conscience de leur solidarité dans et avec l'État..., la petite patrie, la nation leur resteront chères mais leur sont devenues étroites, la guerre leur a révélé la nécessité du rattachement à un grand corps politique... le sens politique s'éveille... le pouvoir central sort, malgré les défaillances, grandi de l'épreuve.

La situation de l'Autriche est fort difficile puisqu'elle oscillera toujours entre la crainte d'être absorbée par l'Allemagne si elle accepte son aide et celle de disparaître si elle refuse son appui. Qu'elle s'appuie sur l'Allemagne ou qu'elle s'appuie sur la Russie, l'Autriche sera toujours obligée de s'appuyer quelque part.

Mais en s'appuyant sur l'Allemagne c'est accepter les méthodes qui ont fait la force de la première et, par conséquent, se placer sous sa direction et accepter la mainmise des Allemands sur les finances, l'industrie et l'agriculture de l'Autriche qui sont dans un état peu prospère. Elle ne pourra pas faire autrement si elle veut entrer dans l'ère des grandes entreprises économistes et capitalistes.

§ 4. — L'opinion en Autriche sur la formation de l'Empire central.

Les projets d'annexion économique de l'Autriche-Hongrie, des États balkaniques et de la Turquie par l'Allemagne, dont j'ai parlé plus haut, ont d'abord été favorablement accueillis en Autriche, surtout dans le monde industriel et commercial. Mais la réflexion étant venue, les inconvénients ont apparu et une opposition sérieuse finit par se former, principalement en Hongrie.

Sans doute les Hongrois seraient très satisfaits d'ouvrir à leurs produits agricoles les marchés de l'Allemagne, mais la concurrence industrielle de cette dernière les inquiète, et ils ne semblent aucunement disposés à se laisser absorber dans un bloc quelconque. Apponyi déclarait à la Chambre qu'il fallait atteindre dans tous les domaines « à l'autonomie complète de la nation hongroise ». Le comte Tisza réclame la même autonomie.

Le comte Andrassy, germanophile pourtant, affirmait que les Hongrois ne veulent pas « n'être que la traduction magyare d'un livre allemand; ils entendent rester une œuvre originale ». Un grand nombre de Hongrois se montrent hostiles à l'union douanière parce que leur industrie, peu développée, serait vite écrasée sous la concurrence allemande.

Les agrariens hongrois et autrichiens veulent bien vendre leurs produits, mais ils commencent à s'apercevoir que « l'Autriche n'est pour l'Allemagne qu'un vaste territoire colonial ».

Les intérêts des diverses parties de l'Empire, ou même de ses diverses couches sociales, sont d'ailleurs fort différents. Les grands propriétaires magyars produisant du blé en excès veulent naturellement l'écouler, alors que les paysans n'en produisent pas. En Turquie, en Roumanie et en Bulgarie, les industriels autrichiens ne tiennent nullement à rencontrer la concurrence des Allemands que l'Autriche, malgré son rempart douanier très élevé, supporte difficilement déjà. La suppression de ces barrières douanières serait la ruine pour l'industrie autrichienne, beaucoup moins bien outillée que l'industrie allemande. Des difficultés presque insolubles se trouveront donc hérisser la fondation du *Mittel Europa*.

- C'est l'Allemagne surtout, on le conçoit facilement, qui s'y intéresse. Ses associés la suivent sans enthousiasme mais par nécessité. Pour l'Allemagne seule, en effet, cette confédération serait avantageuse.

Elle représenterait surtout un bloc économique destiné à soutenir les luttes futures sur le terrain industriel et commercial. On prévoit déjà que, après la guerre, les marchés d'outre-mer peuvent se fermer aux puissances centrales par une immense union protectionniste de l'Empire britannique avec ses colonies. On sait aussi que le commerce allemand sera difficile dans les pays latins, slaves et anglo-saxons.

Un accord économique entre l'Allemagne et l'Autriche semble aujourd'hui aux Allemands le seul moyen de rivaliser avec les puissances de l'Entente. Ils trouveraient en Autriche et en Orient des compensations aux marchés perdus en Europe. Sans doute l'Autriche absorbait seulement le dixième des exportations allemandes, mais en lui imposant l'organisation germanique on espère accroître sa faculté d'absorption.

Pour permettre aux industries autrichiennes et surtout hongroises de n'être pas trop écrasées par la concurrence allemande et rendre ainsi moins amère la pilule de l'hégémonie germanique, plusieurs économistes allemands ont proposé de permettre à l'Autriche l'établissement provisoire de barrières douanières entre elle et ses alliés.

Divers congrès ont déjà été réunis pour résoudre le problème de la fondation de l'Europe centrale, mais sans pouvoir aboutir à aucune conclusion acceptée par tous les futurs associés du futur grand empire.

Au congrès organisé à Munich, les 4 et 5 juin 1916, par les principales associations économiques germano-austro-hongroises, où ont été étudiées les questions économiques de l'après-guerre, la constitution de l'*Europe centrale* fut longuement discutée. Aux problèmes posés, chacun répondit par des solutions conformes à ses intérêts. Or, ces intérêts étaient si visiblement contradictoires qu'aucune proposition ne put être adoptée.

A ce congrès furent émises, du moins, des vérités économiques judicieuses, telles, par exemple, celle formulée contre le protectionnisme par Stolrer : « petits marchés, gains élevés, d'où faible consommation, d'où production coûteuse, d'où petit marché. On ne sort pas de ce cercle vicieux ».

L'entente économique du bloc Europe centrale, destiné à combattre les Alliés après la paix sur d'autres terrains, se heurte donc chez ses partisans mêmes à la résistance d'intérêts absolument inconciliables.

Dans la phase d'évolution où le monde est entré aujourd'hui, les projets des peuples et des rois sont conditionnés par des lois économiques supérieures à toutes leurs volontés.

LIVRE IV

CHANGEMENTS DE MENTALITÉS DÉTERMINÉS PAR LA GUERRE DANS DIVERS PAYS

CHAPITRE I

L'ÉVOLUTION MENTALE DE L'ANGLETERRE

---

§ 1. — Importance des documents psychologiques fournis par l'évolution de la mentalité anglaise pendant la guerre.

L'histoire de l'évolution mentale de l'Angleterre depuis les débuts de la guerre présente, au point de vue de la documentation psychologique, un intérêt de premier ordre. On y voit d'abord avec quelle difficulté évoluent les peuples stabilisés par un long passé et la force de ce patrimoine ancestral qu'on appelle l'âme d'une race. L'Angleterre, pour triompher des menaces soudainement dressées devant son existence nationale, dut lutter péniblement contre la puissance de ses morts, s'arracher sans transition aux vieilles assises qui depuis des siècles avaient maintenu sa stabilité. L'histoire de son évolution éclaire également les rôles respectifs de la nécessité, des individualités et des collectivités.

Bien d'autres enseignements en découlent et notamment l'utilité de connaître l'âme d'un peuple quand on veut pressentir sa conduite dans une circonstance déterminée. Si les diplomates allemands avaient compris l'âme anglaise ils eussent bien facilement évité d'avoir la Grande-Bretagne comme ennemie et l'issue de cette guerre eût été probablement fort différente pour eux. Croyant prépondérante l'influence des intérêts matériels dans la conduite, persuadés que l'Angleterre était mal préparée et menacée d'une guerre civile en Irlande, ils s'imaginèrent qu'elle éviterait à tout prix le conflit. Une psychologie plus pénétrante leur eût montré que dans la balance où se pèsent les mobiles des actions des peuples, certains facteurs affectifs et mystiques l'emportent de beaucoup sur les intérêts matériels.

§ 2. — Différences séparant l'âme anglaise de l'âme allemande.

Quelques anthropologistes ont cherché à établir une parenté entre les Anglais et les Allemands. Alors même, ce qui est fort douteux, que ces peuples auraient une commune origine, il serait difficile de citer deux nations dont la mentalité soit plus dissemblable.

Peu soucieux des idées et de la logique, l'Anglais n'envisage que la réalité et tâche de s'y adapter. L'Allemand, au contraire, déduit ses jugements de la conception qu'il s'est faite *a priori* des choses. S'étant bâti, par exemple, de l'âme anglaise une certaine idée impliquant une certaine conduite, sa stupeur fut grande et son indignation intense quand il constata que la conduite réelle des Anglais était autre que celle qu'il imaginait.

Sur toutes les questions fondamentales : politique, droit, morale, etc., l'Allemand et l'Anglais diffèrent profondément. Le premier est amoureux de discipline, le second de liberté. L'Anglais demande tout à l'initiative du citoyen, l'Allemand à l'intervention de l'État. L'Anglais a des règles morales très fixes, il respecte ses engagements et considère un traité comme sacré. L'Allemand enseigne qu'un engagement doit être respecté seulement si l'on n'a pas la force suffisante pour le violer.

On pourrait prolonger ce parallélisme. Il montrerait qu'entre la mentalité anglaise et la mentalité germanique existe ce mur d'incompatibilité qui sépare toujours des peuples de mentalité très différente.

Ces notions psychologiques expliquent l'indescriptible explosion de fureur des diplomates et du peuple germanique quand ils virent, aussitôt le territoire belge violé, l'Angleterre se placer à côté de la France. Bien entendu, ils restèrent persuadés que cette violation n'avait été pour rien dans la décision de l'Angleterre. Accepter une si formidable conflagration pour un simple chiffon de papier, comme disait Bethmann-Hollweg, est incompréhensible à un homme d'État allemand.

Et pourtant il n'y avait pas eu à la résolution de l'Angleterre d'autre cause immédiate que la nécessité morale de respecter sa signature. Le lecteur qui voudra parcourir dans notre dernier livre le récit des pourparlers diplomatiques au moment où éclata la guerre verra avec quelle profonde antipathie le ministère anglais repoussait l'idée que l'Angleterre pût être mêlée au conflit.

En vain l'ambassadeur de France, le président de la République même, multipliaient-ils de pressantes démarches près de la Grande-Bretagne pour qu'elle déclarât qu'en cas de guerre on la verrait aux côtés de la France. Le refus répété de prendre un tel engagement fut catégorique.

Impossible du reste d'exiger ce concours, l'Angleterre ne nous étant pas liée par un traité, contrairement aux idées répandues alors en France.

Elle ne se décida à prendre parti que le jour précis où les armées allemandes foulèrent le sol de la Belgique.

On a même pu affirmer que si l'Angleterre avait déclaré plus tôt vouloir soutenir la France, l'Allemagne eût renoncé à la guerre. Mais comment auraitelle pris cet engagement, puisque sa conduite dépendait d'une éventualité non réalisée encore? Elle attendit au dernier moment pour savoir ce que ferait l'Allemagne à l'égard de la Belgique. Quand elle jeta son épée dans la balance, il était trop tard pour arrêter la marche du destin.

Une des grandes causes du soulèvement de l'Angleterre fut la conduite féroce des Allemands. C'est ce qu'a très bien marqué M. C. Cure dans le journal américain *The United Press* :

L'Angleterre vibre comme elle n'a jamais vibré. Une forte haine de l'Allemagne a été soulevée dans ce pays par le naufrage du *Lusitania*, l'exécution de miss Cavell et du capitaine Fryatt, les tentatives d'assassinat en bloc que sont les raids de zeppelins.

Tous les écrivains sont d'accord sur ce dernier point. Un des auteurs qui connaissent le mieux l'Angleterre, M. Rudyard Kipling, écrit :

Si l'ennemi s'était autrement conduit, s'il avait observé quelque mesure de décence dans ses procédés, si, tout au moins, il avait tenté de les pallier sous des artifices de langage, l'Angleterre n'aurait pas déployé tout son effort, et peut-être même, elle aurait fini par envisager quelque arrangement possible...

Notre état d'esprit actuel ressemble aussi peu à celui où nous étions lorsque nous commençâmes la guerre qu'à celui qui sera le nôtre, quand nous la terminerons...

L'Allemagne n'imaginait pas qu'un peuple qui n'a pas voulu s'armer pour la guerre, peut cependant s'y décider pour un devoir.

Les Anglais n'ont jamais pu concevoir la mentalité des Allemands et la conduite de ces derniers est toujours restée pour eux un objet d'indignation et de stupéfaction.

Ces sentiments sont fort bien traduits dans les lignes suivantes d'un membre du parlement anglais, M. Arthur Lynch :

La guerre est due à une multitude de causes qui, toutes, ont concouru au même résultat; mais au premier plan de la scène apparaît l'Impérialisme allemand, piédestal du régime des Hohenzollern. Les ambitions d'une petite famille prussienne ont abouti à transformer les plus beaux pays de l'Europe en abattoirs où ont trouvé la mort des millions d'hommes, fleur de la jeunesse et du talent.

A ce spectacle, comme en face de la décadence de l'Empire romain, l'âme se sent envahie par un même sentiment de flétrissure et d'avilissement. Que des hommes d'un autre âge, d'une responsabilité limitée, aient été capables de semblables folies, on peut ne pas s'en étonner outre mesure; mais qu'un peuple civilisé, avec tous les dehors de la grandeur, en soit arrivé à tolérer un pareil état de choses, cela choque.

Le kaiser, ses fils, sa famille, sont-ils des êtres à perpétuer, fût-ce au prix d'un océan de sang? Comment expliquer qu'un peuple intelligent soit dominé par une espèce d'idolâtrie dynastique qui, en pays allemand, tient lieu de religion?

A propos des conceptions politiques de l'Allemagne, M. le professeur Burton Adams, écrit :

> Le triomphe de l'Allemagne dans la guerre actuelle signifierait pour le monde entier la prépondérance d'une forme de gouvernement dont les Anglais se sont débarrassés il y a deux cent cinquante ans et que presque tous les peuples civilisés ont abandonnée au cours du XIXe siècle. Ce serait la ruine des progrès péniblement accomplis en matière de civilisation politique, un retour à une phase du développement des sociétés, d'où nous ne pourrions sortir qu'en revivant les mêmes luttes. (*Chicago Daily News*, 22-8-16.)

§ 3. — Situation de l'Angleterre au moment de la guerre.

Au moment de la guerre, la Grande-Bretagne traversait une des phases critiques de son histoire. Fortement troublée par les conceptions du parti radical qui avait entrepris une véritable réorganisation sociale, elle se trouvait de plus menacée d'une guerre civile par l'Irlande.

Jugeant sa supériorité navale suffisante pour sauvegarder sa sécurité, l'Angleterre ne possédait qu'une insignifiante armée de mercenaires. La conscription et le service obligatoire n'existant pas chez elle, il semblait que cette armée ne pût s'accroître.

Avec son seul concours et celui de sa puissante flotte, l'Angleterre était parvenue en deux ou trois siècles d'efforts, à dominer entièrement les mers, créer de riches colonies et fonder le plus vaste empire que le monde ait connu. Rien ne la menaçait. Isolée dans son île, que pouvait-elle craindre ? Le plus grand capitaine de l'histoire avait vainement tenté de l'ébranler.

Se croyant à l'abri de toutes les attaques et jugeant une guerre impossible, la Grande-Bretagne se laissait envahir par les théories pacifistes que professaient non seulement les socialistes, mais encore quelques-uns de ses gouvernants.

Le réveil fut terrible mais lent.

Le peuple anglais mit longtemps à découvrir la grandeur du danger qui le menaçait et comprendre que sa destinée était en jeu. Des rives de l'Angleterre au Nil et au golfe Persique, un ennemi redoutable poursuivait la destruction de la puissance britannique.

Il fallait donc créer une armée pour la lui opposer et improviser un matériel de guerre dont elle ne possédait aucun élément.

Dès le début des hostilités se dressa devant l'Angleterre un problème dont pouvait dépendre son existence nationale. Quelle serait la conduite des provinces diverses de son immense empire?

Il n'existe aucune analogie entre l'Angleterre moderne et l'ancien empire romain. Beaucoup de colonies britanniques, une partie de l'Inde, notamment, bien que rattachées théoriquement à la couronne se gouvernent avec leurs propres lois. D'autres, comme l'Australie et le Canada ont un gouvernement presque entièrement indépendant. Dans l'empire romain, au contraire, les vaincus devenaient citoyens. Les consuls, les empereurs même pouvaient être choisis parmi eux.

L'empire britannique restait loin de cette unité. Il ne semblait ni très cohérent ni très homogène.

Il l'était beaucoup plus, cependant, que ne le pensaient les Allemands. L'Angleterre avait su gouverner les peuples soumis avec des règles équitables. Au Transvaal vaincu elle avait rendu l'indépendance. L'Australie se gouvernait à son gré et le Canada également.

A l'heure du danger, l'Angleterre récolta les bienfaits de sa politique. De tous les points du globe, de l'Australie, du Canada et de l'Inde, lui parvinrent des renforts. Les tentatives de soulèvement fomentées par les Allemands dans ses colonies, échouèrent à peu près partout. La guerre ne fit que consolider un empire à demi agrégé seulement et lui donner une grande cohésion.

§ 4. — Évolution mentale de l'Angleterre pendant la guerre.

L'Angleterre est gouvernée par ses morts. En descendant au tombeau l'homme n'y meurt pas tout entier. Il reste étroitement relié aux vivants, se mêle à toutes leurs actions et dirige leurs volontés d'une façon souvent despotique.

Cette domination des vivants par leurs ancêtres est une cause de force, car seule l'âme des morts a le pouvoir de stabiliser celle des vivants. Cependant, elle peut devenir une cause de faiblesse à certaines heures où des nécessités impérieuses exigent une adaptation rapide aux circonstances. La puissance des ombres devient alors une entrave. L'Angleterre en fit pendant plus d'une année l'expérience.

Nous fûmes étonnés et parfois irrités de la lenteur avec laquelle les Anglais s'armèrent pendant la première année de la lutte. Soldats, canons, munitions, tout faisait défaut.

Les difficultés de cette préparation se conçoivent parfaitement en songeant d'une part à l'action si puissante du passé et de l'autre à celle très limitée des gouvernants sur le peuple anglais.

Pour imposer une organisation nouvelle en Angleterre, il fallait conquérir non seulement l'opinion des vivants mais aussi celle des morts, détacher brusquement le peuple des conceptions, des coutumes, des traditions qui, depuis des époques très reculées de l'histoire le guidaient à travers les circonstances et lui conservaient sa stabilité.

Le roi, les ministres, le Parlement ne peuvent rien sans l'opinion. Ils gouvernent avec elle et jamais contre elle.

Changer les idées du peuple anglais fut une laborieuse entreprise. Avant de réaliser les transformations de tout ordre que nécessitait la guerre, avant d'arriver surtout à établir le service militaire obligatoire, il fallut amener l'Anglais à renoncer aux traditions séculaires d'indépendance et de liberté lentement conquises et lui faire accepter des contraintes fort opposées à son caractère.

Or, rien n'est plus antipathique à un Anglais qu'une contrainte obligatoire. Des hommes habitués à se gouverner eux-mêmes ne permettent pas à l'État d'attenter à leur liberté. Les sujets britanniques veulent bien payer ce qu'on leur demande, s'associer aux œuvres les plus diverses, créer des écoles, des universités, des régiments même, mais ils entendent que toutes ces choses soient des œuvres libres et non imposées.

Arriver à les persuader non seulement de la nécessité du service obligatoire mais encore d'une foule de contraintes aboutissant à l'étatisme que le pays avait en horreur, exigea des gouvernants une inlassable patience. Leur argument fondamental, le seul efficace, fut de prouver que l'existence de l'Angleterre se trouvait sérieusement menacée. Les Allemands se chargèrent d'appuyer la démonstration en envoyant plusieurs zeppelins bombarder l'intérieur de la Grande-Bretagne. Le peuple entier comprit alors qu'elle n'était pas une île inaccessible.

Les ministres n'en eurent pas moins une difficulté très grande à convaincre les Anglais qu'ils devaient renoncer à toute indépendance. Leur méthode de persuasion, fort bien adaptée à la structure de l'âme anglaise, consista d'abord à laisser croire à leurs auditeurs qu'ils agissaient toujours d'après leur propre volonté et sans contrainte. On en peut juger par l'extrait suivant d'un discours adressé à Liverpool par Lloyd George aux patrons et ouvriers métallurgistes, à propos de la question des munitions :

Je vous demande, disait-il, de former vous-mêmes votre comité de direction, d'organiser entre vous les ressources industrielles de cette région, pour en obtenir la plus grande production possible. Aux hommes d'affaires de cette communauté, je dis : « Considérez cette affaire comme la vôtre. Ce n'est pas un gouvernement qui entre en négociations avec vous. Vous êtes le gouvernement. Vous avez un intérêt dans cette entreprise. Et je parle de même aux ouvriers. Il s'agit aussi de leur affaire... »

Dans ces courtes lignes éclate toute la différence séparant la mentalité anglaise de la mentalité allemande.

En Allemagne, le gouvernement commande et le

peuple obéit. En Angleterre, pour amener le peuple à obéir, il faut d'abord conquérir sa volonté. Ce n'est en réalité qu'à sa propre volonté qu'il se soumet délibérément.

Obtenir le concours des ouvriers pour la fabrication des munitions, arrêter les grèves qui naissaient de divers côtés, accroître les engagements volontaires, préparer l'opinion à accepter la nécessité finale du service militaire obligatoire, exigea des gouvernants un prodigieux labeur et des interventions personnelles répétées.

Connaissant le rôle de l'image sur l'âme anglaise, ils couvrirent le pays d'affiches illustrées représentant des engagés volontaires avec des inscriptions dans le genre de celle-ci : « Il a fait son devoir, ferez-vous le vôtre? » Paroles fort impressionnantes pour un peuple chez lequel le mot devoir a un sens absolument impératif.

Les gouvernants s'adressaient aux femmes et leur disaient :

Vous êtes-vous demandé ce que feraient les Allemands s'ils envahissaient votre pays? Comprenez l'action de ce seul mot : « Partez! » prononcé par vous pour décider les hommes à se battre pour leur roi et pour l'Angleterre.

En octobre 1915, lord Derby écrivait individuellement à chaque Anglais susceptible de s'engager une lettre ainsi conçue :

Permettez-moi, monsieur, de vous prier de vous poser cette question : « Ai-je fait tout ce que je pouvais pour la sécurité de mon pays? »

Au lent et persévérant travail de persuasion prirent part les ministres, les journaux, les femmes, les chefs du parti ouvrier, dans la mesure de leurs moyens. Et lorsque le public comprit que les engagements volontaires ne suffisaient pas, il finit par admettre l'obligation du service obligatoire. Plus d'un an fut nécessaire, cependant, pour que le Parlement l'acceptât. On n'aurait pu le faire voter plus vite sans provoquer une révolution.

Ce n'étaient nullement les dangers de la vie militaire qui causaient cette opposition, puisque deux millions d'Anglais s'enrôlèrent volontairement, résultat qu'aucun autre pays du monde, n'aurait obtenu. Seule l'idée de contrainte semblait intolérable au peuple britannique.

Pour mettre l'Angleterre en état de faire la guerre, il ne suffisait pas d'avoir des hommes, il fallait les instruire, les armer, créer des usines, utiliser celles existantes et pour cela changer toutes les habitudes d'indépendance des industriels. Un département des munitions fut institué. Une loi, dite des munitions, permit au gouvernement de contrôler les patrons et les ouvriers, de fixer les besognes, d'intervenir dans le taux des salaires, en un mot de subordonner de plus en plus le citoyen à l'intérêt public. Ce fut l'effondrement du vieil individualisme et de toutes les traditions anglaises.

De telles transformations ne s'accomplirent pas toujours sans résistance. La grève des charbonniers du pays de Galles faillit paralyser la flotte anglaise. Les employés des chemins de fer menacèrent d'une grève générale. Le ministère se divisa contre lui-même. Jamais gouvernement ne connut difficultés semblables.

Mais la nécessité, cette ultime souveraine des choses, finit par surmonter tous les obstacles. L'âme anglaise céda, lentement, sans doute, mais elle céda et réussit à s'adapter aux formes d'une existence si imprévue pour elle.

C'était l'abandon final de libertés conquises par des siècles d'efforts, une transformation complète de régime, la volonté de l'Etat substituée, comme en Allemagne, à l'initiative des citoyens qui, suffisante en temps de paix, ne l'est plus en temps de guerre. La Grande-Bretagne passa dans l'espace d'un an de l'individualisme à l'étatisme.

Nul ne peut encore prévoir les conséquences lointaines d'une pareille évolution. Heureusement pour l'Angleterre, les qualités qui ont fait sa force : ténacité invincible, goût de l'effort, domination de soi-même, respect de la parole donnée, sentiment du devoir, ne périssent pas avec des changements momentanés d'existence.

§ 5. — L'armée anglaise.

Nous venons de voir que l'Angleterre était arrivée en quinze mois à créer une armée de trois millions d'hommes munis de tout le matériel de guerre moderne. Pour y parvenir, il lui fallut improviser non seulement l'armement, la formation des soldats et des officiers, mais encore la direction des opérations militaires. Cette dernière fut constituée par des gouvernants peu préparés à pareille tâche. Il en résulta de lourdes et coûteuses erreurs. Dans les Dardanelles et dans les Balkans, ces erreurs furent surtout des erreurs psychologiques. L'histoire comprendra difficilement par exemple qu'il ait pu se rencontrer des diplomates d'âme assez simple pour se laisser berner pendant des mois par la tortueuse diplomatie d'un roitelet bulgare, ne prenant même pas la peine de cacher son jeu.

La conduite de l'Angleterre à l'égard des Turcs ne se montra pas moins médiocre. Rien n'était plus facile, je l'ai déjà montré ailleurs, que d'entrer à Constantinople à la suite du *Gœben* et du *Breslau*. Le ministère anglais hésita, parlementa, et quand finalement il comprit à quel point les Turcs l'avaient joué, il décida la pitoyable expédition des Dardanelles. Cent mille Anglais y périrent de la plus inutile façon. Dans la vie individuelle, les conséquences des erreurs peuvent être minimes. Dans l'existence des peuples, elles sont souvent désastreuses.

Mais toutes ces observations appartiennent à un passé irréparable. Le présent seul doit être considéré et il est devenu satisfaisant.

N'oublions pas, pour le juger, qu'au moment de la guerre, l'Angleterre n'avait pu envoyer en France qu'une armée de moins de cent mille hommes. Ce contingent modeste, que l'empereur Guillaume appelait « la méprisable petite armée du général French », est devenu une armée de plus d'un million d'hommes. Un autre million de soldats a été réparti sur divers points de l'Empire britannique et un dernier million reste en Angleterre.

§ 6. — Sources de la force de l'Angleterre.

La grande force de l'Angleterre, pendant la guerre actuelle, fut de détenir la liberté des mers. Ainsi put-elle continuer son commerce d'exportation. L'importance capitale de ce point a été fort bien marquée par le chancelier de l'Echiquier dans une interview, dont voici un extrait :

Je ne dois pas oublier la nécessité vitale pour l'Angleterre de maintenir son commerce; les exportations et les importations nous sont essentielles en paix comme en guerre. Nos alliés et nous, dépendons de notre puissance d'exportation. Et nous entreprenons volontiers n'importe quelle tâche militaire ou navale que les nécessités de la guerre exigent. Nous ne devons jamais oublier que notre devoir primordial est de maintenir nos approvisionnements, pour le paiement desquels le maintien de notre entier commerce d'exportation est essentiel.

Comme preuve de l'excellente situation financière de l'Angleterre, conséquence de la continuation de son commerce, le même ministre a fait les constatations suivantes :

Notre marché de l'or est toujours libre et chaque billet émis par le Gouvernement peut être échangé sur demande contre de l'or à la banque d'Angleterre. Il est à peine nécessaire de montrer la différence qu'il y a entre ce système et les résultats qu'il donne et la situation financière de l'Allemagne.

Le système allemand n'admet pas d'impôts à l'heure actuelle et ne peut fournir de quoi faire face aux énormes dettes créées par l'émission sans contrôle du papier-monnaie, que par la cumulation d'emprunts nationaux pratiquement forcés. Ainsi, des dettes devant être payées ne le seront jamais et conduiront infailliblement à leur répudiation ou à la banqueroute.

Les données précédentes sont fondamentales. Les peuples ne se battant plus seulement à coups de canons, mais à coups de milliards, la nation la plus riche vaincra forcément. Les pays dont les ressources, étant renouvelées, ne se tarissent pas, l'emporteront fatalement sur ceux dont les ressources, si grandes qu'on les suppose, s'épuisent parce qu'elles ne se renouvellent pas.

L'Allemagne vit actuellement sur des richesses considérables, sans doute, mais qui ne se renouvellent pas, son commerce extérieur ayant cessé.

L'Angleterre, non seulement possède des ressources excessivement supérieures à celles de l'Allemagne, puisque sa fortune est évaluée à cinq cents milliards, mais, de plus, ces ressources sont constamment alimentées par son commerce.

Il en résulte qu'elle pourrait, tous ses alliés seraient-ils même vaincus, poursuivre la guerre indéfiniment. Par le fait seul que sa flotte continuerait à empêcher l'Allemagne d'expédier ou de recevoir des marchandises, elle forcerait finalement cette dernière à demander la paix.

Elle l'y obligerait même sans avoir à tirer un coup de canon, simplement, je l'ai dit déjà, par la présence dans ses ports d'une flotte si redoutable qu'aucun navire de commerce allemand n'ose se risquer sur les mers.

L'Angleterre peut, d'autant plus facilement, continuer indéfiniment la guerre, que sa population civile n'en pâtit nullement, alors qu'étroitement rationné en Allemagne, le peuple souffre beaucoup. En Angleterre, le chômage a disparu ; les salaires, par suite de la diminution du nombre de bras, ont augmenté dans d'énormes proportions ; l'aisance, et parfois le luxe, sont entrés dans une foule de ménages qui les ignoraient. Ce sera même un danger, après la guerre, lorsque les classes laborieuses se verront obligées de revenir à leur ancienne situation.

Quant aux classes moyennes et élevées, elles n'ont pas hésité à consacrer une notable partie de leurs ressources aux frais de la lutte. Les impôts nouveaux enlèvent, aujourd'hui, aux citoyens environ le tiers de leurs revenus.

L'Angleterre se montre justement fière de ces

lourds sacrifices. L'opinion générale est celle que traduisait le *Daily Telegraph*, à propos du vote de la loi militaire :

> La nouvelle loi militaire est une des choses les plus remarquables et mémorables que l'Angleterre ait accomplies. Le système du service militaire obligatoire a été institué par la volonté délibérée du peuple entier.
>
> Au commencement de la guerre, peu de personnes crurent que l'Angleterre, qui comptait avec assurance sur sa flotte pour garder ses côtes inviolées, se soumettrait à cette gigantesque révolution dans sa vie nationale. Sur nos épaules repose le quadruple fardeau d'une marine qui est la vie même de l'alliance, d'une armée de plusieurs millions d'hommes, d'une production de matériel de guerre que rien n'égale, enfin d'une puissante réserve financière qu'il est plus difficile encore d'estimer. C'est un fardeau que la nation supportera avec fierté et ne se repentira pas d'avoir assumé. Déjà même elle se sent rajeunie par cet effort de sacrifice.

L'histoire de l'Angleterre pendant la guerre aura montré une fois de plus encore à quel point la destinée d'un peuple dépend de son caractère.

CHAPITRE II

L'ÉVOLUTION MENTALE DE LA RUSSIE
PENDANT LA GUERRE

———

**1. — Situation économique de la Russie au moment
de la guerre.**

Quelques indications statistiques suffiront à montrer la situation économique de la Russie avant la guerre; je les emprunte à un travail de M. G. Alexinsky, ancien député de la Douma.

L'Europe a exercé par la pénétration de ses capitaux en Russie une très grande influence et tenait, en réalité, ce pays sous sa dépendance économique.

Les capitaux ont été surtout prêtés par la France, à laquelle la Russie doit plus de 18 milliards. Une grande partie de cet argent est passée dans des entreprises industrielles dirigées par les Allemands. « Les entreprises industrielles étrangères en Russie sont plus fortes que celles des Russes... Les plus importantes, la métallurgie, les charbonnages, les tissages, sont en grande partie au pouvoir du capital européen. » L'auteur conclut cependant « que l'Europe exerce sur la Russie une influence économique considérable, mais il n'est pas exact qu'elle la tienne dans une complète dépendance ».

La France, qui fournissait à la Russie d'immenses capitaux, faisait bien peu de commerce avec elle.

En 1913, l'Allemagne fournissait à la Russie 52,7 % du total de ses importations, et la France seulement 4,6 %. La supériorité commerciale allemande était écrasante.

Peu à peu les Allemands avaient évincé tous leurs concurrents. D'après le même écrivain, pour 9.421 Français et 7.481 Anglais établis en Russie, le nombre de ses habitants ayant pour langue maternelle l'allemand s'élevait à un minimum de 2 millions.

Une des causes auxquelles l'auteur attribue l'invasion du marché russe par l'industrie allemande et l'élimination de tous ses concurrents tiendrait au « système spécial adopté par les syndicats industriels allemands, des primes d'exportation qui leur permet non seulement de braver les droits d'entrée, mais même de vendre leurs produits beaucoup moins cher au dehors qu'à l'intérieur ».

J'ai déjà exposé dans mon volume sur les *Enseignements psychologiques de la guerre* ce système, désastreux pour les pays qui ont à le subir, parce qu'il ruine l'industrie indigène. Il est momentanément avantageux pour les industriels allemands, mais comme l'a fait justement remarquer M. Alexinsky, « il nuit à la population allemande elle-même, obligée de subir ce renchérissement artificiel pour donner aux syndicats les moyens de pratiquer l'exportation forcée et à bas prix ».

La conclusion de l'auteur est fort juste :

Le caractère général des relations économiques entre les deux pays était une tendance évidente de l'Allemagne à faire de la Russie sa colonie... La Russie importe d'Allemagne surtout des objets fabriqués et y exporte des matières brutes. C'est-à-dire que l'industrie allemande achète à bas prix ses matières premières à la Russie et les lui revend après les avoir ouvrées. Tel est précisément le rôle d'une métropole.

Ces faits étaient assurément connus depuis longtemps, mais la guerre en a démasqué les graves conséquences. En Russie, ainsi que dans bien d'autres pays, le conflit européen aura donné des leçons fort instructives et soulevé aussi beaucoup de problèmes à résoudre.

§ 2. — Rôle des étrangers en Russie pendant la guerre.

La Russie a pu constater pendant la guerre à quel point il était dangereux pour un pays de se laisser envahir par des étrangers. Leur influence engendra la plus sombre catastrophe de son histoire. S'il lui fallut pendant de longs mois lutter contre les ennemis du dedans en même temps que contre ceux du dehors, c'est pour n'avoir pas su préserver son âme nationale de l'action dissolvante des étrangers.

On ne peut pas dire encore dans quelles limites cette épreuve l'aura modifiée, mais elle a visiblement plus évolué en deux ans qu'elle ne l'avait fait pendant un siècle.

Psychologues et historiens découvriront facilement que cette brève période de l'histoire de la Russie fut très fertile en enseignements. Les faits ont révélé non seulement le danger des éléments étrangers, mais aussi ceux de l'autocratie, l'utilité à certains moments de la représentation populaire, le funeste effet des persécutions religieuses et bien d'autres vérités encore.

Au moment où commencèrent les hostilités, la Russie se trouvait dans une situation industrielle, économique et militaire tellement médiocre, qu'à moins de supposer chez ses gouvernants une cécité invraisemblable, aucun d'eux ne pouvait souhaiter la guerre.

L'Allemagne n'ignorait pas combien la Russie était peu préparée à un grand conflit et ce fut probablement un des motifs de son agression. Tout ce que tenta le gouvernement du tsar ne pouvait dès lors l'empêcher.

Parmi les plus graves dangers menaçant la Russie à cette époque, il faut mettre au premier rang sa pauvre situation industrielle. Pays surtout agricole, elle avait abandonné ses usines, ses mines, son administration, même à des étrangers. On a justement fait remarquer que dans aucun pays d'Europe l'élément étranger n'exerçait une influence aussi importante qu'en Russie. C'est d'ailleurs grâce à elle que ce peuple semi-asiatique, à l'âme indécise et imprécise, avait fini par s'européaniser un peu. Presque toutes les industries, les écoles professionnelles, les installations électriques, les chemins de fer, etc., étaient des créations d'étrangers, parmi lesquels les Allemands avaient conquis une place prépondérante.

Ils possédaient des représentants non seulement dans l'industrie, mais dans les universités, les administrations et l'armée. Sans la guerre la conquête industrielle, économique et administrative de la Russie eût été complète en moins de cinquante ans, et un conflit avec l'Allemagne serait devenu impossible.

On peut dire sans exagération que, malgré les ruines accumulées, la lutte actuelle aura été un bienfait pour la Russie, si elle l'amène à acquérir les capacités techniques et commerciales qui lui manquaient pour exploiter elle-même son riche territoire.

L'utilité d'un tel effort apparut dès les débuts de la conflagration européenne. Pays sans industrie, la Russie se trouva brusquement lancée dans une guerre dont les armes étaient des mécanismes compliqués, créés par une technique savante. Au temps de Nelson et de Napoléon, la plaisante définition de la fabrication des canons, « couler du bronze autour d'un trou », indiquait bien la simplicité de cette fabrication. Aujourd'hui, un des engins les plus usités, la mitrailleuse Maxim, employée par plusieurs nations d'Europe, comprend 280 organes rigoureusement calibrés et fabriqués avec des machines-outils fort compliquées. Il faut 540 opérations d'usinage pour fabriquer une mitrailleuse et près de 1.000 calibres sont employés à la vérification des diverses pièces.

Heureusement pour elle, la Russie put recourir en ce qui concernait la fabrication de son matériel aux Japonais, dont l'éducation technique était fort supérieure à la sienne. Grâce aux ingénieurs et aux usines de son ancienne adversaire et aussi à l'assistance des Français, la Russie finit par obtenir le matériel nécessaire, mais son déficit pendant la première partie de la guerre fut une des causes de ses défaites.

§ 3. — Le gouvernement de la Russie pendant la guerre.

La Russie, au début du conflit, pouvait être considérée comme une autocratie pure, avec pour moyens de gouvernement, une bureaucratie compliquée, soutenue par une police nombreuse et un clergé ignorant, mais docile.

Contre les conséquences de ce qu'on a appelé l'absolutisme moscovite, se dressaient de temps à autre des violences révolutionnaires et des conspirations meurtrières dont le nihilisme terroriste représente une des formes.

La révolution qui suivit la guerre malheureuse avec le Japon avait amené la création d'une sorte de parlement, la Douma, que le gouvernement se crut plusieurs fois obligé de dissoudre. Réunie dès les débuts de la guerre, elle fut bientôt congédiée ; mais, après les premiers désastres, il fallut bien la convoquer encore, malgré l'opposition du parti réactionnaire. Elle exerça une action fort utile en dévoilant, comme une des causes prépondérantes des échecs russes, l'insuffisance et la corruption de l'administration. Grâce à elle, des traîtres dangereux, protégés par le ministre de la Guerre, furent démasqués et le ministre lui-même arrêté.

La Douma se vit congédiée de nouveau à la suite de quelques violences. Il était impossible, évidemment, de faire passer sans transition un peuple n'ayant que des ébauches de civilisation et composé de races fort différentes, d'un régime autocratique à des institutions libérales. Mais la guerre aura certainement contribué à cette évolution.

Le rôle joué par la Douma et surtout la lumière

qu'elle projeta sur le désordre administratif et les concussions des plus hauts fonctionnaires, pourra être invoqué à l'appui de l'utilité des gouvernements représentatifs. Sans elle il eût été impossible de découvrir le rôle d'administrations corrompues à tous les degrés de la hiérarchie, et conspirant pour l'Allemagne. Pas de munitions, pas d'armements, la trahison installée jusqu'à côté du trône, les influences allemandes prédominant partout.

Jamais peut-être gouvernement ne se trouva en présence de difficultés semblables. Sans le patriotisme du peuple et de ses représentants, la Russie y eût probablement laissé son indépendance.

L'état de ce vaste empire a toujours paru assez sombre aux observateurs qui le visitaient. Voici, par exemple, ce qu'écrivait le correspondant d'un grand journal neutre très favorable à la cause des Alliés :

Elle sortit, voici dix ans, d'une guerre malheureuse, impopulaire et criminelle, où sa puissance maritime sombra et où faillit sombrer son prestige pour entrer dans une longue guerre civile où s'entre-choquèrent d'atroces haines. L'édifice tout entier parut un moment ébranlé. La main forcée, les maîtres firent quelques concessions qui arrachèrent à la révolution une bonne partie de ses forces. La Douma se réunit, fut dissoute au bout de trois mois, tenta un 89 qui avorta. On restreignit le cens électoral. Une seconde Douma vint, moins agitée. Un compromis s'établit, un apparent apaisement dont on profita en haut lieu pour assouvir des ressentiments implacables. On remplit les prisons, la Sibérie. La révolution matée, le silence se fit et le danger parut écarté...

La Douma en est à sa quatrième législature. Neuf ans d'efforts et de publicité n'ont pas abouti à de grands résultats. Administration corrompue, routine et paresse, favoritisme, arbitraire, dénis de justice, méconnaissance des droits les plus élémentaires, violation des libertés promises, oppression des allogènes, persécution des ouvriers; le régime de la violence et du mépris a continué sa route triomphale... Deux Russies : celle qui gouverne, celle qui est gouvernée, séparées par un abîme toujours plus profond et plus large dont seules une haute sagesse et une bonne volonté éperdue pourraient rapprocher les bords.

Certains événements de la guerre, dont nous allons parler maintenant, justifient les appréciations qui précèdent en montrant ce que valait l'administration russe et dans quel abîme elle faillit plonger l'empire.

§ 4. — L'administration russe et les conspirations allemandes pendant la guerre.

Une des plus grandes difficultés du gouvernement russe pendant la guerre fut la lutte qu'il eut à soutenir contre un parti allemand comptant des représentants dans les ministères, l'aristocratie, la presse et l'armée. Plus de deux cents généraux en activité étaient d'origine allemande, et gardaient des sympathies allemandes à peine dissimulées, comme Rennenkampf, que l'on dut priver de tout commandement à cause de sa mollesse voulue chaque fois qu'il se trouvait en présence d'armées germaniques. Les dirigeants des ministères de l'Intérieur et de la Justice prétendaient provoquer une paix séparée avec l'Allemagne. Certains journaux appartenant, comme presque toute la presse russe, à des juifs, continuaient leurs éloges à l'Allemagne. Suivant M. Barrière, « du début de la guerre jusqu'au mois d'avril 1915, le département de la police au ministère de l'Intérieur a été un foyer de trahison que les patriotes russes eurent beaucoup de mal à détruire, tant il était soutenu par les personnages les plus puissants ».

Les Allemands restèrent influents en Russie surtout pendant la première année de la guerre, et ils s'y livrèrent à plusieurs complots. Le plus terrible fut celui dirigé par des allemands qui amena l'explosion, en avril 1915, de la grande usine de munitions d'Ochta. Plus de 1.500 ouvriers y périrent et pendant tout un mois se trouva suspendu le ravitaillement en fusils et en cartouches de l'armée russe des Carpathes.

Cette destruction ne fut pas assurément la seule cause de l'insuffisance des armements russes. Les débats d'août 1915 à la Douma prouvèrent qu'elle avait eu pour raison principale la volontaire inertie du ministre de la Guerre et aussi d'autres ministres qui, dominés par les influences allemandes, espéraient forcer ainsi le gouvernement à une paix séparée.

« Ils étaient, écrit M. Barrière dans la *Revue de Paris*, du 15 mars 1916, visiblement encouragés, sinon inspirés par le grand-duc de Hesse-Darmstadt, frère de la tsarine. »

On sait avec quelle rapidité se virent refoulés, en avril 1915, les Russes qui menaçaient déjà d'envahir la Hongrie. 1.400.000 Allemands, lancés brusquement contre eux, les obligèrent à évacuer toutes les forteresses conquises et bientôt la Pologne. Les conséquences furent naturellement désastreuses. Le prestige russe dans les Balkans se trouvait ruiné et ruinée aussi l'idée de l'unité slave sous l'hégémonie russe. Les Bulgares se joignirent aux Allemands, la Grèce se confina dans une neutralité pleine de bienveillance pour les Germains. Les Japonais, principaux fournisseurs de munitions, prirent des allures protectrices et dès qu'on essayait de restreindre leurs exigences en Chine, les envois d'armes se ralentissaient.

Il est prouvé maintenant que ces défaites répétées

eurent, avec le défaut de munitions et la trop visible incapacité du commandement, de graves trahisons pour cause. Le général Roussky, commandant les armées du nord-est, frappé de voir l'ennemi prévenu de chacun des mouvements russes, arriva à découvrir qu'il était renseigné par un des chefs du ministère de la Guerre, le colonel Miassoiédof. Les papiers saisis dans les bagages de cet officier, grâce à l'intervention personnelle du tsar, seule capable de contre-balancer l'influence du ministre de la Guerre, prouvèrent qu'il communiquait à l'ennemi et souvent directement au Kaiser, tous les ordres du grand quartier général russe et ce qu'il pouvait se procurer des projets du grand quartier général français.

A la suite d'un court procès, il fut pendu en compagnie d'une demi-douzaine de juifs ses complices. Un autre traître, le conseiller d'État Freinat, fut condamné aux travaux forcés, le protecteur du colonel exécuté, le ministre de la Guerre Soukhomlinov, emprisonné comme fort suspect de trahison.

Les tendances allemandes continuèrent cependant à se manifester en Russie dans certains milieux. Un journal russe, l'*Outro Rossii*, consacrait un article à dénoncer les sympathies germanophiles des hautes sphères de Pétrograd. Ces milieux sont connus dans la presse sous le nom de parti de Potsdam. Ce sont ceux que M. Vozniesiensky appelle dans une conférence reproduite par le *Novoié Vrémia*, esclaves de l'Allemagne. Au sein de ces sphères était recruté, paraît-il, presque tout l'entourage de M. Sazonov, l'ancien ministre des Affaires étrangères. « Presque tous les hauts fonctionnaires de ce ministère y sont arrivés directement de Berlin où ils occupaient des postes insignifiants au moment de la célèbre entrevue de Potsdam en 1910. » M. Sazonov eut grand peine à lutter contre la mauvaise volonté de ses collaborateurs.

Le parti allemand s'appuyait aussi en Russie sur la nécessité où se trouveraient les Russes après la guerre de renouer des relations avec l'Allemagne. La *Rietch* signale ces difficultés. Elle faisait remarquer que les Germains sont les meilleurs clients de la Russie pour ses produits agricoles.

§ 5. — Les projets de paix séparée.

Les influences allemandes furent si fortes en Russie qu'après la prise de Lemberg deux ministres présentèrent au tsar une note pour proposer une paix séparée. La reconnaissance est assurément un sentiment ignoré en politique, mais vraiment ces tristes conseillers oubliaient un peu trop vite que si la France se trouvait en une sombre situation c'était uniquement pour être venue en aide à la Russie.

Les extraits de cette note furent publiés dans la *Revue de Paris* par M. Marcel Barrière. Il y était dit que :

Rien ne sépare la Russie de l'Allemagne. Leurs principes de gouvernement sont identiques. Leur ennemi commun est la démocratie d'Occident. La cessation immédiate de la guerre entre les deux empires assurerait l'écrasement définitif de cet ennemi de toujours par l'armée allemande...

L'auteur assure même que pour achever de tenter le tsar on offrit de lui céder Constantinople à la simple condition qu'il s'opposât absolument à l'autonomie de la Pologne.

Ces manœuvres échouèrent et n'eurent pour résultat que le renvoi des ministres qui les favorisaient et la convocation de la Douma.

Son premier soin fut de décider qu'aussitôt résolue la question de l'armement des troupes elle mettrait en accusation tous les fonctionnaires coupables d'avoir laissé le parti allemand conduire le pays au bord d'un gouffre.

L'Assemblée prit de suite une grande autorité et réussit à faire éliminer les hommes trop inférieurs à leur tâche.

L'œuvre d'assainissement et de régénération qu'elle exerça en août et en septembre 1915 fut considérable. D'importantes commissions se trouvèrent créées, l'industrie nationale mobilisée. La Douma sentait le peuple avec elle. Le gouvernement s'en rendait très bien compte, c'est pourquoi toutes les remontrances de la grande assemblée furent acceptées. Les influences allemandes se virent progressivement éliminées. Des généraux coupables de ne pas avoir poussé à fond la lutte contre « un ennemi sympathique » tombèrent en disgrâce. Toute crainte d'une paix séparée se trouva définitivement écartée comme le prouva l'insuccès des nouvelles tentatives de l'Allemagne pour amener la Russie à rompre avec ses alliés. L'ancien ministre de la Guerre fut, nous l'avons dit plus haut, emprisonné et l'entourage allemand de l'Impératrice tenu en grande suspicion. Un visionnaire inculte, Raspoutine, dont les conseils étaient jadis très influents à la cour, sans perdre tout son pouvoir se vit un peu tenu à l'écart.

§ 6. — Le problème polonais.

Une des grandes difficultés de la Russie sera le gouvernement de la Pologne si elle parvenait à la reconquérir.

On connaît les interminables dissensions qui amenèrent jadis ce royaume à être rayé de la carte d'Europe et partagé entre l'Autriche, la Prusse et la Russie.

Il tomba alors dans cet état de dure servitude où sombrent les peuples incapables de se gouverner.

Les provinces qui, dans le partage, échurent à la Prusse et à la Russie furent rudement traitées. Celles annexées à l'Autriche un peu moins parce que cet artificiel empire est bien obligé de ménager les races diverses dont il se compose.

L'Autriche n'eut pas, d'ailleurs, à regretter sa tolérance. Quand la Galicie fut momentanément conquise par la Russie qui se montra fort oppressive, elle regretta la domination des Autrichiens et les accueillit comme des libérateurs lorsqu'ils revinrent expulser les Russes.

La partie russe de la Pologne conquise par la Prusse fut promptement ruinée et affamée, mais les Allemands eurent au moins l'intelligence de concéder aux Polonais le droit d'employer leur langue dans l'enseignement. Cette bien modeste faveur sembla inestimable à un peuple habitué aux persécutions de toutes sortes. Le *Ozar*, organe de la bourgeoisie galicienne, expliquait, dans son numéro du 24 décembre 1915, comment la fin de cette année restera célèbre dans l'histoire :

Elle aura marqué le commencement de la décadence de la Russie et le début de la délivrance de l'Occident pour qui cette dernière était une menace permanente depuis l'époque du démembrement de la Pologne. Le partage de la Pologne avait ouvert à l'Empire russe les portes de l'Europe et le xixe siècle nous montre ce dernier s'efforçant d'imposer sa volonté à l'Occident tout entier.

Bien entendu, la presse polonaise paraissant en Russie est moins sévère. Le *Dziennik Kijowski*, du 1ᵉʳ janvier 1916, se borne à gémir discrètement sur le sort de la Pologne et il écrit :

L'année nouvelle, que les cloches ont déjà annoncée au peuple polonais, est pour lui la cent vingt et unième du démembrement de sa patrie. Le monde est en guerre, la Pologne en ruines est plongée dans la misère. Elle jette des regards éperdus vers l'avenir, qu'une muraille de fer voile à ses yeux. Elle voit l'ouragan, déchaîné sur la terre, y marteler en caractères de feu, à grands coups d'engins meurtriers, l'inscription suivante : « Les temps passés ne reviendront plus ».

Avons-nous le droit d'espérer que la guerre actuelle imprimera aux appétits égoïstes des autres nations une direction qui pourrait nous être favorable ? Hélas ! de pareilles suppositions sont illusoires. L'horizon politiq' ne nous fait entrevoir aucun signe précurseur annonçant la reconstitution de la Pologne, telle que nous la désirons.

Je crois que la Pologne pourra pendant longtemps exhaler d'inutiles plaintes. Qu'il retombe sous la domination russe ou sous la domination prussienne, ce pays semble devoir rester rayé de la liste des nations et condamné à une perpétuelle servitude. Tel fut, depuis l'âge lointain des Grecs, le sort de tous les empires auxquels des dissensions intestines firent perdre l'indépendance. C'est une leçon à méditer pour toutes les nations.

Les Russes eux-mêmes se rendent très bien compte de leurs erreurs politiques en Pologne et de leur impuissance. L'*Outro Rossii*, écrit sous la signature de M. Ardov :

Quelle terrible tragédie pour la Russie que cette « éternelle » question polonaise ! Quel abîme, quel gouffre nous séparent aujourd'hui des nobles et glorieuses intentions d'Alexandre Iᵉʳ ! Pendant que nous jouions à « libérer » la Pologne, les Allemands nous l'ont enlevée ! N'est-ce pas terrible en vérité ? Quelle souffrance pour ceux d'entre nous, qui connaissent les vraies tendances de l'évolution russe, de savoir que de l'autre côté de la frontière nos ennemis forment des projets de la libération de la Pologne, qu'ils élaborent une autonomie pour les provinces polonaises, qu'ils convoquent des conférences auxquelles prennent part même des représentants des Polonais de Russie, fondent des universités polonaises, introduisent l'autonomie municipale et en général font tout le nécessaire pour donner aux Polonais l'illusion qu'on les a libérés du joug de la Russie « barbare et réactionnaire ». La Prusse dans le rôle de libératrice des Polonais ! Cette Prusse qui a déchiré en lambeaux le corps de la Pologne et a elle-même grandi du sang de ce peuple frère de la Russie. Tout ce qui jusqu'ici s'est passé en Pologne et ce qui s'y passe encore aujourd'hui est un reproche vivant pour ceux qui, au cours des dernières dizaines d'années, ont été à la tête de la politique russe.

...La Pologne aurait dû être dotée d'un régime autonome bien avant la guerre et le fait que cela n'a pas eu lieu a été depuis qu'il règne en maître absolu, une des plus grandes fautes du gouvernement de Pétersbourg. C'est une faute non seulement envers la Pologne, c'en est une aussi envers la Russie, car c'est une erreur politique que rien ne peut réparer, même les flots de sang qui couleront encore. Ces flots de sang n'auraient pas été, eux-mêmes, si abondants, si cette erreur n'avait pas été commise. Après tout ce qui s'est passé, après un siècle d'expérience, après deux révolutions et des preuves innombrables de l'impossibilité de « calmer » la Pologne sans l'avoir appelée à une renaissance nationale, enfin après deux années de guerre, alors que notre Pologne est occupée par les armées allemandes, il se trouve des gens qui conseillent encore de n'octroyer à la Pologne, « quand on l'aura reconquise », qu'une autonomie locale. Et ce ne sont pas des diplomates allemands, ce sont des hommes d'État russes, qui donnent ce conseil !

On peut, au point de vue politique, résumer la transformation de mentalité produite en Russie par la guerre, en disant qu'un des plus importants remparts de l'autocratie dans le monde a été sérieusement ébranlé. Les institutions démocratiques auront fait des progrès dans ce grand empire parce que l'expérience a prouvé qu'elles avaient rendu beaucoup plus de services que les conceptions autocratiques. La vieille définition du gouvernement russe : une autocratie tempérée par l'assassinat, pourra être remplacée par cette autre définition moins sombre : une autocratie tempérée par des institutions démocratiques.

Il ne faudrait pas s'exagérer l'importance de cette évolution et croire qu'un pays composé de races fort diverses, dont plusieurs sont encore demi-barbares, puisse supporter beaucoup de liberté. Chaque peuple a des institutions en rapport avec sa mentalité. Si, sous l'empire des nécessités nouvelles, les Russes perdent leur indécision, leur indolence et tâchent de se suffire à eux-mêmes sans l'assistance permanente des étrangers, ils arriveront graduellement à posséder les qualités qui permettent à une nation de se gouverner et assurent son indépendance.

CHAPITRE III

L'ÉVOLUTION DE L'ITALIE

§ 1. — Les oscillations psychologiques de l'Italie.

Les historiens pourront assez facilement relater
les faits qui, dans l'espace de quelques mois, amenèrent l'Italie à se mettre en guerre contre son
ancienne alliée. Les psychologues auront plus de difficultés à démêler les causes des sentiments succes-
sifs et contradictoires qui agitèrent l'âme italienne
pendant cette période.

Impossible de se renseigner par les journaux,
leurs assertions étant fort divergentes. Impossible
également de prendre pour guide les votes du parlement italien, car, d'une semaine à l'autre, il votait
avec une majorité énorme tantôt pour la paix et
tantôt pour la guerre, suivant les influences prépondérantes du moment.

L'historien italien Ferrero, qui a tracé de cette
phase d'évolution un récit auquel j'emprunterai
quelques détails, signale lui-même toutes les obscu-
rités dont elle reste enveloppée.

Il semble pourtant bien probable que la volonté du
peuple, et non, comme on l'a soutenu, celle des
intellectuels, représente le facteur déterminant qui

déclancha la guerre. Cette volonté fut, il est vrai, variable, flottante et entravée par des périodes d'indécision.

On peut attribuer quelques-unes de ces fluctuations à l'influence des différentes races peuplant l'Italie.

Elle reste, en effet, loin d'être unifiée encore. L'unité politique ne crée pas l'unité ethnique.

Le nord de la péninsule est habité par une population brachycéphale, le sud, depuis Rome, par une population nettement dolichocéphale. Les plus dolichocéphales se trouvent à l'extrême sud de l'Italie.

Les divergences psychologiques entre ces races sont aussi grandes que leurs différences anatomiques. Un Piémontais et un Napolitain ont des modes de sentir, de penser et de raisonner fort dissemblables.

Leurs divergences de conceptions s'accusèrent d'une façon saisissante pendant la semaine d'incertitudes qui précéda la déclaration de guerre à l'Autriche. Le voyageur traversant simplement en chemin de fer l'Italie, du nord au sud, pouvait constater des écarts considérables dans l'atmosphère mentale italienne. En Piémont, pays qui fut cependant le berceau de la dynastie régnante, la répugnance pour la guerre était évidente. A mesure que le train descendait ver. ..me en prenant des voyageurs nouveaux, les physionomies et conversations se modifiaient complètement. Alors qu'une appréciation interventionniste émise dans les régions de Turin ou Milan aurait valu à son auteur de violentes injures, un seul mot de neutralité prononcé de Rome à Naples eût fait écharper le même voyageur. Les neutralistes reconnus à Rome dans la rue étaient giflés et roués de coups.

Cette vivacité des manifestations italiennes dans le sud du pays et notamment dans des régions comme la Sardaigne, où Trente et la Dalmatie étaient profondément ignorés, tient à la grande suggestibilité de l'âme italienne méridionale. Dès qu'un meneur parvient à l'émouvoir pour une cause quelconque, elle s'enthousiasme. Inutile de lui présenter des raisons, comme on serait obligé de le faire à une foule anglaise. Des images, des gestes, des chants, des formules violentes suffisent. Les longs discours n'étant pas écoutés restent naturellement sans effet. Ce ne sont pas les arguments du meneur qui agissent, mais sa voix et son prestige.

Un étranger pourrait s'étonner que les habitants du sud de l'Italie aient manifesté une telle ardeur pour la conquête de Trieste dont ils n'avaient probablement jamais entendu parler et dont les habitants du nord se préoccupaient fort peu.

Mais les résolutions populaires résultent beaucoup plus d'impulsions sentimentales que de motifs rationnels. Le mouvement interventionniste devait donc partir des contrées les plus faciles à émouvoir.

Les populations sud-italiennes sont si impressionnables qu'on les voit jouer du couteau dans des discussions sur des personnages aussi fabuleux que ceux de la légende de Roland. Chez les imaginations vives à ce point, les frontières du merveilleux, du possible et de l'impossible se confondent aisément. Pour les peuples dont l'évolution a effleuré l'âme sans pouvoir la fixer, l'impulsion du moment est le seul guide de la conduite. Suivant l'occasion, le même individu sera héros ou bandit.

Quelle que soit la valeur des explications qui précèdent, il est certain que ce fut la Sardaigne encore presque sauvage qui s'enthousiasma le plus violemment pour une guerre dont le but lui échappait à peu près entièrement.

§ 2. — Les aspirations italiennes au moment de la guerre. Rôle des influences allemandes en Italie.

L'Italie est un pays pauvre. Sa pauvreté tient en grande partie à l'excédent de la population qui s'accroît rapidement et à l'insuffisance de la production houillère, qui l'empêche de devenir industrielle. Elle comptait 23 millions d'habitants en 1866 et atteint aujourd'hui 38 millions, malgré une émigration annuelle de cinq cent mille personnes.

L'Italie a bien essayé de faire prospérer son industrie, mais deux éléments fondamentaux lui manquent, le fer et le charbon. Ses sources de houille blanche ne sont pas suffisamment organisées encore pour remplacer la houille noire.

Les Italiens ont pu ainsi constater que c'est seulement dans les discours académiques qu'on voit la richesse d'un pays se mesurer au chiffre de sa population.

Pour compléter son unité politique, l'Italie rêvait l'annexion des régions jadis italiennes, Trieste et Trente, notamment. Elle souhaitait aussi la conquête de la côte orientale de l'Adriatique, nécessaire à sa défense navale. De Venise à Brindisi elle ne possède pas de grands ports, alors que la côte d'Illyrie, appartenant à l'Autriche, est protégée par des forteresses puissantes.

La malheureuse association de l'Italie avec l'Autriche paralysa ses rêves pendant longtemps. Les Allemands profitèrent de leur titre d'alliés pour s'installer en Italie et y fonder des banques et des établissements industriels. Leur influence était considérable.

On peut dire, écrit Ferrero, que, dans les derniers dix ans, tout le monde était devenu germanophile en Italie : les professeurs et les industriels, les socialistes et les conservateurs, les libres penseurs et les cléricaux, les philosophes et les musiciens. L'Allemagne semblait le modèle en tout, parce que c'était le pays qui réalisait mieux la formule quantitative du progrès; le pays d'Europe où la population, la richesse, la production, le commerce, l'armée, la marine, augmentaient le plus rapidement... L'influence allemande l'emporta partout. Tout fut germanisé : l'armée, les banques, les chemins de fer, l'industrie, le socialisme, la science, la philosophie, les écoles, l'université... Il aurait toujours été difficile de détacher l'Italie de la Triple Alliance tant que l'Allemagne restait pour les classes supérieures le modèle du monde.

Ainsi, le parti allemand était d'autant plus fort qu'il rencontrait des appuis dans les universités, les journaux et surtout chez les socialistes.

Ces derniers se montrèrent très opposés à la guerre. « L'Italie et l'Autriche étant deux pays bourgeois, suivant eux, il est indifférent que ce soit l'une ou l'autre qui l'emporte ». Ils avaient même organisé chez les paysans et les ouvriers, pendant les semaines qui précédèrent l'ouverture des hostilités, des équipes armées de triques chargées d'arrêter les passants et de les rouer de coups si, après interrogatoire, ils se déclaraient pour la guerre. A Milan, lorsque fut connu, à la fin du mois de mai, le bombardement des côtes italiennes, une véritable révolution éclata. Un grand nombre de magasins furent pillés et détruits, plus de soixante fabriques saccagées.

§ 3. — L'évolution politique au moment de la guerre.

A l'époque qui précéda la rupture avec l'Autriche, le parlement italien était sous la domination d'un neutraliste très influent, M. Giolitti.

Presque constamment au pouvoir depuis vingt-cinq ans, il avait rempli le parlement d'hommes dévoués, mais peu capables. Il se maintenait en obéissant à tous les mouvements de l'opinion, quitte à retirer ses concessions quand le public était calmé. Par les manœuvres qui aboutirent à la conquête de la Tripolitaine il avait, sans le soupçonner, préparé l'éclosion de la guerre européenne et l'obligation pour l'Italie d'y prendre part. Rien ne montre mieux à quel point en politique les faits s'enchaînent.

Le premier anneau de cet enchaînement fut le rêve italien de posséder des colonies pour y déverser l'excédent de la population. L'Italie tourna d'abord les yeux vers l'Abyssinie, mais l'expédition, mal conçue et mal préparée, se termina en 1896 par un retentissant désastre.

Abandonnée pendant plusieurs années, l'idée de politique coloniale reparut lorsque le Maroc sembla prêt à devenir un protectorat français. Les hommes d'Etat italiens songèrent alors à s'emparer de la Tripolitaine, seul territoire resté vacant dans l'Afrique du Nord. Le public s'intéressa vivement à ce projet de conquête, qui flattait son orgueil.

Mais la Tripolitaine appartenait à la Turquie et il fallut chercher un prétexte à la guerre. « La justification des hostilités au point de vue du droit international était plutôt faible », écrit M. Ferrero. Il voit même dans ce fait « à quel point les classes cultivées avaient été germanisées en trente ans ».

On n'invoquait guère, en réalité, comme motif d'agression, que la théorie allemande du droit des races supérieures d'asservir les races inférieures. M. Giolitti suivit ce mouvement.

Il dut, écrit le même auteur, haranguer de son balcon les foules transportées d'enthousiasme, au moment où entraîné par des erreurs de politique intérieure, il déclanchait la plus formidable tempête qui depuis la Révolution française ait secoué le monde. Car la guerre de Tripolitaine et les deux guerres balkaniques de 1912 et 1913 sont le véritable commencement de la guerre européenne, le prologue de la grande tragédie.

La conquête de la Tripolitaine réussit fort mal, coûta très cher et ne rapporta rien. Ce fut un grand soulagement quand le gouvernement, à la fin de 1912, réussit à conclure une paix boiteuse avec la Turquie. Le mécontentement fut général et se traduisit par l'entrée au parlement de quatre-vingts socialistes, pendant les élections qui suivirent. On sait que dans tous les pays parlementaires c'est par la nomination de députés socialistes que les peuples manifestent leur déplaisir. Des raisons fort étrangères à la raison sont la cause de ce phénomène.

Le mécontentement ne se traduisit pas seulement par l'élection de socialistes inexpérimentés et bruyants, mais par des grèves et des émeutes. En Romagne, plusieurs villes proclamèrent la république.

C'est dans cet état d'inquiétude que se trouvait l'Italie quand éclata la guerre européenne. Les violences de l'Allemagne en Belgique indignèrent le public italien, dont les couches profondes avaient depuis longtemps la haine du germanisme. Il suivit les péripéties du conflit avec un intérêt passionné. Dès le début, un grand nombre d'Italiens vinrent s'engager en France. La sympathie pour les Alliés et l'horreur pour les empires centraux devinrent telles que, malgré son traité d'alliance, le gouvernement n'aurait jamais pu se ranger aux côtés de l'Allemagne. Il n'avait donc en réalité qu'à choisir entre la neutralité et la guerre contre l'Autriche.

Neutralistes et interventionnistes formèrent deux camps nettement, opposés.

Le premier se composait surtout de professeurs germanisés, de tous les socialistes et des habitants du nord de l'Italie.

Le parti de la guerre comprenait beaucoup d'intellectuels non encore germanisés : étudiants, journalistes, écrivains et des membres de la haute bourgeoisie.

Des poètes célèbres, comme d'Annunzio, contribuèrent pour une large part à soulever le sentiment public. Les journalistes exercèrent aussi un rôle prépondérant. Ils sentaient bien qu'en cas d'hégémonie allemande l'Italie subirait, comme le reste de l'Europe, un joug très dur. Quant au peuple proprement dit, ouvriers, paysans, etc., il préférait évidemment la paix et c'est pourquoi le parti socialiste fit une campagne neutraliste acharnée.

Le prince de Bülow, délégué par l'Allemagne, accumula tous ses efforts pour déterminer l'Italie à rester neutre ; mais ses tentatives maladroites, ses promesses astucieuses, ne firent qu'augmenter le nombre des interventionnistes.

Sur ces entrefaites, le ministre italien des Affaires étrangères étant mort, sa succession fut donnée à

M. Sonnino, qui continua des négociations avec l'Autriche. Pendant tout l'hiver de 1915, une double propagande se maintint, dans des sens opposés.

Le 26 avril 1915, le gouvernement signa un accord provisoire avec la Triple Entente, espérant sans doute obliger ainsi l'Autriche à devenir plus accommodante. N'obtenant rien, il dénonçait le 3 mai le traité d'alliance avec les empires centraux.

L'Autriche et l'Allemagne organisèrent alors un grand complot. Se croyant sûr de la Chambre, qui comptait une majorité de quatre cents neutralistes sur cinq cents députés, M. Giolitti annonça le 10 mai que les négociations avec l'Autriche allaient reprendre.

Accueillie par un enthousiasme général à la Chambre, cette déclaration fut très mal reçue par le peuple dont la volonté, dans cette circonstance, se montra réellement décisive. M. Giolitti devint instantanément impopulaire. Le parlement fut envahi par une foule furieuse.

Après trois jours de démonstrations le roi se décida. « La guerre, écrit Ferrero, fut approuvée presque à l'unanimité par une Chambre et un Sénat dont la majorité n'en voulait rien savoir dix jours avant. » Les socialistes eux-mêmes n'osèrent pas intervenir.

Cette dernière période de pourparlers reste encore obscure au point de vue psychologique. Des éléments divers en furent les facteurs : antipathie ancienne contre les Allemands, accrue par leur sauvage férocité en Belgique, mobilité de l'âme italienne, action des meneurs qui, plus d'une fois, commencèrent par être des menés.

Mais de cette crise se dégage un trait précis, caractéristique de la conflagration européenne. Ce n'est plus, comme jadis, la volonté des souverains qui décide la guerre ou la paix, mais l'opinion publique. Pareille à un torrent déchaîné qu'aucune digue ne saurait arrêter elle oblige les chefs d'État à suivre ses fluctuations et à agir parfois contre leurs volontés.

L'Italie, la Roumanie et la Grèce sont des exemples de cette évolution. En Allemagne, enfin, nous avons vu l'empereur, après avoir saturé ses sujets de théories pangermanistes, et préparé une guerre qu'il croyait faire surgir à son gré, être entraîné à commencer les hostilités à un moment où probablement il ne le souhaitait pas. L'ère des foules est ouverte. L'histoire sera de plus en plus guidée, sans doute, par les volontés collectives.

CHAPITRE IV

LES BALKANIQUES ET LA QUESTION D'ORIENT

§ 1. — La mentalité des peuples balkaniques.

Certains peuples évoluent si lentement qu'ils semblent fixés et leur marche arrêtée. La civilisation glisse sur eux sans les changer. Tels, par exemple, les Chinois et les Balkaniques.

Ils n'évoluent pas parce que leurs caractères héréditaires sont stabilisés et dominés par certains sentiments, comme les croyances religieuses ou les haines de races, peu susceptibles de changements.

J'ai montré ailleurs le rôle des antagonismes de races au cours de la guerre actuelle, notamment chez les Balkaniques. On a vu que ces pays étaient composés de races que la religion, la langue, les aspirations, les haines surtout séparent profondément. En Transylvanie, vivent des Roumains, des Hongrois, des Tchèques, des Allemands, etc. En Bukovine, des Ruthènes, des Russes, des Polonais, des Roumains, etc. En Grèce, un conglomérat de toutes les races déversées sur elle depuis l'antiquité. En Bulgarie des mélanges analogues.

Ces divers peuples n'ont de commun que leurs inimitiés séculaires. Dès qu'une main de fer ne les contient plus, ils se massacrent sans pitié.

Grâce à cette main de fer et à l'emploi alterné du bâton et du pal, les Turcs avaient maintenu en paix tous les petits États balkaniques pendant plusieurs siècles. Mais sitôt qu'une alliance momentanée leur eût permis de se soustraire à la domination musulmane, ils se précipitèrent les uns sur les autres, le lendemain même de leur victoire. Les Serbes réunis aux Grecs battirent, les Bulgares, mais ces derniers prirent plus tard leur revanche en détruisant la Serbie. La haine des Turcs chez ces peuples était assez vive, mais celle qu'ils nourrissent les uns pour les autres étant plus vive encore[1], ils n'ont pas hésité à s'allier avec leur ennemi héréditaire.

Tous ces petits États ont toujours cherché à s'agrandir en pillant et massacrant leurs voisins. La Bulgarie convoite la Macédoine et une partie de la Serbie. La Serbie voulait s'annexer une portion de la Bulgarie et la Bosnie entière. La Roumanie aspire à posséder la Transylvanie et la Bessarabie. La Grèce rêve la domination de toute la Macédoine, des îles de l'Asie Mineure, de l'Albanie, etc, Il semble bien difficile d'établir la paix entre tous ces peuples.

La guerre actuelle, dont les dissensions balkaniques furent une des causes lointaines, a rompu les équi-

---

1. Ces incorrigibles populations n'ont jamais pu arriver à vivre sans se massacrer réciproquement avec toutes sortes de raffinements de cruauté. Lorsque je visitai jadis l'antique cité de Mostar, plusieurs indigènes m'expliquèrent les inconvénients que présentait une promenade dans la belle campagne qui entoure cette cité. Lorsqu'un groupe de musulmans rencontrait un chrétien isolé ce dernier était immédiatement saisi, écorché vif et sa peau soigneusement bourrée de paille pendue à un arbre. Inversement, quand un groupe de chrétiens rencontrait un musulman, ce dernier était ficelé entre deux planches et scié méthodiquement en tranches parallèles.

libres qui avaient fini par se former en Orient. Avant qu'il s'en établisse de nouveaux, l'Europe devra subir bien des bouleversements. Plus d'un diplomate regrette qu'on ne puisse laisser ces populations ingouvernables se massacrer réciproquement, puisque depuis les temps les plus reculés, même avant la domination turque, elles n'eurent jamais d'autre idéal et que toutes leurs ébauches de civilisation n'ont servi qu'à leur faciliter les moyens de s'entre-tuer. Étant donné le caractère des Balkaniques, l'asservissement turc était peut-être le régime politique le mieux adapté à leur mentalité. Mais puisqu'il ne peut évidemment être rétabli, on doit se borner à souhaiter qu'un de ces peuples acquière assez de puissance pour imposer sa tyrannie à tous les États de la Péninsule.

§ 2. — La question d'Orient.

L'éternelle question d'Orient, cauchemar des diplomates et qui a déjà déchaîné plusieurs guerres, fut une des raisons lointaines du conflit européen, suite des deux dernières collisions balkaniques.

Le fond du problème a toujours été le désir avoué ou caché de s'emparer de Constantinople, clef de la Méditerranée et du commerce en Orient.

Pendant la conflagration actuelle, la Russie ne dissimula pas ses ambitions et, en les formulant très prématurément, elle s'aliéna tous les peuples balkaniques, dont plusieurs avaient la même convoitise. Ce fut une de ces lourdes erreurs psychologiques dont la guerre fourmille.

Les Allemands évitèrent de proclamer leurs souhaits, mais ils les réalisèrent en occupant Constantinople et s'instituant ainsi maîtres des Dardanelles. C'était un immense atout dans leur jeu et une des rares circonstances où leur diplomatie se montra supérieure.

La possession de Constantinople est devenue pour l'Allemagne l'élément principal de cette *Mittel Europa* dont nous avons exposé le plan dans un autre chapitre. En y établissant leur suprématie, grâce à l'aveuglement des diplomates alliés, les Allemands fermaient aux Russes les communications avec l'Europe. La Russie n'a guère, en effet, comme route maritime se reliant au reste du monde, que la mer Noire et les Dardanelles. Elle exporte trois fois plus de marchandises par cette voie que par terre. L'obstruction définitive des détroits constituerait un des plus complets désastres de son histoire.

Elle ne serait pas moins funeste pour l'Allemagne qui cherche à établir son indépendance économique par la ligne Hambourg-Constantinople-Bagdad, seul moyen de suffire à son ravitaillement dans une future guerre et d'éviter un blocus analogue à celui dont elle a tant souffert pendant le conflit européen.

Si la possession de Constantinople par les Allemands est redoutable pour les Russes, elle serait aussi fâcheuse pour les Anglais, menacés directement en Égypte et, par conséquent, dans leur commerce avec l'Inde.

On conçoit donc que la mainmise sur Constantinople ait été pour les Allemands un des buts principaux de la guerre, et comme les Anglais et les Russes ne pourront se résigner à l'abandon de l'antique cité, on voit de quelles difficultés sera hérissé le problème de la paix et par quelles graves et durables répercussions se prolongera la guerre actuelle :

Voilà donc, écrit un journal neutre, la question bien nettement posée. Ou bien Constantinople sera russe, et cela signifierait l'hégémonie de l'empire moscovite dans les Balkans, l'encerclement économique des empires centraux, la fin de la Turquie et une grande victoire du slavisme sur l'Europe; ou elle sera sous le contrôle allemand, et c'est alors l'Angleterre menacée dans ses intérêts vitaux en Égypte et aux Indes et la Russie vassale de l'Allemagne, c'est-à-dire la fin de l'alliance franco-russe. Il reste bien toujours la solution de Constantinople et les détroits neutres sous le contrôle des puissances, mais est-elle possible?

§ 3. — La question musulmane.

Nous venons d'étudier les ambitions des divers peuples qui voudraient s'emparer de Constantinople, mais nous n'avons pas parlé des musulmans possesseurs actuels de la Turquie. Ils ne constituent pas cependant une quantité négligeable et leur mentalité reste un facteur important de la question d'Orient.

Les intrigues de quelques politiciens turcs ont mis, pendant la guerre, la Turquie sous la main de l'Allemagne. L'asservissement politique et économique s'affirme complet, mais la domination morale n'est même pas ébauchée.

Les Allemands le sentent bien et leur presse s'emploie à flatter servilement la vanité turque, comprenant que l'influence germanique ne pourrait s'établir chez un peuple aussi stabilisé par son hérédité qu'en évitant de heurter ses mœurs et ses coutumes religieuses.

Le monde musulman reste très cohérent, très fermé et, peut-on ajouter aussi, très ignoré. Son unité morale est complète, car elle a pour base un livre, le Coran, qui constitue à la fois un code religieux, politique et social. Il régit les fidèles depuis dix siècles et, à l'inverse de beaucoup d'autres livres religieux, le temps n'a pas usé sa force.

Tous les pouvoirs politiques musulmans, depuis l'empire des Arabes jusqu'à celui des Turcs modernes, se sont lentement désagrégés. Mais à mesure qu'ils perdaient des territoires ils conquéraient des âmes. Dans mon ouvrage : *la Civilisation des Arabes*, déjà ancien et dont pourtant les traductions font toujours autorité dans le monde mahométan et servent à l'enseignement dans la grande université musulmane d'El-Azhar au Caire, j'ai montré que, partout où les musulmans passaient, ils laissaient derrière eux leur religion, leurs arts et bien souvent leur langue. Ils sont deux cent cinquante millions aujourd'hui, dont soixante-cinq millions dans l'Inde et leur nombre s'accroît sans cesse, jusqu'au fond de la Chine même.

La simplicité de la religion musulmane et la foi de ses fidèles en font la force. Elle se borne à affirmer qu'il n'existe qu'un seul Dieu et que cette vérité a été enseignée par Mahomet.

Tous les musulmans se considèrent comme frères, parce qu'ils ont le même Dieu, la même loi, les mêmes amitiés et les mêmes haines. Le pèlerinage annuel de La Mecque réunit les croyants de tous les pays, de toutes les langues.

Si rigide que soit le droit mahométan, il évolue et c'est, pourrait-on dire européanisé. Les Ulémas, quoiqu'ils n'aiment pas « rouvrir la porte de l'effort », modifient la législation coranique sur les points nécessaires. En Égypte, la réforme a été complète.

La fusion religieuse entre les âmes réalisée par le Coran est très grande mais, dominée par des différences de races, elle ne pouvait suffire à créer une patrie. Bien que les musulmans aient conquis beaucoup de pays, ils ne réussirent jamais, sauf pendant une période assez courte, à fonder un véritable empire. Leur religion atteignit pourtant le résultat utile de rapprocher des peuples d'hérédités et de langues très diverses. Elle leur a donné un idéal commun, mais ne pouvait accomplir cette tâche impossible de fondre en un seul groupe des races différentes.

L'impuissance politique des musulmans n'a pas diminué leur puissance morale. Elle n'empêcha pas non plus leur religion de se répandre. C'est même la seule aujourd'hui chez laquelle s'observe ce phénomène d'extension. Et si nous considérons que les religions ont toujours constitué le plus important des facteurs capables d'agir sur la conduite, nous pouvons être certains que le rôle des musulmans dans l'histoire est loin d'être terminé.

CHAPITRE V

LES ÉTATS-UNIS ET LES NEUTRES

§ 1. — Le rôle des neutres dans la guerre européenne.

Le rôle des neutres durant le grand conflit européen resta effacé. Il aurait pu être prépondérant. Les nations non belligérantes tinrent, en effet, dans leurs mains la paix et la guerre, puisqu'elles seules possédaient les munitions, l'acier pour les Alliés, le coton pour les Allemands, nécessaires à la continuation de la lutte.

Leur influence dans les conflits de l'avenir soulève des questions importantes, que je n'examinerai pas maintenant. Du fait de la dépendance réciproque et croissante des peuples, la volonté des neutres détient peut-être le secret des futures orientations internationales. Je réserve leur étude à l'ouvrage où je compte approfondir quelques-uns des problèmes déterminés par la lutte actuelle. Si j'effleure maintenant cette question, c'est uniquement parce que l'histoire de l'Amérique pendant la guerre mit en lumière, à propos de la difficulté de fusionner des peuples différents, des principes psychologiques aux conséquences fort importantes.

Le premier résultat du conflit européen pour les neutres a été de les enrichir considérablement. En Suède, en Norvège, en Danemark, en Hollande, la guerre fit couler un large pactole. Cette fortune ne s'est pas cependant étendue aux classes populaires, très éprouvées au contraire par l'élévation du prix des vivres. Seuls, les industriels et les agences de transport ont réalisé d'immenses bénéfices. On peut dire que les neutres se sont enrichis de l'appauvrissement des belligérants. Ce sera peut-être la principale conséquence d'une guerre entreprise pour des buts bien différents.

L'Amérique, surtout, a trouvé dans les commandes des nations aux prises une source imprévue de prospérité. Ainsi s'expliquent ses efforts pour conserver une neutralité complète.

§ 2. — La neutralité américaine.

Il ne semble pas que dans l'avenir la neutralité des États-Unis puisse toujours durer. Les Américains en doutent eux-mêmes, puisqu'ils ont fini par voter des sommes énormes pour se constituer une armée et une flotte capables de tenir tête à des agressions qu'ils sentent inévitables.

La formation de cette puissance militaire modifiera forcément la politique intérieure et aussi la politique extérieure de la grande république. N'ayant pu échapper au militarisme, elle en subira nécessairement les conséquences.

Ce sont ses discussions avec l'Allemagne qui firent comprendre aux États-Unis la nécessité d'être prêts à se défendre. S'ils avaient possédé une armée et une flotte suffisantes, les notes échangées avec l'Allemagne, à propos des torpillages, auraient pesé d'un bien autre poids. La diplomatie qui ne peut s'appuyer sur la force est toujours médiocre. On le vit nettement par la faible influence qu'obtinrent en Allemagne, pendant les pourparlers engagés, les timides menaces du président Wilson.

Le développement du militarisme aux États-Unis engendrera bientôt le développement du panaméricanisme, car dès qu'un peuple possède une forte armée, il cherche fatalement à l'utiliser. L'absorption de l'Amérique du Sud par celle du Nord constituera probablement une des conséquences des futurs armements.

La transformation des États-Unis en puissance militaire apparaît inévitable. L'ancien président Roosevelt a écrit, dans un livre remarquable, que le triomphe des doctrines pacifistes exposerait infailliblement son pays à périr. Il y rappelle quel douloureux tribut de sang et de larmes coûtèrent à la France les doctrines pacifistes de ses dirigeants. Il montre clairement aussi, par l'exemple de la Belgique, à quelle destinée s'expose un peuple insuffisamment armé.

Ne nous lassons pas, écrit-il, de tenir les yeux fixés sur le cas de la Belgique! Celle-ci a fidèlement observé ses obligations internationales. Elle a rempli ses devoirs dans un esprit de loyale impartialité. Elle n'a négligé aucune occasion d'affirmer le maintien de sa neutralité et de l'imposer au respect des autres nations. La manière dont l'Allemagne s'est conduite envers elle a été une violation flagrante de la loi des nations et un crime monstrueux contre l'humanité. On chercherait vainement dans toute l'histoire un spectacle plus odieux que celui des représailles exercées par les Allemands contre la Belgique pour lui faire expier sa courageuse défense des droits nationaux et des obligations internationales. Aucun des autres crimes accomplis par l'Allemagne depuis le commencement de la guerre européenne n'a aussi profondément atteint et blessé notre conception de la loyauté internationale. Et aussi bien est-ce de ce premier acte d'impardonnable traîtrise que sont dérivées toutes les infamies allemandes ultérieures.

Tout récemment encore une feuille officieuse de Berlin, *la Gazette de l'Allemagne du Nord*, a reconnu avec une impudence effarante que l'Allemagne tirait de la Belgique absolument tout le profit qu'elle en pouvait tirer. « L'impôt que nous exigeons aujourd'hui de la Belgique représente la limite extrême de la capacité financière de ce pays, qui a eu déjà, naturellement, à nous dédommager de toutes les dépenses qu'il nous avait coûtées. »

Et c'est pour le maintien d'une oppression aussi monstrueuse que travaillent à présent nos lâches pacifistes, en s'efforçant de rendre impossible tout envoi d'armes et de munitions destinées aux Alliés.

L'armement indispensable de l'Amérique montre, une fois de plus encore, à quel point s'enchaînent les événements. Par l'envahissement de la Belgique, le massacre de ses habitants et la destruction de ses cités, l'Allemagne espérait intimider les neutres. Elle ne réussit qu'à leur dévoiler la nécessité de se militariser en prouvant aux plus obstinés pacifistes que le droit sans force ne constitue pas une défense. Nul peuple n'était plus pacifique que la Belgique. Des traités reconnus par les grandes puissances semblaient la rendre inviolable. Elle fut cependant écrasée, mais en l'écrasant le kaiser ne se doutait pas qu'il détruisait pour longtemps la confiance de l'univers dans l'Allemagne. Il arma le monde en lui révélant le danger redoutable des doctrines pacifistes.

§ 3. — Rôle des Allemands en Amérique
pendant la guerre.

Les Allemands sont aux États-Unis plus de dix millions dont les trois quarts nés sur le sol américain. Pendant la première année de la guerre, grâce à leur propagande par les journaux dont un tiers leur appartient, ils réussirent à persuader beaucoup d'Américains que la France et l'Angleterre s'étaient concertées avec la Belgique pour attaquer l'Allemagne.

Les sept cents professeurs allemands des universités américaines participèrent activement à cette campagne. Les cinémas, les théâtres, les sermons dans les églises concoururent au même but.

Malgré cette si coûteuse propagande, son chef, l'ancien ministre Dernburg, reconnaissait à son retour d'Amérique que les Allemands n'y avaient pas gagné beaucoup d'amis.

Ayant échoué dans leurs tentatives de persuasion, ils essayèrent l'intimidation et organisèrent méthodiquement incendies, grèves et explosions d'usines. Ces procédés, dérivés de leurs erreurs psychologiques sur le rôle de la terreur, eurent pour conséquences : 1° l'expulsion de plusieurs agents diplomatiques allemands; 2° une indignation générale; 3° la démonstration des dangers du germanisme; 4° une réaction nationale dont tous les effets sont loin d'être déroulés encore.

Ce fut non seulement la conduite des Germains en Amérique qui souleva contre eux l'inimitié générale, mais aussi leurs violences en Europe. Lorsque, après bien des mois, la lumière se fit sur les massacres de femmes, de vieillards et d'enfants, l'incendie de Louvain, le bombardement de la cathédrale de Reims, etc., la réprobation devint universelle. Elle s'accentua encore quand le torpillage du *Lusitania* atteignit directement les États-Unis en faisant périr des Américains. Ultra-pacifiste, le Président Wilson se borna à de timides protestations auxquelles le cabinet de Berlin répondait, avec une dédaigneuse lenteur, par des notes dilatoires. M. Wilson ne devint un peu plus énergique que sous la poussée d'indignation qui suivit les conspirations ourdies sur le sol même de l'Amérique, contre la liberté du travail et de l'industrie.

§ 4. — Les illusions américaines sur l'absorption des Allemands par les États-Unis.

Les Américains se sont fait longtemps de grandes illusions sur leur facilité d'absorber certains éléments étrangers. Ils méconnaissaient ainsi des lois psychologiques qui ne se laissent pas transgresser.

Sans l'action des croisements répétés, l'assimilation d'un peuple par un autre n'est qu'apparente et porte seulement sur des éléments très superficiels. On ne change pas de race en changeant de milieu. Si les vivants peuvent fondre leurs langues et leurs mœurs, l'âme des morts qu'ils portent en eux reste rebelle à de semblables fusions.

La conduite des Allemands en Amérique pendant la guerre, même de ceux qui l'habitaient depuis plusieurs générations, a justifié une fois encore ce principe fondamental. J'ai rappelé plus haut comment ils s'employèrent, par tous les moyens possibles, à servir leurs compatriotes européens, ne reculant même pas devant des explosions d'usines qui entraînaient la mort de nombreux ouvriers inoffensifs.

Les Américains, persuadés que les Allemands

vivant chez eux s'étaient américanisés furent fort surpris de leur erreur. On peut juger de cette déception par un message du Président Wilson, en décembre 1915, dont voici quelques extraits :

> Si graves qu'aient été certains différends dans nos relations politiques et si graves qu'ils puissent être encore, j'ai le regret de dire que les menaces les plus graves pour notre paix et notre sécurité nationales sont parties de l'intérieur du pays même. Ce sont des citoyens des États-Unis, je rougis de l'avouer, nés à l'étranger mais largement accueillis par nos lois libérales comme libres citoyens américains, qui ont répandu le poison de l'infidélité dans les artères de notre vie nationale et se sont efforcés d'exposer au mépris l'autorité et le bon renom de notre gouvernement, de détruire nos industries, pour autant qu'ils considéraient cela comme utile à leurs buts haineux, et d'abaisser notre politique en la mettant au service d'intrigues étrangères... « L'Amérique n'a jamais été témoin de faits pareils. Elle n'a jamais pensé qu'il fût possible que des gens ayant juré fidélité à leur propre pays, des gens qui, descendant des grandes nations libérales, ont produit les meilleurs éléments de ce petit peuple héroïque, lequel, dans les grands jours du passé, a consacré toute sa vie à se libérer des liens entravant les nations plus anciennes et qui a planté ici un nouveau drapeau, que des gens d'une telle origine et aussi libres puissent adopter une attitude aussi hostile à l'égard du gouvernement et du peuple auprès desquels ils ont été les bienvenus et qui les ont nourris, et aient cherché à transformer ce fier pays en foyer des passions européennes.
>
> Ces créatures de passion, d'infidélité et d'anarchie doivent être éloignées. Elles ont organisé des complots pour détruire la propriété; elles ont ourdi des conjurations contre la neutralité du gouvernement et ont cherché à connaître les résultats des délibérations secrètes du gouvernement afin de servir des intérêts étrangers. Contre de tels faits, on doit agir énergiquement.

Comme conclusion de ce paragraphe, je me permettrai de reproduire une page de la préface que j'écrivis récemment pour la 12ᵉ édition de mon livre, *Les lois psychologiques de l'Évolution des peuples*.

Sur les antagonismes de races, le temps n'agit qu'avec une extrême lenteur. Si parfois un peuple semble changer, des circonstances imprévues finissent par révéler que ces changements n'étaient qu'apparents et portaient uniquement sur les côtés accessoires de la personnalité. La guerre a confirmé cette loi. L'Amérique se croyait très sûre que les millions d'Allemands vivant dans son sein étaient assimilés et possédaient une âme américaine. Il n'en était rien. Dès que l'Allemagne fut menacée, l'âme germanique ancienne domina entièrement l'âme américaine apparente. Les nouveaux citoyens considérés comme assimilés n'hésitèrent pas à se dresser hostiles devant leur patrie d'adoption et à fomenter contre elle de redoutables complots. Les moins violents se bornèrent à une furieuse campagne, au moyen de journaux et de conférences en faveur de leur véritable patrie.

C'est qu'en effet ni les changements de milieu ni les conquêtes ne suffisent à modifier l'âme d'un peuple. Sa transformation n'est possible qu'au moyen de croisements répétés. Le sol, les institutions, la religion même ne changent pas l'âme d'une race.

CHAPITRE VI

L'ÉVOLUTION DU JAPON ET LA CONQUÊTE DE L'EXTRÊME-ORIENT

§ 1. — L'histoire récente du Japon.

Pendant que l'Europe se livrait aux massacres et aux dévastations qui devaient la ruiner pour plusieurs générations, le Japon entreprenait, silencieusement et sans frais, la conquête d'un empire de quatre cents millions d'hommes et commençait ainsi la réalisation d'une des plus prodigieuses aventures de l'histoire.

Les Japonais n'extériorisent pas facilement leur âme, il serait donc difficile de parler de leur évolution mentale pendant la guerre. Un bref coup d'œil sur la période que vient de traverser ce peuple, laisse cependant pressentir quel immense et légitime orgueil il peut éprouver.

Voici un demi-siècle à peine, le Japon n'avait pas dépassé notre période féodale du Moyen Age. L'armement de beaucoup de ses soldats se composait de sabres et de flèches.

Heureusement pour lui, il possédait des qualités précieuses, acquises par une longue hérédité, et utilisées quand l'adoption de la civilisation européenne devint nécessaire. Elles lui permirent de réaliser en quelques années des progrès ayant demandé à d'autres peuples des siècles.

Ces progrès furent immenses : écoles techniques, usines, fabriques, arsenaux, surgirent du sol chaque jour. Tous ces établissementsa étaient d'abord gérés par des Européens, mais en peu de temps les ingénieurs japonais devinrent assez instruits pour les diriger eux-mêmes et se libérer de toute tutelle étrangère.

L'Europe envisageait les efforts du Japon avec une bienveillance un peu dédaigneuse et n'avait qu'une confiance restreinte dans la puissance militaire de ces nouveaux venus sur le théâtre de la civilisation.

Ce fut donc pour elle une véritable stupeur d'apprendre brusquement que le Japon se jugeant traité avec trop de mépris par la Russie lui déclarait la guerre. Les critiques militaires les plus autorisés assurèrent que la punition de l'insignifiant petit peuple ne demanderait au grand empire que quelques jours.

On sait le saisissant démenti apporté par les événements à ces pronostics. Battus dans toutes les batailles terrestres sans exception, bien que possédant toujours l'avantage du nombre, les Russes se décidèrent à envoyer leur flotte au Japon. Après deux heures de combat, elle était entièrement anéantie par les bâtiments de l'amiral Togo. Le colossal empire du tsar en fut réduit à solliciter la paix de son minuscule voisin.

L'Europe, interdite en face de pareils succès, resta quelque temps sans comprendre. Elle n'y arriva qu'en méditant la profonde parole de l'amiral Togo. Félicité sur sa victoire de Tsoushima, il répondit :

« Ce sont mes ancêtres et non moi qui ont gagné la bataille ».

Il avait pleinement raison, le vaillant amiral. Les qualités acquises par les aïeux et fixées dans l'âme de leurs descendants valent pour un peuple toutes les richesses et tous les canons parce que, munis de ces qualités ils acquièrent la richesse et fabriquent des canons.

Telle fut la cause des rapides progrès du Japon. Il ne franchit pas brusquement plusieurs étapes de civilisation, comme on l'a bien à tort répété, mais appliqua simplement à l'assimilation d'une civilisation nouvelle, les qualités de patience, de ténacité, de discipline et de bravoure constituant le patrimoine ancestral de sa race.

De nos jours, le Japon est devenu une des plus grandes puissances du monde. Il possède toutes les aptitudes militaires et industrielles des Allemands et de plus des qualités chevaleresques dont ces derniers furent toujours dépourvus.

§ 2. — Le Japon pendant la guerre.

Voyons maintenant comment le Japon utilisa ses capacités industrielles pendant la guerre. A un certain moment, il fut presque l'unique fournisseur d'armes de la Russie dont le sort se trouva ainsi entre ses mains. Un enrichissement considérable en résulta pour lui. Ses compagnies de navigation purent distribuer des dividendes colossaux. L'une d'elles en arriva à un rendement de 500 %.

L'aide du Japon à la Russie ne fut pas, naturellement, donnée sans compensations.

On sait dans quel désordre était tombée la Chine à la suite de la conspiration qui renversa son antique dynastie. Le président de la République instituée essaya bientôt de se faire nommer empereur, mais il mourut mystérieusement [1].

Les circonstances étaient excellentes pour le Japon. Il sut en profiter. Des conventions entre ce pays et la Chine, acceptées d'ailleurs par l'Angleterre, établirent la prédominance du Japon en Extrême-Orient. Les anciens efforts de l'Angleterre pour limiter l'extension du Japon en Chine se trouvèrent par là entièrement annulés.

Le traité du Japon avec la Russie, borné en apparence à la concession aux Japonais de toute la Mandchourie méridionale au sud de Kharbine, leur livrait en réalité la Chine et mettait fin à la suprématie européenne en Extrême-Orient.

L'absorption de la Chine par le Japon ne revêtit pas l'aspect d'une brusque et rapide conquête, mais celui d'un protectorat. Ses bases sont définitivement posées.

On ne peut reprocher à la Russie, pas plus qu'à l'Angleterre, d'abandonner presque complètement la Chine à l'influence du Japon. Seule pendant longtemps, cette dernière puissance s'est trouvée en mesure de fournir les Russes en munitions. Sans une telle assistance qu'il fallait bien récompenser la situation de la Russie désarmée eût été fort critique.

---

1. Ce dictateur, du nom de Yuen-Chékaï, eut une très romanesque carrière. Il n'avait plus d'ennemis, les ayant tous fait périr. Pour effrayer ses compétiteurs, il avait rétabli le supplice de la mort lente ainsi décrit par M. Farjenel : « On commença par lui couper le nez, les oreilles, les extrémités des mains et des pieds ; on lui enleva les seins au couteau et toutes les parties protubérantes du corps ; on lui fit une incision sur le ventre, et on lui ôta une partie des intestins, ayant soin de ne pas le faire périr du coup ; puis on lui arracha les deux yeux ; enfin on lui ouvrit le front et on lui enleva la cervelle avec une cuillère ».

Le Japon manque un peu de charbon, puisqu'il n'en extrait annuellement que 21 millions de tonnes, mais la Chine convenablement exploitée lui en procurera et bien d'autres produits encore.

Une des grandes forces du Japon et qui empêchera aucun peuple de pouvoir lutter commercialement contre lui est sa capacité de travail et le bas prix de la main-d'œuvre. Un journal américain le marque dans les termes suivants :

Le Japon a récemment mis en vigueur une nouvelle loi réglementant le travail dans les fabriques. Cette loi, applicable à partir du 1er septembre, intéresse particulièrement les Etats-Unis depuis l'établissement de la nouvelle ligne maritime japonaise. La journée de quatorze heures demeure la journée type du travailleur japonais. Les journées des femmes et des enfants n'ont pas été réduites. Pour ses quatorze heures de travail, l'ouvrier japonais touche un tiers du salaire que reçoit l'ouvrier américain pour une journée de huit heures. Le Japon, d'autre part, transportant lui-même ses marchandises en Amérique à des taux très réduits, rend la concurrence impossible. (*Washington Post*, 2-9-16.)

Par ses capacités techniques, le Japon tend déjà à égaler l'Allemagne. Quand il aura entièrement civilisé la Chine avec ses 400 millions d'habitants, il pourra se considérer comme une des premières puissances du monde. Les États-Unis seuls seront à même de rivaliser avec lui.

L'absorption de la Chine par le Japon, a passé presque inaperçue en Europe pendant la guerre, mais les générations de l'avenir comprendront que cette pacifique conquête fut par ses conséquences un des plus grands événements de l'histoire.

Ses répercussions commenceront à se dévoiler seulement après la paix. Elles atteindront surtout les peuples vivant de trafics comme les Allemands.

Avant le conflit européen, l'Allemagne, arrivée à un grand excès de production, voyait déjà ses débouchés se restreindre. Les autres nations s'affranchissant économiquement d'elle et se protégeant par des barrières douanières, la Chine semblait le futur grand territoire d'exploitation. Lorsque, après la guerre, les Allemands voudront, pour compenser leurs pertes, chercher à s'ouvrir des marchés en Chine, ils y rencontreront non seulement des Anglais, des Américains et des Russes, mais surtout des Japonais qui, grâce à des conventions économiques établies au cours même de la conflagration, pourront parler en maîtres et obliger la Chine à fermer ses portes pour tel ou tel produit. Ce sont là des conséquences que les auteurs de cette guerre n'avaient pas prévues. La victoire même ne saurait leur rouvrir les débouchés perdus. Les Allemands auront bouleversé l'univers pour atteindre un résultat exactement contraire à celui qu'ils poursuivaient.

LIVRE V

LES RELATIONS FUTURES ENTRE LES PEUPLES
ÉVOLUTION DU DROIT INTERNATIONAL

CHAPITRE I

LES CONCEPTIONS LATINES ET GERMANIQUES DU DROIT ET DE LA FORCE

§ 1. — Le droit et la force.

L'opposition souvent établie entre le droit et la force tient à ce que le mot droit est un terme au contenu incertain, évoquant des idées différentes dans l'esprit, suivant la mentalité des êtres qui l'emploient. Les uns identifient le droit et la force, d'autres considèrent le droit comme une sorte d'entité supérieure à la force et dont les décrets s'imposent sans discussion.

Cette dernière conception conduit naturellement à opposer le droit à la force, c'est-à-dire une grandeur morale à une grandeur matérielle. On arrive alors à formuler des propositions comme celle que j'extrais d'une conférence donnée devant le roi de Norvège par l'explorateur Nansen :

> Supposons un immense État nègre en possession des armements les plus modernes. Aurait-il le droit d'écraser un petit peuple européen infiniment supérieur par la culture? Non. Le nombre peut donner la puissance, mais ne crée pas le droit.

L'éminent navigateur eût certainement jugé d'après sa théorie, que les Nègres d'Abyssinie n'avaient pas le droit de faire subir de désagréables amputations aux Italiens capturés après la défaite d'Adoua, que les Assyriens n'avaient pas le droit d'écorcher vifs les vaincus, les Barbares le droit de saccager Rome, les Peaux-Rouges celui de scalper les crânes des blancs. Les individus qu'on allait amputer, écorcher vifs ou scalper n'auraient probablement éprouvé qu'une médiocre consolation en apprenant qu'ils avaient le droit pour eux. Il eussent assurément préféré posséder la force nécessaire pour se défendre et constaté que le droit sans force est en réalité une maigre chose.

Les Anciens ignoraient ces distinctions subtiles entre le droit et la force. Les Romains n'eussent guère compris qu'on leur demandât s'ils avaient le droit d'achever les blessés ou de faire dévorer vivants leurs prisonniers par les bêtes fauves dans un cirque, pour amuser les spectateurs. Droit et pouvoir étaient, à leurs yeux, synonymes, comme ils le sont pour les Allemands modernes.

Dans la préface de son remarquable livre, *la France devant l'Allemagne*, M. Clemenceau a discuté, dans les termes suivants, la valeur d'un aphorisme que j'avais autrefois formulé, sur l'origine du droit :

> Le droit a pris rang dans le cortège de nos divinités inacces-

sibles. Quand Gustave Le Bon a dit que le droit n'est qu'une force qui dure, il a cruellement disséqué l'un de nos derniers dieux. Sacrilège d'analyser sa divinité?... Le sang généreux d'innombrables martyrs a fait naître une moisson de droit universel extérieur aux croyances, c'est-à-dire une égalité de conceptions humanitaires dans la naturelle inégalité des individus. Ce droit de la créature à venir n'est-ce pas le Dieu de l'Evangile moderne que Gustave Le Bon ne fait que ramener à la source même de toutes les divinités de la terre en l'identifiant avec la force permanente des choses, d'où découle toute subordination des êtres?...

Le droit est le dernier venu de ces dieux invisibles, celui dont la règle d'universelle équité ne s'arrête à aucune distinction d'idéologie dans les groupements de l'espèce humaine[1].

Nous verrons bientôt que si le droit sans force constitue un vain mot, il devient quelquefois générateur de force et peut alors lui être opposé. Mais si la force sans droit a trop souvent été la loi du monde, l'histoire prouve surabondamment que le droit dénué de force ne peut ni s'imposer ni durer. Prétendre séparer le droit de la force qui le soutient c'est vouloir isoler deux éléments n'ayant de valeur qu'à la condition d'être associés.

§ 2. — Le droit social et le droit international.

Lorsqu'on parle de droit, il faut bien distinguer le droit à l'intérieur d'une société du droit à l'extérieur de cette société. Dans toutes les agglomérations humaines quelle que soit leur organisation, le droit prime la force. Dans les rapports entre sociétés différentes, c'est au contraire la force qui prime le droit.

Les causes de cette différence sont évidentes. Une société ne peut subsister, en effet, qu'avec le respect des droits établis pour la faire durer. Le droit n'y

---

1. *La France devant l'Allemagne*, pages 1 et 11.

domine d'ailleurs la force que parce qu'il est lui-même une force redoutable constituée par des sanctions très supérieures à toutes les forces individuelles.

Les règles du droit que se sont imposées les sociétés pour vivre ne résultent pas de l'arbitraire des hommes, mais de la nécessité. Ce fut seulement en effet quand les peuples se trouvèrent stabilisés par la coutume et les codes qui la fixent, que la cohésion sociale remplaça l'anarchie et que les nations purent prospérer.

Avec la formation d'une force sociale créant des obligations sanctionnées par les codes s'évanouirent progressivement les abus de la force individuelle. Beaucoup de révolutions, la Révolution française notamment, eurent surtout pour but de faire disparaître les privilèges permettant à certaines personnes de soustraire leurs forces individuelles au joug de la force sociale.

Les codes sociaux ont comme appui nécessaire le gendarme. Pour les codes internationaux il n'existe pas de gendarmes et c'est pourquoi leurs prescriptions, bien que très respectables, sont rarement respectées.

§ 3. — Les conceptions latines du droit.

Les peuples latins font partie des nations dont je parlais plus haut, chez lesquelles le droit représente une entité mystique supérieure à la force.

Cette illusion n'est pas rationnellement défendable, mais on ne doit pas méconnaître sa puissance. Les formules mystiques ayant toujours été les guides des hommes, il faut tenir compte non de leur valeur mais de leurs effets.

Quand nous assurons, par exemple, lutter pour le triomphe du droit sur la force, nous employons une formule douée d'une action stimulante incontestable, indépendante de son faible contenu rationnel.

Par suite de sa répétition fréquente, la théorie latine du droit est devenue une de ces certitudes mystiques qui, dans l'esprit de la plupart des hommes, tiennent lieu de vérités et agissent comme telles. Notre idéal latin du droit primant la force possède aujourd'hui une puissance assez grande pour être devenu générateur de force matérielle. On peut alors opposer justement le droit à la force et les considérer comme des grandeurs productrices d'effets du même ordre.

Les civilisations ne progressent que grâce aux suggestions entraînantes de ces formules mystiques, d'autant plus puissantes que, restant assez vagues, chacun y peut enfermer son propre idéal. Les mots ont leur force agissante, écrivait justement un grand journal italien à propos de mouvements qui conduisirent l'Italie à la guerre.

Pour le mot « Honneur » la Belgique a sauvé l'Europe; pour le mot « Revanche » la France entière s'est levée; pour le mot « Grandeur » l'Italie s'est jetée en première ligne. Le mot « Fraternité » prononcé par la France et l'Italie prépare la victoire et la force de demain. L'utilité économique, les nécessités militaires et politiques n'ont de valeur durable qu'appuyées sur ces mots... Un mot, c'est un idéal et c'est l'idéal qui dirige l'action. L'importance des mots est souvent supérieure à celle des faits. Qu'est-ce, par exemple, que le pangermanisme? — Une orgie de mots qui a grisé l'Allemagne, mais c'est cette griserie qui a fait sa grandeur et sa force. (*Secolo*, 12-2-16.)

Et ici on retombe encore sur cette notion fondamentale, si souvent défendue dans mes livres, que ce n'est pas le rationnel qui conduit le monde. Le rationnel guide la science, mais les forces d'origines affectives, mystiques ou collectives mènent les hommes.

Tout en constatant que le droit est générateur de force, il ne faut pas oublier, comme l'avaient fait les pacifistes, que le droit sans force est une chimère. Des barbares ayant seulement la force pour eux ont détruit la civilisation romaine. Bien des peuples possédant le bon droit disparurent de l'histoire parce que ce bon droit n'était pas étayé sur une force suffisante. Les Polonais en firent jadis l'expérience.

La force matérielle grandit quand elle est unie au droit, mais le droit sans force est, je le répète, un vain mot. Les débuts de la guerre européenne l'ont suffisamment démontré.

Le droit a ses époques, disait Pascal. L'histoire n'est souvent, en effet, qu'un conflit entre les idées que chaque peuple se fait de son droit.

Donc quand nous affirmons combattre pour le droit et la justice, nous voulons simplement dire que nous luttons pour conserver notre idéal de droit et de justice, de respect des traités, de loyauté internationale, de liberté, fixé dans nos âmes par des siècles de civilisation. Nous luttons pour qu'une nation, que rendait chaque jour plus arrogante sa puissance militaire, renonce à sa vaniteuse prétention de soumettre le monde à son insupportable loi. En agissant ainsi, nous ne faisons qu'opposer au droit qu'elle a conçu notre propre conception du droit, telle que l'ont forgée nos aïeux.

§ 4. — Les conceptions germaniques du droit.

J'ai suffisamment exposé, dans mon dernier ouvrage[1], les principes du droit formulés par les écrivains allemands les plus illustres pour juger utile d'y revenir longuement. Leur théorie est simplement la loi du plus fort, qui régit le règne animal. Ce droit primitif, antérieur à l'apparition de l'homme, constitue ce que j'appellerai le droit biologique.

Les conceptions germaniques du droit sont parfaitement résumées dans l'assertion d'un certain professeur Rein, reproduite par tous les journaux : que les Germains, race supérieure, se doivent entre eux loyauté et humanité, « mais n'en doivent pas aux races inférieures, notamment aux races romanes, qu'il est urgent d'expulser de l'Europe ».

Les auteurs allemands ont répété cent fois que les êtres inégaux en force ne sauraient devenir égaux en droits. Le droit des gens constitue pour eux une fiction. Les peuples faibles doivent obéir aux peuples forts et le seul peuple actuellement fort serait le peuple allemand.

J'ai rappelé avec quel cynisme les plus illustres historiens germaniques n'avaient cessé de prêcher la conquête des pays voisins simplement pour s'emparer de leurs territoires et de leurs richesses. Bernhardi, dont mon dernier livre reproduit plusieurs passages, conseillait à l'Allemagne de s'emparer, par force, de plusieurs États indépendants. Il expliquait que les peuples doivent s'agrandir aux dépens de leurs voisins quand ils y trouvent intérêt et qu'une

---

1. *Enseignements psychologiques de la guerre*, pages 35, 50, 117, etc.

nation ne peut être liée par des traités qu'autant que ces traités lui sont avantageux.

Pendant la guerre, l'utilité a constitué la seule règle de droit en Allemagne. Plusieurs professeurs de droit, Kolbe et von Blume, notamment, écrivirent de longs articles pour développer cette thèse. Ils l'appliquèrent à la violation de la Belgique qui, suivant eux, n'avait pas le droit d'interdire la traversée de son territoire à un voisin auquel ce passage était nécessaire.

Pareille théorie a été adoptée par plusieurs juristes des pays neutres, bien qu'elle fût fort menaçante pour eux. M. Kiellen, professeur de sciences politiques à l'Université de Stockholm, la défend de la façon suivante dans un article publié sous ce titre : *le Champion du droit* :

C'est une loi élémentaire : quand un intérêt a atteint son développement complet, il change de nom aux yeux de l'intéressé et devient un droit. Nous pouvons donc, en nous basant sur les faits qui se sont produits au cours de la guerre mondiale, poser comme dogme cette vérité. Quand une puissance a grand avantage à violer le droit, elle en a le droit... Quand un État est assez puissant pour défendre son intérêt par une infraction au droit, il en a le droit.

Les théories du droit appliquées par les Allemands pendant la guerre auront forcément une influence considérable sur les mœurs européennes. Tout ce qui était justice et douceur subira un sensible recul. La vision du monde changera. On ne se demandera plus si une chose est permise, mais simplement si elle est profitable.

Toutes les barrières inhibitives élevées par la sagesse des siècles entre la convoitise et l'acte étant ainsi abattues, les peuples se retrouvent vis-à-vis les uns des autres à l'état des hordes primitives.

La guerre européenne a montré ce que deviennent alors les luttes. Certains actes de l'envahisseur nous ont ramenés aux époques les plus lointaines de l'histoire. Tels, par exemple, les massacres de Belgique et du nord de la France, la déportation en masse, renouvelée de l'esclavage antique, de civils y compris femmes et enfants, destinés aux plus rudes travaux en pays ennemi. Telle aussi la destruction, avec tous les raffinements possibles de tortures, d'un million d'Arméniens.

On commence à s'y habituer. Alors que les massacres beaucoup moins importants, commis par les Bulgares dans les guerres balkaniques, avaient produit des explosions d'indignation, les hécatombes actuelles, celles de l'Arménie notamment, laissèrent les neutres assez indifférents. Un grand journal écrivait, à propos de ces derniers massacres :

Aujourd'hui les exodes en masse, les tortures, les pendaisons, les tueries sauvages ont coûté la vie à plus d'un million de ces malheureux, dont les cadavres couvrent toutes les routes d'Arménie. L'imagination ne saurait créer de vision plus atroce que celle de cette extermination voulue, œuvre des Jeunes-Turcs et de ceux qui les protègent. Et pas un gouvernement n'impose aux auteurs de ces abominations de cesser leur sinistre carnage !

Le monde, qui attendait du XXᵉ siècle le triomphe de la Justice et le respect des conventions internationales, assiste à un spectacle de sauvagerie qui n'a pas été dépassée dans les périodes de la plus sombre barbarie.

On remarquera cependant, en ne se plaçant même qu'au point de vue utilitaire et laissant de côté les sentiments d'humanité si méprisés des Allemands, que les massacres et les destructions sont souvent plus nuisibles qu'avantageux pour leurs auteurs. C'est justement parce qu'ils ne l'ont pas compris, que les Germains échouèrent si complètement dans leurs colonies, après les avoir cependant inondées de sang. Les massacres et les incendies dans la faible Belgique n'eurent, on le sait, d'autre résultat que de faire surgir des millions de volontaires du sol anglais et d'ancrer au cœur du pays conquis une haine qui se perpétuera à travers les générations. De toute évidence l'humanité eût été beaucoup plus profitable que la férocité.

Les Anglais l'ont compris depuis longtemps. Sir Walter Raleigh fait justement remarquer les différences séparant les conceptions anglaises des méthodes allemandes :

Les Allemands, écrit-il, n'ont pas encore montré de signe d'adresse dans l'art de gouverner d'autres peuples. La force est le droit, et il est très concevable qu'ils acquièrent des colonies par la violence. S'ils veulent les garder, ils auront à fermer les livres de leurs propres professeurs et à étudier l'histoire intérieure de l'Empire britannique. Le parti colonial allemand nous dévisage avec une malveillance bovine.

Dans toute la bibliothèque des théories allemandes on chercherait en vain une explication du fait que les Boers sont dans l'ensemble restés fidèles à l'Empire britannique. Si les penseurs politiques allemands pouvaient comprendre cette situation politique, qui semble si simple à des esprits anglais, on pourrait encore ne pas désespérer d'eux. Mais ils regardent cela comme une opération de magie noire et ils refusent d'en chercher la raison. Comment sans aiguillon conduire un troupeau de bétail ?

Il est certain, en effet, que le vainqueur qui ne sait pas ménager le vaincu s'expose, à moins d'extermination totale, opération difficile à pratiquer sur des millions d'hommes, à des luttes perpétuelles. Si l'Angleterre, au lieu de rendre finalement leurs libertés politiques aux Boers révoltés, s'était conduite comme les Allemands en Belgique, elle n'aurait point eu pour alliés ses anciens adversaires.

C'est uniquement parce qu'ils avaient su respecter les droits des peuples faibles que les Anglais ont vu arriver à leur secours des contingents de toutes leurs colonies : l'Inde, le Canada et l'Australie, notamment.

On peut croire qu'instruits par l'expérience, les Allemands commencent à comprendre quels inconvénients présente leur conception du droit, puisqu'ils consacrent un grand nombre de publications à tâcher de justifier leurs procédés en Belgique, au début de la campagne. Voyant l'opinion se dresser contre eux, ils ont constaté, non sans étonnement, que des principes, illusoires au point de vue de la pure raison, pouvaient posséder une valeur pratique très grande. Dans le domaine du mystique et de l'affectif les choses irréelles deviennent facilement génératrices de phénomènes très réels. Aucune notion claire du droit n'est possible à qui néglige cette fondamentale observation.

CHAPITRE II

L'ABSENCE DE MORALITÉ DANS LES RELATIONS INTERNATIONALES

§ 1. — L'anarchie morale internationale.

Bien que très négligée par les historiens, l'étude des relations morales entre peuples présente un intérêt considérable. Elle révèle quelques-uns des vrais fondements de la morale, ignorés ou méconnus par les métaphysiciens et prouve la faible valeur des discussions à ce sujet depuis Aristote. Elle montre également sur quelles illusions reposait l'espoir de fonder une morale dépourvue de sanction.

La morale sans le soutien des sanctions est précisément celle que pratiquent les peuples entre eux. Il est donc instructif d'en rechercher les résultats.

A l'exception des relations commerciales, qui ne sauraient durer sans le respect réciproque des engagements, on peut constater qu'il n'exista jamais dans les rapports entre nations la moindre lueur de moralité. Le droit du plus fort constitua toujours le seul droit.

Cette loi de la force brutale domine autant l'histoire du monde moderne que celle du monde antique.

Jamais, dans le cours des siècles, un peuple fort n'hésita, quand il le pouvait sans danger, à envahir un peuple faible pour s'emparer de son territoire et de ses richesses. C'est par de telles conquêtes que se constitua la grandeur de Rome. Le Moyen Age et la Renaissance ne suivirent pas d'autres principes. Machiavel considérait que l'État étant amoral ne devait avoir qu'un but, le succès.

De nos jours, l'idée de conquête est généralement peu invoquée. Les livres écrits sur le droit des gens par des théoriciens de bonne volonté certaine mais de perspicacité restreinte ont engendré une sorte d'hypocrisie générale, exigeant pour justifier les conquêtes l'énoncé de nouveaux principes. On invoque la théorie des nationalités ou la nécessité de faire jouir le pays convoité des bienfaits d'une civilisation supérieure. Lorsqu'il apparaît trop visiblement que seul le droit du plus fort a été exercé, on affirme hautement que la force s'est mise au service du droit.

Cette phraséologie n'a jamais trompé personne, chacun sachant ce qu'il en faut penser. Elle n'eut guère d'autres résultats que de contribuer à créer entre peuples une méfiance si grande qu'ils dépensaient le tiers de leurs revenus en armements préventifs contre les convoitises de leurs voisins. La guerre imposée par l'Allemagne a prouvé que ces dépenses étaient insuffisantes encore.

Guerres et armements n'empêchèrent jamais, du reste, les diplomates de discourir sur le droit avec une candeur surprenante chez des hommes de leur profession. On en peut juger d'après les lignes suivantes extraites du livre *l'État moderne*, écrit il y a quelques années par un ancien ambassadeur des États-Unis en Allemagne.

Le temps n'est plus où, chez les nations européennes, une guerre de rapine était considérée comme une entreprise à laquelle les pouvoirs publics pouvaient légitimement s'employer. Il ne se trouverait probablement pas d'homme d'État responsable, dans un pays civilisé, pour proposer une guerre de conquête et d'asservissement ayant pour but le vol de richesses et de territoires. Il n'y a pas une nation civilisée qui voudrait songer sérieusement à une telle politique.

Tous les faits de l'histoire moderne, y compris la guerre européenne, apportent un absolu démenti à ces étranges assertions. Les tentatives d'envahissement et de pillage à main armée n'ont jamais cessé non seulement à l'égard des nègres, quand on eut besoin de leurs territoires, mais à l'égard de peuples très civilisés.

Dans les relations internationales, la conduite d'un pays vis-à-vis d'un autre dépend de la force de ce dernier ou du moins de l'idée qu'on s'en fait. Seuls les peuples forts sont certains d'être respectés.

Envers des races dont la faiblesse est évidente, Nègres et Peaux-Rouges par exemple, la race supérieure ne se croit tenue à aucun ménagement. Pendant des siècles et jusqu'à l'abolition de l'esclavage en Amérique, les nègres n'étaient pas mieux traités que les bêtes de somme. Leurs territoires se trouvaient périodiquement envahis, les hommes les plus vigoureux enlevés et vendus à des planteurs qui les faisaient travailler à coups de fouet.

Si le peuple inférieur ne pouvait pas être utilisé comme esclave, on le détruisait méthodiquement ainsi qu'un gibier malfaisant, après s'être emparé de son pays. Tel fut le sort des Peaux-Rouges, qui ont disparu à peu près complètement des États-Unis. Les rares survivants, conservés comme échantillons de la race, furent parqués pendant longtemps dans des enclos d'où ils ne pouvaient sortir sous peine d'être immédiatement abattus à coups de fusil.

J'ai reproduit dans mon dernier livre les passages des historiens et des philosophes allemands les plus illustres montrant avec quelle naïveté et sans chercher d'autre justification que leur supériorité prétendue, ils poussaient l'Allemagne depuis de nombreuses années à envahir leurs voisins pour s'emparer de leurs biens.

La théorie de la conquête, en vertu du droit du plus fort, a été exposée dans vingt ouvrages différents et notamment dans le livre du professeur Tannenberg, publié en 1911 (*La plus grande Allemagne*). C'est simplement celle du chasseur à l'égard du gibier. M. Hanotaux l'a bien résumée dans les lignes suivantes, indiquant ce que l'Allemagne croyait pouvoir obtenir par l'envahissement de ses voisins :

Peu de risques, une courte campagne; et, après, la vie grasse pour les pères, les enfants et les petits-enfants, la richesse en terres, la richesse en capitaux, la prospérité de l'industrie, la possession des débouchés. Eblouissante certitude. Apocalypse de la ripaille!

Je crois donc pouvoir répéter ce que j'écrivais, il y a quinze ans, dans un autre ouvrage :

Les relations entre peuples restent aujourd'hui ce qu'elles furent depuis l'origine du monde, aussitôt que des intérêts différents sont en présence ou simplement lorsqu'un pays éprouve le désir de s'agrandir. Le droit et la justice n'ont jamais joué aucun rôle dans les relations entre nations de force inégale. Vainqueur ou vaincu, gibier ou chasseur, telle a toujours été la loi. Ce sont là des vérités essentielles fort dangereuses à cacher. On eût rendu grand service aux Espagnols, avant la conquête de Cuba par les Etats-Unis, en leur inculquant solidement cette notion, qu'aussitôt qu'ils seraient suffisamment affaiblis par leurs discussions intestines, des voisins puissants profiteraient du premier prétexte venu pour s'emparer de leur grande colonie. Peut-être alors eussent-ils compris l'utilité de renverser moins de ministères, de prononcer moins de discours et d'organiser leur défense de façon à ôter aux étrangers l'idée de les attaquer[1].

Les peuples possesseurs de nombreux canons ont seuls le droit de compter sur l'honnêteté de leurs voisins. Ceux qui en sont dépourvus ou mal pourvus n'ont aucun droit.

Inutile, j'imagine, de s'appesantir sur des vérités aussi évidentes. Les Allemands nous ont appris à renoncer aux théories humanitaires pour en revenir à l'ancien droit de la force qui possède au moins le mérite de la franchise.

Leurs écrivains, je le rappelais à l'instant, n'ont jamais manqué une occasion de proclamer hautement ce droit. Dans un congrès tenu à Carlsruhe par une importante association allemande en 1910, les orateurs assuraient déjà que l'Empire allemand devenant trop restreint pour la densité de sa population, devait s'emparer par la force de quelques pays voisins : la Hollande, la Belgique et le Danemark notamment. Vers la même époque, les journaux d'outre-Rhin discutaient gravement la question de savoir s'il vaudrait mieux envahir le Congo belge et massacrer ses défenseurs, que de l'acheter à prix d'argent. L'hésitation entre ces deux solutions ne tenait pas à une préoccupation morale quelconque qui eût fait sourire un Germain, mais simplement à l'incertitude où l'on était de savoir si l'Angleterre

---

1. Gustave Le Bon, *Psychologie du Socialisme*, 7ᵉ édition, p. 390.

ne prendrait pas les intérêts belges sous sa protection.

Les diplomates, qui font preuve de tant de scrupules dans leurs écrits, les abandonnent entièrement dans leur conduite et s'inclinent toujours bien bas devant l'autorité du plus fort. Au cours de la seconde guerre balkanique, dès que les Bulgares furent victorieux, les représentants des grandes puissances renoncèrent à réclamer pour la Turquie le *statu quo* si fièrement proclamé avant les hostilités.

Un peuple qui veut assurer son existence ne doit donc jamais oublier qu'en matière de droit international, le seul droit réel est celui du plus fort. Le cynisme et la mauvaise foi dominent les relations respectives des peuples. Nulle promesse ne compte. Les traités les plus formels sont violés sans honte quand on peut le faire impunément. L'Autriche n'a pas hésité à violer le traité de Berlin en s'annexant la Bosnie dès qu'elle crut pouvoir réaliser cette conquête sans danger grâce à l'appui de l'Allemagne. L'Empire germanique n'hésita pas davantage à violer la neutralité de la Belgique, qu'il s'était engagé à respecter.

Quand les États forts se supposent à l'abri des risques de guerre, ils se dispensent de toute formalité envers les plus faibles. On le vit clairement au fameux congrès de Berlin en 1878. N'ayant rien à redouter, les grandes puissances ne cherchèrent qu'à obtenir des territoires pour elles ou leurs clients. Aucune lueur de justice ne présida aux opérations. La Roumanie en fit la dure expérience et comprit les dangers de l'association du pot de fer avec le pot de terre. Alliée de la Russie, à laquelle ses armées avaient évité une défaite durant la guerre contre les Turcs, elle vit cependant cette grande voisine lui prendre sans nulle gêne la Bessarabie, ne concédant en échange que de vagues marais. L'Autriche étant forte et par conséquent redoutée, obtint, contrairement au prétendu principe des nationalités, le protectorat de la Bosnie et de l'Herzégovine, peuplées pourtant de Serbes qui demandaient à faire partie de la Serbie.

Les seules associations que les peuples puissent former entre eux avec chance de les voir respecter, sont des associations d'intérêts. Elles n'ont naturellement d'autre durée que celle des intérêts engagés. Entre nations de forces inégales, les alliances représentent des contrats unilatéraux et non synallagmatiques.

La première guerre des Balkans montra une fois de plus encore ce que deviennent les alliances quand cessent les intérêts qui les ont dictées. La lutte terminée, Serbes, Grecs et Bulgares s'empressèrent de déchirer leurs traités et l'Europe ne parvint pas à les empêcher de s'entr'égorger.

Les principes régissant les relations entre peuples peuvent s'autoriser d'une extrême ancienneté. Ils furent formulés voici vingt-quatre siècles par Thucydide en des termes tellement applicables à l'âge moderne qu'on ne trouverait rien à y changer.

Vous mettez en avant des principes de justice qui jamais n'ont détourné personne de s'agrandir par la force quand l'occasion s'en est présentée... Il est dans la nature de l'homme d'opprimer toujours qui lui cède et de se tenir sur la réserve avec qui lui résiste.

§ 2. — Raisons psychologiques de l'absence de moralité dans les relations internationales.

La moralité entre nations n'a donc fait, on le voit, aucun progrès depuis les temps les plus reculés de l'histoire, tandis qu'au sein de chaque peuple la morale sociale s'est au contraire notablement améliorée.

Mais pourquoi des gouvernants et des diplomates, justement considérés comme très honnêtes en leur propre pays, font-ils preuve d'un manque si total de moralité dans les relations avec d'autres peuples? Un fait aussi constant a nécessairement une cause.

Cette immoralité continue, ce mépris permanent du droit et des engagements tient uniquement à ce qu'une morale dépourvue de sanction ne saurait exister. Or, jusqu'ici, on n'a découvert, en dehors d'un Dieu incertain et dont chaque conquérant interprète à sa guise la volonté, aucune puissance assez forte pour faire respecter des lois morales internationales. Les relations des peuples entre eux restent alors nécessairement régies par la loi du plus fort.

Il en sera sans doute ainsi longtemps encore mais peut-être pas toujours. Nous le verrons bientôt en recherchant si, sous l'influence de nécessités nouvelles auxquelles l'humanitarisme, l'altruisme, l'honnêteté et toutes les vertus sont complètement étrangères, il ne se formera pas entre peuples certaines lois morales respectées simplement parce qu'on aura un intérêt évident à ne pas les violer.

CHAPITRE III

IMPUISSANCE DES TENTATIVES DE DROIT INTERNATIONAL

———

§1. — Les origines du droit international et les conventions de La Haye.

Dans les sociétés animales règne exclusivement le droit du plus fort. Il n'est tempéré que par divers sentiments : amour de la famille, solidarité des membres de la communauté, etc.

Dans les sociétés humaines primitives le droit n'eut d'abord pas d'autres bases ; mais dès qu'elles se développèrent un peu, les volontés individuelles durent se plier aux intérêts de la communauté. Chacun se vit obligé d'obéir à certaines règles lui traçant son droit et protégeant celui des autres.

Toutes les civilisations antiques possédèrent un réseau de conventions et de traditions respectées au sein de la cité, mais qui ne s'appliquaient jamais aux sociétés étrangères. On pouvait s'allier à ces dernières ou les combattre, mais aucun droit ne leur était reconnu. Le *Jus gentium* des Romains ne représentait, en réalité, que le chapitre des lois susceptibles d'être appliquées aux étrangers à l'intérieur de l'empire. Un droit international impliquant égalité et réciprocité n'aurait pu être conçu par Rome qu à l'époque de sa puissance, n'admit jamais d'égaux.

Les coutumes d'humanité du temps de la chevalerie, entraînant la protection des faibles, le respect des femmes et des enfants ne constituèrent pas davantage un droit international. Elles étaient la manifestation de certains sentiments, mais nullement l'application d'un droit.

Il faut arriver au xvii° siècle pour voir un juriste, Grotius, formuler certaines règles de droit international qui restèrent toujours, d'ailleurs, sans effet.

Ce fut seulement à des époques tout à fait modernes, congrès de Paris en 1856, convention de Genève en 1864, convention de La Haye un peu plus tard, que s'établirent des règles, supposées obligatoires, destinées à introduire un peu d'humanité dans les rapports entre belligérants. Des délégués de tous les gouvernements, réunis à La Haye, promulguèrent d'un commun accord un certain nombre de principes internationaux considérés alors comme définitivement acquis : respect des non-combattants et des propriétés privées, défense d'employer certaines armes, etc.

§ 2. — L'abandon des règles du droit international.

La guerre a expérimentalement prouvé la complète inutilité — facile à prévoir d'ailleurs — de toutes ces règles du droit international.

Même avant le conflit, les écrivains militaires allemands avaient prédit leur inefficacité. Dans son livre *la Nation armée*, von der Goltz déclarait : « A la guerre, la loi du besoin abolit toutes les notions du droit inhérentes au temps de paix ».

Pour l'immense majorité des auteurs allemands, les droits et les conventions correspondent à un état social déterminé et disparaissent quand change cet état. En temps de guerre, il faut faire le plus de mal possible à l'ennemi par tous les moyens dont on dispose. On sait à quel point ce précepte fut observé par les hordes germaniques.

Beaucoup d'écrivains allemands reconnurent qu'au cours des hostilités aucune règle de droit n'avait été respectée. Voici comment s'exprimait l'un d'eux :

La foi dans la parole donnée et dans les traités écrits est fortement ébranlée, car elle fut violée de tous les côtés. « Surtout il ne faut plus faire de traités », est une parole que l'on entend souvent répéter... La guerre a rompu tous les traités entre les belligérants. Ceux qui ont été conclus avec les neutres peuvent même difficilement subsister, du moment qu'on invoque contre ces neutres les nécessités de la guerre; l'arbitraire des belligérants ne rencontrera plus d'obstacles, à moins que ces neutres ne soient assez résolus et puissants pour s'opposer à la violation des traités, violation que les nécessités de la guerre ont imposée. (*Berliner Tageblatt*, 1er janvier 1916.)

A propos d'une mesure prise par le gouverneur de la Pologne conquise et décrétant que les habitants, hommes ou femmes, seraient astreints à un travail forcé au profit de l'empire allemand, la *Gazette de Tilsitt* faisait remarquer : « Que la situation créée par la guerre est telle que tous les principes et règles anciens ont perdu leur valeur et ne sont pris en considération par aucun pays belligérant ». On connaît le rapt des femmes et jeunes filles du nord de la France, et la réponse cynique du gouvernement allemand à ce sujet, expliquant que les hommes étant à la guerre, il fallait bien les remplacer.

Toutes les conventions de La Haye, sans aucune exception, furent violées par les armées germaniques, notamment celle interdisant le bombardement des monuments historiques, le pillage des villes, les massacres des non-combattants, etc.

Une telle conduite implique naturellement des représailles et on peut être certain que dès le début des guerres futures les conventions internationales et les vieilles lois de l'honneur ne seront respectées par aucun peuple. Celui qui les respecterait, en effet, se placerait dans un état évident d'infériorité vis-à-vis de ceux qui ne les observent pas.

La faillite totale des conventions de La Haye a frappé plusieurs écrivains des pays neutres. Un des auteurs de l'*Annuaire politique*, le professeur Burckhardt, constate que la guerre actuelle a mis en pièces tout l'ancien droit international. Les violations du droit des gens, dont les populations civiles se trouvèrent victimes, furent journalières.

Sous tous ces rapports, dit l'auteur, le droit des gens s'est montré complètement impuissant. On peut même dire qu'il est arrivé précisément le contraire de ce que voulaient atteindre ceux qui ont établi des règles internationales. Jamais encore on n'a fait une guerre qui frappe aussi douloureusement que la guerre actuelle toute la population civile non seulement des Etats belligérants, mais aussi des états neutres.

Sans doute l'opinion populaire croit encore au droit international, puisqu'elle a protesté contre ses violations, mais une telle croyance aura bientôt disparu.

Ce mépris total de conventions acceptées engendrera évidemment plus d'une conséquence. La première sera une perversion morale que ne pouvaient produire les anciennes guerres, auxquelles participait une très faible partie des populations.

Le retour actuel à la barbarie ancestrale a créé

chez les Allemands une mentalité nouvelle, destinée à persister après la paix. Des hommes qui, durant plusieurs années, auront été habitués aux pillages, aux incendies, aux massacres et au mépris de tout ce qu'ils avaient appris à respecter, ne se conduiront plus comme ils se conduisaient avant la guerre. La courbe de la criminalité suivra pendant longtemps une marche ascendante chez les auteurs de tant de méfaits et c'est une répercussion que les hommes d'État germains n'avaient certainement pas entrevue. Quand toutes les contraintes édifiées par les nécessités d'une civilisation ont été détruites, il est fort difficile de les rétablir.

§ 3. — Les illusions de quelques juristes latins sur la valeur du droit international.

Les anciens défenseurs du droit international conservent encore quelques illusions sur la valeur des conventions de La Haye. Elles sont assez faibles, comme on peut en juger par le passage suivant d'une étude de M. Barclay, président de l'Institut de droit international :

Depuis la création de la Cour de La Haye en 1899, il y a eu six guerres : la Sud-Africaine, la Russo-Japonaise, la Turco-Italienne, la Turco-Balkanique, l'Inter-Balkanique, et le présent gigantesque conflit. Dans aucun des *casus belli* de ces guerres n'y a eu matière à arbitrage. Toutes ont été des guerres d'a ression, délibérément entreprises dans une vue de conquête. Dans la Turco-Italienne et dans la présente, non seulement il n'a été fait aucune tentative avant la déclaration de guerre pour régler les prétendus différends, s'il en existait, à l'amiable, mais aucun temps ne fut laissé après la déclaration de guerre, à aucune médiation qui aurait pu conduire à l'arbitrage, s'il y avait eu, dans l'un ou l'autre cas, ce qu'il n'y avait pas, moindre matière à arbitrage. Dans la guerre Inter-Balkanique, les hostilités éclatèrent même sans une déclaration de guerre. Dans la Turco-Balkanique, on se passa même du semblant d'un grief, et dans la Sud-Africaine, où des griefs furent mis en avant, et où il y eut du temps pour l'arbitrage, ce dernier fut résolument refusé.

Il est évident que là où une des parties est décidément dans son tort, elle ne peut se résoudre à l'arbitrage. Nous pouvons donc éliminer des possibilités de la Cour de La Haye tout recours à celui-ci où une des parties en litige a un but inavoué qui, d'après les principes de la justice, la ferait condamner.

Malgré les claires leçons de l'expérience, quelques juristes latins ont continué pendant la guerre à défendre la valeur du droit international. Il est resté pour eux une divinité, méconnue sans doute, mais n'ayant rien perdu de son pouvoir.

Leur opinion se trouve assez bien traduite dans une dissertation de M. William Loubat, procureur général à Lyon. « Le droit, dit-il, est supérieur à la force comme le jour à la nuit. Les atteintes qu'il subit ne peuvent l'anéantir. Aussi est-on surpris que des hommes comme Gustave Le Bon parlent de la « faillite définitive » des conventions de La Haye[1]. »

Le savant magistrat cherche naturellement sur quelles bases fonder le respect du droit international. Il constate d'abord que ce n'est pas sur l'opinion. « On avait compté, dit-il, sur l'opinion publique, mais on a vu l'indifférence et l'impassibilité des pays neutres en face des violations les plus scandaleuses du droit international, qu'ils avaient cependant contribué à ériger. »

Reconnaissant l'insuffisance de l'opinion comme soutien du droit, l'auteur en est réduit à invoquer la force des armes et il assure que « la véritable civi-

---

1. *Les destinées du droit international. Temps* du 16 mai 1916.

lisation consiste à mettre la force au service du droit, que le droit appuyé sur la force est redoutable et que sans elle il serait condamné à périr ». C'est justement ce que disent, sous des formes peu différentes, les Allemands. Ils proclament eux aussi que le droit ne saurait exister sans force. Toutes les conceptions mystiques du droit que l'on peut former n'altéreront jamais cette évidence.

Les juristes d'outre-Rhin n'ont pas été embarrassés pour justifier les dévastations des armées allemandes et leurs incessantes violations du droit par le gouvernement allemand. On ne citerait pas d'ailleurs, dans l'histoire, d'exemple qu'une cause, si mauvaise soit-elle, ait manqué d'avocat.

Tout en le déplorant vivement, écrit le professeur G. Diéna, nous pouvons toutefois nous expliquer que plusieurs juristes allemands, spécialement parmi ceux qui occupent des chaires universitaires, aient estimé qu'il était de leur devoir, comme s'il s'agissait d'une obligation professionnelle, de soutenir pendant la guerre actuelle les thèses les plus absurdes en déformant ou bouleversant les principes les plus sûrs et élémentaires, dans le but de préparer une justification pour les actes, absolument contraires aux règles du droit international, commis par les autorités de leur Etat ou avec la complaisante complicité de celles-ci. On n'a pas à s'étonner si on voit recourir aux conceptions les plus paradoxales, ou faire abstraction des principes juridiques les plus solides, ceux qui ont eu l'intention de justifier des faits tels que : la violation de la neutralité de la Belgique et du Luxembourg ; l'usage des gaz asphyxiants dans les rapports entre belligérants qui tous, absolument tous, ont ratifié la deuxième déclaration de La Haye de 1899 ou y ont adhéré ; l'emploi de sous-marins pour couler des navires de commerce ennemis et neutres, sans avis préalable et sans rien faire pour le sauvetage des voyageurs qui s'y trouvaient à bord, ou encore le fait de couler, dans des conditions analogues, des navires-hôpitaux, et d'autres prouesses du même genre.

Les justifications allemandes étaient bien inutiles, puisque leurs écrivains enseignent qu'il n'existe pas de limites à l'exercice des droits du plus fort. Quant aux actes de férocité, au lieu de les nier ils pourraient se borner à répondre que chaque peuple se conduit d'après sa mentalité. Le serpent ne peut pas plus s'empêcher de sécréter son venin qu'Attila ne pouvait s'empêcher de saccager Rome.

§ 4. — Comment l'opinion accueillit les violations du droit international.

L'opinion des neutres fut plus d'une fois sévère pendant la guerre, quand les incendies et les férocités germaniques se montrèrent excessives; mais il faut bien reconnaître, ainsi que le faisait justement remarquer l'auteur cité à l'instant, que la plupart des non-belligérants restèrent fort indulgents pour les violations du droit qui ne les touchaient pas.

Les collectivités ne firent jamais de distinction bien nette entre le droit et la force. La conduite des neutres pendant la guerre aurait suffi à montrer aux esprits les moins clairvoyants à quel point le droit sans force était dépouillé de prestige aux yeux des foules.

Lorsque pendant la durée de la guerre les neutres eurent à rechercher où était le bon droit, la solution du problème leur fut facile. Ils trouvaient invariablement ce bon droit du côté des belligérants les plus forts. Quand il arrivait, comme en Russie, que le dieu des combats changeât plusieurs fois de camp, le bon droit suivait les mêmes oscillations.

Les États-Unis, bien que cavalièrement traités par l'Allemagne, adoptèrent une orientation semblable. Le bon droit, pour eux, pencha toujours du côté de leurs intérêts commerciaux et ce fut seulement après le meurtre d'un certain nombre d'Américains que le président de la grande république se décida à envoyer d'incertaines protestations, suivies de timides menaces.

Faut-il conclure de ce qui précède que les peuples continueront à s'entre-tuer avec de rares intermittences? Je crois qu'ils continueront longtemps encore, mais que les périodes de destruction seront de plus en plus espacées.

Deux causes détermineront sans doute l'espacement des massacres internationaux. La première est la conviction expérimentale peu à peu acquise par les gouvernements que les guerres ne rapportent rien. La seconde résultera de l'interdépendance croissante des peuples qu'accentuera encore l'évolution de la civilisation.

Ces deux raisons sont à peu près les seules sources d'espoir de paix prolongée. Nous allons en examiner la valeur.

CHAPITRE IV

LES ERREURS SUR LES PROFITS DES GUERRES

§ 1. — Erreurs économiques s'opposant encore à la formation d'une morale internationale.

Parmi les erreurs diverses empêchant des relations honnêtes entre les peuples, une des plus nuisibles est la croyance dans l'utilité des guerres. Plusieurs gouvernements restent encore convaincus qu'une guerre victorieuse peut entraîner un gain pécuniaire considérable.

S'il était démontré que, dans l'état actuel du monde, les guerres non seulement ne rapportent rien au vainqueur, mais lui sont en outre onéreuses, une cause importante de l'immoralité dans les relations internationales s'évanouirait aussitôt. On renoncerait aux luttes de simple conquête comme on a renoncé à celles d'origine religieuse ou dynastique.

Les idées mènent finalement le monde, mais elles ne le mènent qu'après s'être transformées en sentiments, évolution toujours très lente. L'évolution est encore plus lente lorsque l'idée directrice devenue erronée a été exacte pendant longtemps.

Or, il est de toute évidence que si les guerres ont cessé d'être profitables au vainqueur, par suite de l'interdépendance industrielle, agricole et financière des nations, que nous étudierons bientôt, elles constituaient jadis un procédé d'enrichissement très réel. Les Romains, les musulmans et beaucoup de peuples fondèrent leur puissance et leur fortune sur des conquêtes.

Mais l'interdépendance croissante des peuples a rendu, de nos jours, leurs intérêts étroitement associés. Aucun d'eux ne pourrait plus s'entourer d'une muraille de Chine sans être bientôt condamné à mourir de faim.

Les nations modernes sont comparables à des commerçants échangeant leurs produits et ne pouvant ruiner leurs clients sans se ruiner eux-mêmes.

L'impossibilité où se trouve un pays, non seulement de s'enrichir désormais par une guerre de conquête, mais simplement d'éviter une ruine partielle, a été mise en évidence, depuis bien des années, par des économistes qui n'étaient ni humanitaires ni pacifistes. Je citerai surtout parmi eux M. Angell, auteur d'un livre dont le succès fut mérité et auquel j'emprunterai plusieurs exemples.

Pour rendre plus frappante une de ses démonstrations, l'auteur examine l'hypothèse d'une guerre où les Allemands, ayant détruit la flotte anglaise et envahi l'Angleterre, imposeraient au pays des contributions énormes, puis l'hypothèse contraire de la destruction de Hambourg et de la flotte allemande par les Anglais. Il montre alors que le résultat de l'une ou l'autre de ces opérations serait simplement la ruine, non pas seulement du pays conquis, mais aussi de la nation conquérante, par suite de la destruction fatale de son commerce. Allant plus loin, il suppose

les Anglais réduits en esclavage par les Allemands,
qui accapareraient la majeure partie de leurs revenus. Ici encore, plus de commerce, puisque dépouillée d'une grande portion de ses revenus la population
asservie ne pourrait rien acheter. Si le général victorieux se bornait à piller les banques anglaises, il
s'apercevrait vite que toutes les valeurs internationales, dont les Allemands possèdent un grand nombre,
cessant de produire des intérêts ne trouveraient plus
d'acheteurs. Une foule de banques allemandes, en
relations avec les banques d'Angleterre, rendues
incapables de faire face à leurs engagements, seraient
ruinées. Les pertes dépasseraient finalement de beaucoup la petite quantité d'or monnayé dont on aurait
pu s'emparer. « Le peuple vainqueur ne peut tirer du
territoire conquis que des avantages inférieurs à ceux
qu'il pouvait en tirer par le commerce avant la conquête », conclut l'auteur.

Mais supposons que le conquérant se borne à réclamer une énorme indemnité de guerre au vaincu,
comme il arriva en 1871. Ce dernier exemple peut
être précisément invoqué pour montrer l'indemnité
écrasant aussi lourdement le vainqueur que le vaincu.
Celle que je viens de citer fut, en effet, l'origine de
charges militaires fort lourdes pour l'Allemagne,
hantée par la crainte d'une revanche. Les cinq milliards y passèrent avec beaucoup d'autres.

Un très frappant exemple de conquête ruineuse
pour le conquérant est celui du Transvaal. Après
y avoir dépensé plus de six milliards la Grande-
Bretagne dut reconnaître plus profitable pour elle
de restituer le pays aux Boers vaincus. Si les vainqueurs avaient fait cette découverte avant la guerre,

ils eussent économisé six milliards et tous les hommes inutilement tués.

Une des grandes illusions combattues par l'auteur cité plus haut est de croire que la possession de colonies obtenue au moyen de conquêtes, puisse enrichir un pays. Vraie à l'époque de l'esclavage, cette assertion cesse de l'être aujourd'hui. Les colonies les plus importantes de l'Angleterre, le Canada, l'Inde et l'Australie, par exemple, ne lui rapportent rien directement. Elle se trouve à leur égard dans la situation d'un peuple quelconque commerçant avec ces lointaines possessions. Si l'Allemagne s'en emparait, elle ne serait pas plus capable que l'Angleterre de leur faire payer un tribut et ne gagnerait rien à cette conquête.

L'Angleterre, dont le domaine colonial est tellement important, fait la plus grande partie de son commerce extérieur avec des nations sur lesquelles elle n'a la prétention d'exercer, ni domination, ni contrainte, ni contrôle... L'Allemagne n'a jamais dépensé un centime pour conquérir l'Amérique du Sud, elle en retire cependant des profits inconnus à l'Espagne qui y a versé des flots de sang.

Certains peuples, tels que la France, essaient bien au moyen de douanes, de privilèges de pavillon, etc., de retirer quelques bénéfices de leurs colonies, mais ils n'ont jamais réussi qu'à rendre ces colonies assez misérables. L'Espagne, après avoir pressuré ses possessions d'Amérique pendant près de trois siècles, n'en est pas moins aujourd'hui le pays le plus pauvre de l'Europe.

§ 2. — Les profits des dernières guerres européennes.

Une des dernières guerres de conquête entreprise avant le conflit européen, fut celle faite aux Turcs par les Italiens pour s'emparer de la Tripolitaine. L'opération se montra ruineuse. Elle eut d'ailleurs plusieurs incidences qu'on peut résumer de la façon suivante : 1° Envahissement de la Turquie affaiblie par les Balkaniques, et diverses guerres consécutives; 2° perte de 400.000 hommes et de cinq milliards; 3° perte du prestige moral de l'Europe dont les décisions solennelles sur le maintien du *statu quo* de la Turquie et les conseils furent parfaitement méprisés par les belligérants; 4° augmentation énorme des armements de l'Allemagne; 5° obligation pour la France d'accroître également les siens; 6° résultat final pour les Français, qui applaudissaient aux victoires bulgares : passer un an de plus à la caserne et payer de nouveaux impôts.

Mentionnons enfin, comme dernière conséquence, la guerre européenne, puisque son véritable point de départ fut, on le sait, la rivalité de la Serbie et de l'Autriche.

Bien plus encore que le conflit italo-turc, la conflagration actuelle provoquée par l'Allemagne aura montré le peu de bénéfice des guerres pour les belligérants. Alors même que l'Allemagne aurait triomphé, quel eût été son gain? Quelques provinces mal soumises, qu'il eût fallu maintenir par un régime de fer, et la haine de la Russie, de l'Angleterre et de la France jadis ses meilleures clientes.

Que sont ses bénéfices après deux ans de guerre? Le colonel Feyler l'a montré dans les lignes suivantes :

Après vingt mois d'efforts, quatre grandes offensives, vingt-sept classes d'âge précipitées dans des hécatombes, trois millions d'hommes hier pleins de vie aujourd'hui tués ou estropiés; quarante milliards d'activité économique gaspillés, une flotte de commerce confisquée; un éclatant passé détruit et un long avenir compromis; après vingt mois de courage inutile, de sang, de souffrance, de pleurs et de cris, vingt mois d'humanité mutilée, vingt mois de haine et de désespoir, l'état-major impérial pose le même point d'interrogation devant l'exécution du même forfait.

Le fait que les guerres de conquête sont improductives ne constitue pas assurément une raison suffisante pour les empêcher de se répéter. Un autre motif, l'interdépendance des peuples, déjà mentionnée, que nous allons étudier maintenant, sera certainement plus efficace.

CHAPITRE V

L'INTERDÉPENDANCE MODERNE DES PEUPLES
SON ROLE DANS LES FUTURS CONFLITS

§ 1. — Nécessité de l'expérience pour démontrer la valeur de certaines vérités.

Les sentiments et les passions qui mènent les hommes ont peu changé au cours de l'histoire et rien n'autorise à penser qu'ils puissent se transformer. Il est donc bien probable que des guerres se répéteront jusqu'au refroidissement total de notre planète. On peut cependant espérer qu'elles se raréfieront quand il sera nettement démontré que l'interdépendance croissante des peuples rend leurs intérêts solidaires au point qu'en nuisant à leurs adversaires ils se nuisent à eux-mêmes.

Cette interdépendance, qui représente à l'heure actuelle un des plus importants facteurs de paix, fut signalée par bien des économistes depuis Adam Smith mais restait une de ces vérités admises par quelques savants et qui ne pénètrent dans l'âme populaire qu'après beaucoup d'expériences. Elles ne sont pas rares dans l'histoire, les vérités comprises seulement à la sanglante lueur des hécatombes. N'at-il pas fallu, par exemple, plus de cinquante ans de luttes effroyables pour démontrer l'inutilité des guerres religieuses?

La nécessité d'expériences coûteuses pour établir des vérités dont la seule raison ne suffit pas à démontrer l'exactitude tient à ce motif sur lequel je reviens souvent, que la logique rationnelle est sans puissance contre les impulsions affectives, mystiques et collectives qui inspirent nos actions.

Les impulsions mystiques ne sont que faiblement influencées par l'expérience, mais cette dernière agit assez bien sur les impulsions affectives et collectives à la condition d'être suffisamment impressionnante. La guerre actuelle constituera sûrement une de ces grandes démonstrations expérimentales dont les peuples et leurs maîtres gardent le souvenir et comprennent les leçons.

Avant d'insister sur l'interdépendance des peuples il faut remarquer tout d'abord que reconnue depuis longtemps par divers économistes, elle est restée ignorée cependant des historiens allemands. Nous avons vu en effet avec quelle ténacité leurs écrivains n'ont cessé de prêcher à l'Allemagne des guerres de conquête.

Ces auteurs figurent donc dans le nombre des esprits que l'expérience seule pouvait instruire. L'inutilité des guerres de conquête et la réalité de l'interdépendance des peuples leur auront été clairement prouvées, je pense, par les conséquences du conflit européen.

§ 2. — L'interdépendance actuelle des peuples.

Une des caractéristiques de l'âge moderne est d'avoir rendu les peuples beaucoup plus dépendants les uns des autres que de leurs gouvernements.

C'était le contraire autrefois. Si les États-Unis avaient existé sous Louis XIV, la guerre de Sécession eût laissé l'Europe parfaitement indifférente alors que, de nos jours, certains districts de l'Angleterre furent ruinés par la privation du coton américain.

Nombreux sont les exemples analogues. Lorsque l'Italie, pensant n'avoir rien à craindre des Turcs s'empara brusquement de la Tripolitaine, aucun diplomate ne soupçonna les terribles répercussions de cette aventure. Peu d'hommes sont capables, en effet, d'embrasser l'ensemble de plusieurs faits et d'en dégager les conséquences. Combiner plus de deux ou trois idées dépasse la portée des cerveaux ordinaires.

L'interdépendance des peuples est depuis quelques années devenue si complète, leurs intérêts forment un engrenage si serré, que ce qui touche l'un affecte aussitôt les autres :

Un grand pays moderne, écrit le professeur de Launay, ne peut se passer du reste du monde et, le jour où il en est séparé, il constate avec stupeur combien, malgré tout son orgueil, il en restait dépendant. D'une contrée à l'autre, on a vu s'établir pour toutes les substances naturelles un équilibre de vases communicants, en raison duquel chaque région, suivant la logique des choses, tend à produire seulement ce qu'elle est particulièrement apte à fournir, pour exporter son excédent et importer en échange ce qui lui manque. Une telle loi s'applique particulièrement pour des produits localisés dans l'écorce terrestre, comme les métaux, que le travail le plus obstiné et la science la mieux armée ne peuvent extraire d'un sol, s'il ne les renferme pas d'abord.

L'interdépendance des peuples est telle aujourd'hui qu'ils ne peuvent vivre longtemps les uns sans les autres. J'ai déjà rappelé que l'Angleterre, par exemple, ne saurait subsister plus de quelques mois avec les seuls produits de son propre sol. L'entourer d'un mur infranchissable serait la condamner à la famine.

Cette muraille infranchissable aurait pu devenir très réelle si les Allemands, au lieu de posséder quelques douzaines de sous-marins, en avaient eu des milliers. Ils seraient alors parvenus à isoler entièrement la Grande-Bretagne du reste de l'univers.

L'interdépendance agricole, industrielle et commerciale des peuples entraîne leur interdépendance financière. Une perturbation à New-York retentit sur le marché de Londres, et les financiers anglais sont en ce cas obligés de venir en aide à ceux d'Amérique, non certes par altruisme, mais uniquement dans leur propre intérêt.

Une des grandes différences entre les pays européens d'autrefois et les mêmes pays aujourd'hui est que jadis chacun d'eux vivait de son agriculture, alors qu'actuellement plusieurs d'entre eux, l'Angleterre par exemple, vivent presque exclusivement de leur industrie. C'est avec les produits de cette industrie, exportés au dehors, qu'ils achètent leur subsistance. Isoler artificiellement un pays du reste du monde, serait rendre son existence fort difficile. C'est ce qui arriva pour l'Allemagne, obligée de se rationner étroitement pendant la guerre. Semblable isolement ne l'eût pas gênée il y a un siècle. Le commerce extérieur des peuples était alors insignifiant, en effet, comparé à celui de nos jours. Le tonnage des vaisseaux entrant et sortant des ports anglais, par exemple, qui était de 3 millions et demi de tonnes en 1802, atteint actuellement 140 millions.

La division croissante du travail, les facilités de transports et l'augmentation des besoins n'ont fait qu'accentuer l'interdépendance de tous les peuples du globe.

Elle aura été nettement mise en évidence par la lutte actuelle. L'Allemagne en souffre mais ses ennemis en pâtissent également.

Avant la guerre, l'Allemagne achetait par an à l'Angleterre pour 800 millions de marks de marchandises et lui en expédiait pour 1.100 millions.

Privés de tous ces envois et notamment de substances dont les Allemands avaient le monopole : matières colorantes, médicaments, produits chimiques, etc., — les Alliés furent obligés d'en créer la fabrication par une série d'opérations très longues, très onéreuses, demandant des installations compliquées et la formation d'ouvriers spéciaux détournés de leurs anciennes professions.

Les belligérants ne souffrent pas seulement du défaut d'importation, mais de l'impossibilité d'exporter chez l'ennemi l'excédent de leurs produits. Les marchands de vins de Bordeaux, par exemple, qui vendaient une partie de leurs récoltes à l'Allemagne, voient tarir aujourd'hui cette source de revenus. Pareille observation s'applique naturellement à une foule d'autres branches du commerce.

La même gêne entrave tous les combattants. Il est donc évident, comme nous le disions plus haut, que dans l'état actuel d'interdépendance des peuples, nuire à un ennemi sans se nuire à soi-même devient impossible.

Tous les pays en guerre ont souffert de la lutte par la diminution ou la privation totale des échanges internationaux. Le prix de la vie a, pour cette raison, presque partout doublé.

Beaucoup d'autres symptômes déjà anciens peuvent être invoqués pour montrer la solidarité croissante des États. Étant donnée, par exemple, l'absence complète de moralité internationale, il devait arriver que certains pays jugeraient avantageux de ne plus payer les intérêts des dettes contractées à l'étranger. La Grèce, la Serbie, la Turquie, les républiques latines de l'Amérique, etc., n'hésitèrent pas à employer ce procédé simpliste de liquider leurs charges. Aujourd'hui, presque tous ces peuples ont fini par découvrir qu'il était beaucoup plus profitable d'être honnête, c'est-à-dire de respecter ses engagements, que de renier ses dettes. Pour contracter de nouveaux emprunts, les États défaillants furent réduits, en effet, à mettre une partie de leurs finances sous la gestion de puissances étrangères, moyen coûteux, humiliant et gênant. L'utilité de la probité parut bientôt tellement évidente que plusieurs peuples en arrivèrent à reprendre spontanément le paiement d'anciennes dettes et que les faillites d'États, si fréquentes, autrefois, avaient fini avant la guerre par devenir fort rares. La nécessité fut ainsi créatrice de morale. Elle en a toujours été la plus solide base.

L'interdépendance des peuples constituant une sorte de société des États, prêchée il y a plusieurs siècles dans les livres de Suarès et de Grotius, ne pouvait être réalisée à une époque où les nations vivaient très isolées les unes des autres. Il en est tout autrement aujourd'hui. On peut donc espérer que les peuples découvriront bientôt qu'ils ont beaucoup plus d'intérêt à s'entr'aider qu'à se massacrer. Moins dociles seront alors les multitudes quand leurs maîtres voudront les conduire à l'abattoir.

Il serait inutile de développer davantage ces considérations. Elles suffisent à montrer sous l'influence de quelles nécessités pourront s'établir entre les peuples des obligations morales un peu respectées.

Actuellement ces obligations n'existent pas et celles qu'on a voulu formuler sont sans effet, parce que dénuées de sanction. L'homme moderne, selon qu'il agit à l'état individuel ou à l'état collectif, suit des règles théoriquement voisines, mais dont la puissance est toujours proportionnée à la rigueur des sanctions qui les maintiennent. Et c'est pourquoi la morale, forte dans les sociétés, moins forte chez les individus, est si faible encore entre les peuples.

Il n'existera de droit international respecté que quand les gouvernements auront un intérêt évident à le respecter. De cette époque lointaine on entrevoit déjà l'aurore.

CHAPITRE VI

LES PEUPLES POURRONT-ILS ÉVITER LE MILITARISME?

§ 1. — Les principes de civilisations en lutte.

Dans la phase d'évolution où le monde est entré, les actions des peuples sont souvent indépendantes de leurs désirs. Ils peuvent, par exemple, souhaiter la paix et le désarmement, mais comment pourraient-ils réaliser de tels vœux devant les menaces d'agression?

Le militarisme représente pour beaucoup, et non sans raison, une régression vers des âges barbares. Il apparaît synonyme d'asservissement, de ruines et de misère. Pourrons-nous l'éviter? Il importe de le rechercher.

Quand les peuples luttent pour des intérêts circonscrits : possession d'une ville, changement d'une dynastie, etc., la lutte est généralement brève et vite oubliée. Quand ils combattent pour des croyances religieuses ou sociales, la lutte est, au contraire, longue et féroce. Les guerres religieuses en fournissent des exemples.

Aujourd'hui ce ne sont pas des religions qu'on voit aux prises, mais deux idéals sociaux ayant l'intensité des croyances religieuses et entre lesquels aucune conciliation n'est possible. L'individualisme et la liberté se dressent contre le militarisme et l'étatisme auxquels l'Allemagne prétend soumettre l'Europe.

Des écrivains neutres ont cherché à établir une comparaison entre les événements actuels et ceux qui se terminèrent en 1815, c'est-à-dire il y a un siècle. Bien que vaincue, la France avait alors imposé à l'Europe un idéal d'égalité des droits civils et politiques contraire à l'ancienne conception féodale. Cet idéal était évidemment fort puissant, puisque après avoir survécu à la défaite de la France, il devint le fondement de la plupart des institutions politiques de l'Europe.

A cet idéal, l'Allemagne oppose sa foi nouvelle. Le prestige du succès étant tout-puissant sur la majorité des esprits, les écrivains dont je parlais à l'instant se demandent si cette foi ne serait pas appelée à remplacer l'idéal d'égalité et de liberté.

Il est donc intéressant de montrer encore comment les Allemands formulent l'idéal qu'ils admirent au point de vouloir l'imposer à l'Europe. Ses fondements sont très bien exposés dans le célèbre ouvrage de Naumann, *Mittel Europa*, dont j'ai déjà parlé et qui représente clairement les aspirations des dirigeants allemands.

Pour justifier d'abord la conception germanique avec les projets d'absorption qui en sont la suite l'auteur affirme que la période des petits États indépendants est close. Ils seraient condamnés à se voir englobés dans les grands États, en vertu d'une loi historique du même ordre que celle qui amena l'absorption de toutes les petites industries dans les grandes et des petites banques dans d'importantes sociétés de crédit.

Le plus considérable de ces futurs groupements serait naturellement formé par l'Allemagne. Elle absorberait non seulement l'Autriche, mais aussi la Belgique, la Hollande, la Suisse, la Suède, la Turquie et les États balkaniques.

Tous ces pays conserveraient une indépendance nominale, mais comme ils sont incapables de réaliser par eux-mêmes l'idéal germanique, on les placerait, au point de vue industriel et économique, sous la direction de fonctionnaires allemands chargés d'enseigner aux ouvriers la technique collective après un dressage méthodique à la caserne. Grand bienfait pour eux, assurément, puisque l'organisation germanique est supposée supérieure à toutes les autres. En agissant ainsi l'Allemagne ne ferait donc que se dévouer à l'intérêt général !

Les écrivains convaincus de la supériorité de l'organisation allemande, au point de vouloir l'imposer à l'Europe par la force, n'ont jamais eu l'idée de se demander si l'organisation individualiste de l'Amérique, qui faisait une si rude concurrence à l'Allemagne, ne valait pas la leur.

Ils auraient eu d'autant plus raison de se le demander qu'ils sont bien obligés de confesser que le régime d'esclavage à peine déguisé auquel l'Allemagne voudrait soumettre une partie de l'Europe rendrait l'existence des hommes fort dure. Naumann le reconnaît dans les termes suivants : « La classe ouvrière organisée, étroitement liée à nos employeurs scientifiquement stylés, à nos directeurs de syndicats, à nos conseillers privés et nos officiers, formerait une société qui n'est pas assurément la plus aimable, ni la plus séduisante qu'on puisse trouver, mais elle constituerait le machinisme humain le plus efficace, le plus précis, le plus durable. »

L'auteur ajoute, et cette fois avec plus de raison encore, que ce système « est l'incarnation historique du caractère national de l'Allemagne », mais il aurait pu se demander si cet effrayant système, rappelant à la fois le servage antique et la pesante réalisation du rêve socialiste, conviendrait également à des peuples n'ayant pas subi le dressage à la caserne et pour lesquels l'idéal de l'homme sur la terre n'est pas d'être simplement ce que l'auteur appelle « un machinisme humain efficace ».

Il est donc infiniment probable que l'idéal latin et l'idéal germanique subsisteront sans jamais se pénétrer. Il nous reste à rechercher comment on pourra empêcher le premier de se substituer par la force au second.

§ 2. — L'extension probable du militarisme.

Les idées ne se combattant qu'avec des idées les canons agissent peu sur elles. Tant que persisteront les conceptions qui mènent aujourd'hui les dirigeants allemands, leur rêve d'hégémonie se maintiendra et ils chercheront à le réaliser. Appuyé par une légion de professeurs, de politiciens et d'écrivains, ce rêve restera fort tenace.

J'ai montré dans un précédent chapitre comment des expériences répétées finiront par enseigner aux peuples l'inutilité des guerres, mais nous n'en sommes pas encore là. On le voit facilement par la lecture des publications allemandes, depuis les journaux quotidiens jusqu'aux livres des économistes les plus connus. Quelques extraits choisis au hasard indiqueront la mentalité qui continue à régner en Allemagne.

On remarquera d'abord que les Allemands se font du militarisme une conception fort différente de la nôtre.

On a donné du militarisme, écrit l'un d'eux, une idée fausse en disant que c'était l'assujettissement des corps et des âmes; non, c'est une méthode d'éducation, un moyen de développer la conscience du devoir national, devoir accepté et voulu par des hommes libres.

Ces hommes libres acceptant volontairement les coups de bâton à la caserne ont évidemment une conception spéciale de la liberté. Pour la comprendre il faut se souvenir que les mêmes termes peuvent revêtir chez différents peuples des sens souvent très différents.

A quel point les écrivains allemands sont pénétrés de la nécessité du militarisme et convaincus de son extension ressort clairement des passages qui suivent :

C'est à une rivalité nouvelle dans les armements que nous allons assister. Et, demandera-t-on, quelle en sera la conséquence ? Un danger de guerre plus grand pour l'avenir. Un fardeau colossal d'impôts. (*Bremer Bürger Zeitung* du 30 décembre 1915.)

L'Europe sortira de la présente guerre plus militaire encore qu'elle n'y est entrée. Et c'est de ce fait précis qu'il faut tirer des conséquences politiques. Les Allemands vont sans doute se trouver à l'Ouest en face d'un groupement de puissances plus dangereux que l'alliance franco-russe ne le fut jamais. (*Sozialistische Monatshefte*, 20 janvier 1916.)

Dans un article : *la Mission mondiale du militarisme.* blié par la *Tag* du 21 juillet 1916, Reichenau écrit :

L'on est fondé à prévoir qu'il se produira dans les armements, à la suite des événements d'aujourd'hui, une augmentation sans précédent historique. Au cours de la guerre, chacun des belligérants a déjà augmenté ses armements dans la mesure de ses moyens, avec le regret certain de n'être pas entré en campagne dans l'état d'amélioration actuel. La leçon de cette guerre est trop grave, en tout cas, pour être oubliable et pour que ne subsiste pas le désir de faire mieux dans l'avenir.

Horreur, terreur ! Rien n'y fera ! Il faut accepter et se soumettre à cette inéluctable loi naturelle. Le peuple qui se laissera diriger par la puissante main d'une bonne organisation militariste sera en bonne voie. Mais malheur à lui s'il rejette cet appui !

Les faits actuellement observés chez tous les peuples tendent malheureusement à justifier ces assertions. Les nations jadis les plus pacifistes : Suède, Hollande, Suisse, etc., se hâtent d'augmenter leurs armements. Les États-Unis eux-mêmes ont voté plusieurs milliards pour se constituer une armée et une flotte suffisantes à les protéger. On sent partout que le seul droit respecté dans l'avenir sera celui qu'appuieront des canons.

§ 3. — Pourquoi la paix pourrait durer quelque temps.

Les précédentes observations portent de trop visibles enseignements pour qu'il soit utile d'y insister. Sans doute les dirigeants des peuples alliés ne cessent de répéter qu'ils se proposent de détruire le militarisme; mais quel moyen pourrait obtenir un tel résultat? Même complètement vaincue l'Allemagne ne songerait qu'à préparer une revanche.

A moins donc d'admettre une hégémonie qui serait simplement de l'esclavage, l'Europe semble condamnée au militarisme jusqu'à ce que les idées actuelles des peuples aient changé.

On peut cependant espérer qu'après les désastres financiers accumulés par la guerre et les millions d'hommes qu'elle a fait misérablement périr dans la boue des tranchées, les peuples réfléchiront un peu. Dans les cervelles teutonnes les plus asservies, naîtra peut-être cette conviction que toutes les souffrances subies ne pouvaient profiter qu'à une féodalité militaire, industrielle et financière fort dure et que l'immense majorité du peuple n'a qu'à perdre dans ces sanguinaires aventures. Avec cette conviction, les multitudes germaniques marcheraient peut-être moins docilement vers les tueries qu'elles ne le firent pendant la guerre actuelle.

Parmi les causes qui contribueront encore à empêcher l'Allemagne de renouveler trop vite ses agressions figureront aussi les mécomptes dont cette guerre a été surchargée pour elle. Mécomptes militaires dans le présent et mécomptes économiques dans l'avenir.

En obligeant ses ennemis à remédier aux insuffisances de leur industrie, l'Allemagne aura perdu d'importants clients. Il est certain également que jamais dans l'avenir aucun pays ne laissera les Allemands prendre dans ses banques, ses entreprises industrielles, ses magasins, ses conseils d'administration, etc., la place qu'ils y occupaient autrefois. L'Allemagne découvrira alors que la guerre fut pour elle un véritable désastre industriel, économique et moral. Il est même étonnant que dans cet immense empire ne se soit pas trouvé, avant la guerre, un seul homme d'État capable de prévoir que, même en cas de succès, l'Allemagne perdrait une hégémonie industrielle qui grandissait dans la paix et se serait imposée de plus en plus.

Aucun de ses philosophes, de ses écrivains, de ses diplomates ne s'en est aperçu. Nous avons déjà montré dans notre précédent volume combien furent nombreuses les fautes de psychologie accumulées par eux avant et pendant la guerre. La lutte européenne a prouvé une fois encore que la psychologie est régie, comme la physique, par des lois qu'on ne saurait impunément violer [1].

---

1. Il faut bien reconnaître que la psychologie qui devrait être la base de la politique reste si théorique dans les livres classiques qu'on ne saurait en tirer aucune application. Un professeur à l'Ecole des sciences politiques à qui je demandais pourquoi la psychologie n'était pas enseignée dans cette école me répondit que le conseil des professeurs n'en avait pas vu l'utilité.

L'étude de la psychologie appliquée à la conduite des hommes constitue une science qui naît à peine. Son intérêt est prouvé par le succès des bien rares ouvrages lui ayant été consacrés. C'est ainsi que d'éminents officiers, les généraux Bonnal et de Maud'huy, ont enseigné à l'Ecole de guerre les principes que j'avais posés dans divers livres, principalement dans la *Psychologie des Foules*, et les *Lois Psychologiques de l'Évolution des peuples*. Ce dernier livre, publié pour la première fois il y a vingt ans, a été traduit dans bien des langues, notamment en arabe par Fathy Pacha, ministre de la Justice au Caire, en japonais par le baron Motono, ambassadeur du Japon à Saint-Pétersbourg, etc. L'ancien Président des Etats-Unis, M. Roosevelt, a souvent répété que ce petit volume ne l'avait pas quitté durant sa présidence et qu'il ne s'en séparait jamais dans ses voyages. Je donne ces détails simplement pour montrer que les ouvrages de psychologie appliquée sont certains d'avoir des lecteurs et engager dans cette étude les jeunes professeurs capables d'observer la vie autrement qu'à travers leurs livres.

Je renverrai le lecteur qu'intéresserait l'étude de la psychologie appliquée, aux ouvrages que j'ai publiés en dehors de ceux cités à l'instant : *Psychologie politique*, *Opinions et Croyances*, *la Vie des Vérités*, *la Révolution française et la Psychologie des Révolutions*, *Psychologie de l'Éducation*. La couverture de l'édition russe de ce dernier livre, porte que sa traduction a été faite par l'ordre du grand-duc Constantin, Président de l'Académie des sciences de Russie.

§ 4. — Difficultés d'un désarmement.

Les arguments qui viennent d'être invoqués en faveur de la probabilité d'une paix durable appartiennent malheureusement à la famille de ces démonstrations rationnelles qui ont fort peu d'influence sur la conduite des hommes. Il ne faut donc pas trop se fier à leur action.

L'Allemagne comptera toujours comme partisans de nouvelles guerres la caste militaire, qui raisonne peu et celle des professeurs qui, en dehors de leur spécialité, ne raisonnent pas davantage et ne renoncent jamais à un principe adopté. Les Turcs savent de source sûre qu'un infidèle est « un chien ». Le professeur germanique sait de source non moins sûre que le mélange de métis, dont est formé le peuple allemand actuel, constitue une race supérieure destinée par Dieu à dominer le monde. La force pourra bien obliger les Germains à abandonner momentanément leur rêve mystique, mais ils l'auront toujours présent à l'esprit et, dès que l'occasion s'en présentera, une nouvelle croisade sera entreprise pour sa réalisation. Le pédant, dominé par une idée fausse, n'est pas susceptible de conversion. Dans des conditions pareilles comment désarmer ?

Le désarmement est encore rendu impossible par la démonstration expérimentale qu'aussitôt que l'armement d'un peuple fléchissait, les Allemands songeaient à l'attaquer. C'est notre faiblesse seule qui poussa l'Allemagne à nous déclarer la guerre. Toutes les fois qu'elle nous voyait faiblir, elle devenait menaçante.

Quand en 1905 nous avons voté la loi de deux ans, écrivait le *Temps* en février 1914, l'Allemagne est venue nous provoquer au Maroc et nous imposer « l'humiliation sans précédent » dont M. Clemenceau parlait jadis à la tribune.

Quand, en 1908, nous avons désorganisé l'instruction des réserves, l'Allemagne a monté contre nous l'incident provocateur des déserteurs de Casablanca.

Quand l'antimilitarisme révolutionnaire a retrouvé, grâce au « bloc », accès dans les conseils du gouvernement avec les ministères Monis et Caillaux de 1911, nous avons eu Agadir.

On peut ajouter qu'au moment où la guerre fut déclarée, l'armée et la marine restaient désorganisées en Russie depuis ses défaites de 1905. L'Angleterre, dominée par les radicaux pacifistes, n'avait pas augmenté son armée et réduisait ses constructions navales. Sans le pacifisme de la Russie, de l'Angleterre et de la France, l'Europe n'aurait probablement pas été en guerre.

L'Allemagne, qui savait toutes ces faiblesses et ne pouvait prévoir le formidable effort dont se montreraient capables les Alliés, devait croire que jamais pareille occasion ne s'offrirait à elle d'établir sa domination. Une courte campagne suffirait sûrement pour vaincre ses pacifiques adversaires. Sa victoire semblait si assurée qu'aucun pays neutre n'en doutait. En Espagne, notamment, notre triomphe paraissait complètement invraisemblable.

Pourquoi d'ailleurs et comment en eût-il pu être autrement ? écrivait un grand journal. En face de l'Allemagne, alliée de l'Autriche, de l'Italie et de la Turquie, tendant vers la guerre toutes ses ressources depuis cinquante ans, en face de l'Allemagne victorieuse, il y avait la France vaincue en 1870 et en apparence détachée de tout idéal militaire, la Russie battue en 1904 et désorganisée par la défaite, l'Angleterre déplorablement pacifiste et sans armée. Dans cette Europe d'avant-guerre, où les plateaux de la balance étaient si inégalement chargés, comment des puissances secondaires n'eussent-elles pas cédé au prestige de la force, du succès et de l'arrogance ?

La guerre européenne, aussi bien d'ailleurs que l'expérience de tous les siècles, a suffisamment prouvé que le pacifisme était un générateur certain des guerres de conquêtes. N'étant pas redouté, le peuple pacifiste attire fatalement la guerre sur lui, alors qu'une nation bien armée est rarement menacée.

Plus d'un écrivain, et moi-même l'avaient répété avant la guerre et montré à quel point nous étions menacés. Ces prévisions furent sans effet. Nous savons ce qu'il en coûta à la France de ne pas les avoir partagées.

Il est de toute évidence qu'une paix armée sera ruineuse, dangereuse et même absurde. Théoriquement on peut souscrire aux déclarations suivantes d'un homme d'État hollandais, M. de Beaufort :

Un retour à la paix armée comme elle existait avant qu'éclatât le conflit mondial n'est plus possible. Le désarmement général doit être la juste logique de cette lutte insensée. Peut-on croire que les représentants, élus par des hommes ayant vécu au milieu de toute l'horreur de la guerre moderne, oseront recommencer à paver la vieille route qui, infailliblement et sous peu, conduirait à de nouvelles conflagrations?

A ces assertions on est bien obligé de répondre encore qu'on ne voit, en dehors des armements, aucun moyen d'empêcher des agressions dont l'expérience a montré le danger. Tant que les idées germaniques n'auront pas changé, il faudra bien rester armé, tout en prévoyant ce qu'il en coûtera.

Quoique les analogies historiques soient toujours incomplètes, on pourrait peut-être rapprocher de la guerre actuelle la guerre de Trente Ans, qui fut à la fois une lutte religieuse et politique contre les prétentions germaniques à l'hégémonie. De telles guerres sont toujours longues, meurtrières et ruineuses. Ce

que la guerre de Trente ans coûta est relaté par
M. Boutroux de la façon suivante :

En Bohème, sur 35.000 villages, il en restait 6.000. En Saxe,
le nombre des habitants était tombé de 3 millions à 800.000.
Dans l'ensemble de l'Empire, la population, diminuée presque
des deux tiers, était de 6 millions au lieu de 16. Partout le bouleversement, la ruine, le désert. Plus d'agriculture, plus d'industrie, plus de commerce, plus de finances. La décadence
morale n'était pas moindre. L'esprit, les mœurs, les croyances,
remarquablement cultivés aux xv° et xvi° siècles, étaient retom-
bés dans la barbarie.

Un des côtés véritablement désastreux du militarisme est qu'il comporte comme conséquence nécessaire l'absorption de l'individu par l'État. Cette
absorption, que Rome connut à certaines époques et
que la Grèce ne connut jamais, donne à un peuple
une grande puissance militaire, avec une faible valeur
individuelle. Si les Grecs avaient possédé l'unité
nationale des Romains, ils n'auraient pas sans doute
été conquis par eux, mais peut-être aussi n'auraient-
ils pas été ce peuple de lettrés, de savants et de philosophes qui, bien que vaincus par les armes, conquit
le monde par sa pensée et continua cette conquête
après avoir disparu de l'histoire.

Evidemment il est avantageux, au point de vue
matériel, pour un État de posséder des sujets coulés
dans le même moule, pensant de la même façon et
prêts à se faire tuer pour assurer une conquête, alors
même qu'ils en ignorent le but. La question est de
savoir si une telle supériorité collective n'a pas comme
conséquence nécessaire, plus ou moins lointaine, une
décadence individuelle profonde. Le choix se posera
peut-être un jour pour tous les peuples, entre le militarisme allemand, qui permet la puissance collective

aux dépens de la valeur individuelle et le développement de l'individualisme, qui rend possibles tous les progrès, mais n'assure pas la puissance collective.

§ 5. — Comment les progrès de la science pourraient espacer les guerres.

Doit-on conclure de ce qui précède que les peuples ruinés par la guerre devront cependant, sous peine d'une ruine plus complète encore, se condamner à multiplier leurs armements? Faut-il considérer de nouvelles hécatombes comme inévitables? Les casernes devront-elles continuer à se remplir aux dépens des ateliers, les hommes à se ruiner de plus en plus en armements et transformer en canons tout ce qui pourrait être dépensé pour leur bien-être?

J'ai dit les raisons qui permettent d'espérer que l'interdépendance progressive des peuples et l'inutilité démontrée des guerres finiront un jour par empêcher les conflits. Mais ces espérances ne sont applicables qu'à un avenir peut-être assez lointain et nous devons nous occuper des temps prochains. Il faut donc chercher d'autres raisons plus immédiates d'espérance.

Les seuls motifs d'espoir, en dehors de ceux assez faibles énoncés au cours de ce chapitre, résident dans l'évolution industrielle de l'armement moderne que nous voyons s'effectuer sous nos yeux. Elle pourra rendre les guerres si dangereuses qu'aucun conquérant ne trouvera d'avantages à les entreprendre.

Dès à présent les munitions tendent à se substituer aux combattants et on entrevoit le moment où la machine à tuer remplacera le guerrier, comme la houille a jadis remplacé l'esclave. Ce jour-là, aux immenses armées actuelles se substitueraient de petites équipes de spécialistes capables de manier des engins destructeurs formidables.

Supposons pour fixer les idées qu'un peuple possède vingt mille avions perfectionnés, capables de traverser sans difficulté l'Europe, ce qui d'ailleurs est presque réalisé actuellement. Il suffirait pour les manier de quelques milliers de spécialistes et non plus de millions d'hommes. Les conditions de la guerre seraient alors du même coup entièrement changées.

L'agresseur supposé saurait que, dès la déclaration des hostilités, ces vingt mille avions, et non plus quelques douzaines comme aujourd'hui, arriveraient en quelques heures au-dessus de sa capitale pour l'incendier et tuer ses habitants. Certes l'ennemi pourrait en faire autant, mais l'idée du danger de destruction immédiate dont seraient menacés les villes et les habitants rendrait une guerre d'agression si dangereuse que l'agresseur hésiterait fort à l'entreprendre.

On objectera sans doute que les avions sont peu dangereux aujourd'hui, bien que leur action sur Carlsruhe ait été assez destructive, mais les progrès réalisés en moins de deux ans permettent de pressentir le pouvoir de destruction dont ils seront susceptibles bientôt. L'hypothèse précédente n'a donc rien de chimérique.

Étant donnée la mentalité actuelle de certains peuples et surtout celle de leurs gouvernants, le seul moyen d'éviter leur agression est de les amener à considérer une guerre comme si dangereuse pour eux qu'ils n'osent l'entreprendre.

Ainsi, la science, à force d'augmenter la puissance des engins de destruction arrivera, peut-être, à rendre les guerres sinon impossibles, du moins fort difficiles.

Cet espoir est médiocre, je le confesse, mais, dans l'état actuel du monde il serait difficile d'en invoquer un autre. Personne ne songerait aujourd'hui à remplacer les armements par de nouvelles conventions internationales analogues à celles de La Haye, si complètement violées au cours de la présente guerre, malgré leur acceptation par tous les peuples.

Les écrivains allemands considèrent que les auteurs de ces conventions firent preuve d'une crédulité un peu excessive. Les juristes qui les élaborèrent ont pour excuse leur honnêteté naïve et une ignorance parfaite de la psychologie des peuples. Ils avaient complètement oublié qu'on ne connaît pas d'exemple au cours de l'histoire de législateurs ayant eu l'idée de créer des codes dépourvus de sanctions. Avant de songer à édifier des lois internationales, il faudrait d'abord découvrir les moyens d'établir une gendarmerie assez forte pour les faire respecter. Une telle découverte n'est pas impossible peut-être mais nul ne l'a réalisée encore.

CONCLUSION

LE ROLE DES IDÉES FAUSSES DANS LA VIE DES PEUPLES

———

Les plus importantes conclusions découlant de nos recherches sur les conséquences immédiates de la conflagration européenne ont été formulées dans la dernière partie de cet ouvrage. Nous y avons marqué les menaces dont l'Europe reste enveloppée et aussi les lueurs d'espérance illuminant un peu l'horizon des peuples.

L'étude des transformations mentales créées par la guerre a plusieurs fois montré l'action des idées dans la genèse et l'évolution de ce grand conflit. C'est en insistant encore sur leur influence, que je terminerai ce volume.

Le rôle des idées directrices fut toujours si pré pondérant que jamais les peuples ne purent en changer sans changer aussi le cours de leur histoire. Et si de nos jours une divinité bienveillante voulait transformer l'Europe, elle n'aurait qu'à modifier les idées qui orientent certains peuples.

Sans doute, en examinant la série des causes qui déterminent la marche du monde, on voit se manifester l'action de facteurs divers : la race, le milieu, les influences économiques, les découvertes scientifiques et bien d'autres encore. Mais les civilisations restent orientées par un petit nombre d'idées d'où la conception de la vie, les institutions, la littérature et les arts de chaque époque dérivent.

Si l'histoire des peuples se réduisait à celle de leurs idées directrices, cette histoire serait très brève. Toute la civilisation du Moyen Age reposa sur l'idée théologique et sur l'idée féodale. De leur influence les arts, la littérature et la vie dérivèrent pendant mille ans.

Lorsque à l'époque de la Renaissance, ces idées directrices se modifièrent sous l'influence de la réapparition du monde antique et de découvertes scientifiques imprévues, les peuples évoluèrent rapidement et leur vision de l'univers fut transformée.

Elle se transforma encore au moment de la Révolution où l'idée d'égalité, après avoir envahi les âmes, ébranla le monde.

Avant de s'établir, une idée nouvelle doit d'abord triompher d'idées antérieures puissantes encore. Les dieux morts et les idées mortes ne périssent pas tout entiers. Ils continuent pendant longtemps à dominer les pensées des hommes.

La lutte entre des idées directrices contraires est longue, parce qu'elles sont fixées dans ces régions de l'inconscient où s'élaborent nos pensées et sur lesquelles la raison est sans prise. On vit, à l'époque de la Révolution, ce qu'il en coûte parfois pour remplacer une idée ancienne par une idée nouvelle avec toutes ses conséquences.

* * *

Les idées qui mènent un peuple ne sont pas toujours rationnelles. Elles le furent même assez rarement. Mais alors que les unes se montrent utiles à sa prospérité d'autres nuisent à son développement. Ces dernières peuvent donc être justement qualifiées d'idées fausses. Telles par exemple les conceptions qui provoquèrent les guerres de religion et celles qui poussèrent l'Allemagne au conflit actuel.

L'avenir dira sûrement combien les idées génératrices de la présente lutte étaient erronées. Une fois de plus encore le monde se trouva ravagé par des idées fausses.

La puissance des idées fausses tient uniquement aux éléments affectifs, mystiques et collectifs dont elles sont enveloppées et qui les soustraient à l'action de la raison. Leur pouvoir sur les âmes est absolu.

Et non seulement l'idée fausse oriente la conduite des hommes, mais elle altère leur vision des choses et leur jugement au point de les empêcher de percevoir aucune réalité sans la déformer.

Parmi les nombreux exemples qu'aura fournis la guerre de cette puissance de déformation exercée par les idées fausses, les futurs traités de psychologie citeront sûrement la façon dont le chancelier allemand interpréta plusieurs fois en public les origines et les buts du conflit européen.

Personne ne peut ignorer aujourd'hui, car des monceaux de textes en font foi, que depuis longtemps les écrits des philosophes, des historiens et des professeurs les plus célèbres poussaient l'Allemagne à entreprendre la conquête des autres peuples. On

n'ignore pas davantage que l'Angleterre sans armé
la Russie désorganisée, et la France ultra-pacifis
firent les plus persistants efforts pour éviter l
guerre.

Ce sont là des faits qu'aucun historien de l'aveni
à quelque pays qu'il appartienne, n'osera contester
cependant, le chancelier de l'Empire ne cesse d
répéter, du haut d'une tribune d'où il se sait écout
par tous les peuples de l'univers, que le conflit
été imposé à l'Allemagne, que « la guerre depui
le premier jour, ne fut pour elle que la défens
de son droit à la vie et à la liberté » et qu'enfin c
furent les Alliés qui entreprirent une guerre d
conquête !

Ces assertions, de l'exactitude desquelles sont con
vaincus 70 millions d'hommes, montrent clairement
quel point l'idée fausse peut altérer les facultés d'ob
servation et de jugement.

Mais malgré leur durée, les idées fausses ne son
pas éternelles et c'est pourquoi, si l'on peut facile
ment s'illusionner et même illusionner tout un peuple
il est impossible d'illusionner l'histoire.

Nous avons vu, au cours de cet ouvrage, que l
guerre détruisit bien des idées anciennes et en cré
de nouvelles.

L'une d'elles, ancrée maintenant dans l'âme de
peuples et qui va orienter leur conduite est que l
force seule peut s'opposer à la force et que le
nations faibles sont menacées de disparaître.

Tous les pays ont acquis la certitude que l
droit, les traités, les promesses qui semblaient devoi

présider aux relations entre pays civilisés seront désormais sans valeur.

Créée par l'observation des faits et notamment par le sort du Luxembourg et de la Belgique, cette idée maîtresse menace de peser lourdement sur la vie des nations. Sa première conséquence sera l'extension du militarisme avec toutes les servitudes qu'il entraîne.

Il serait inutile de s'illusionner sur ce dernier point et de croire que le militarisme puisse se superposer à des institutions démocratiques. Avec l'évolution industrielle de la guerre, une défense efficace et par conséquent rapide implique l'extension universelle de l'étatisme, c'est-à-dire la mainmise de l'État sur la vie individuelle, industrielle et commerciale du pays et par suite l'asservissement complet de tous les citoyens. Ce serait la réalisation du plus sombre des rêves socialistes.

Les nécessités se subissent et ne se discutent pas. Si donc la militarisation des peuples est fatale, ils devront l'accepter tout en reconnaissant qu'elle constituera une régression certaine. L'âge de la liberté serait alors clos pour longtemps. L'Europe retournerait à cet état de luttes incessantes, de massacres et de dévastations, dont elle se croyait dégagée pour toujours.

*   *
*

L'idée de la nécessité du militarisme comme moyen de défense persistera aussi longtemps que la théorie germanique assurant qu'un peuple a le droit par sa force même d'asservir les autres.

Malheureusement cette conception a pour défenseurs non seulement la caste féodale et militaire de l'Allemagne, mais aussi ses professeurs, ses historiens et ses philosophes.

Il est visible pourtant qu'une telle idée ne se trouve plus en rapport avec les progrès de la civilisation. Elle est par conséquent trop fausse pour durer. Simple survivance de temps primitifs, elle ne se maintient qu'en raison des éléments affectifs et mystiques qui lui servent de soutien.

Mais la jeunesse universitaire allemande demeure encore tellement saturée de l'esprit féodal et militaire, que les erreurs de ses historiens et de ses philosophes lui paraissent toujours d'incontestables certitudes.

On peut cependant supposer que les dures leçons de la guerre profiteront aux classes moyennes dont la mentalité n'a pas été faussée par les théories universitaires.

L'Allemagne sera transformée et le reste du monde pourra librement respirer le jour précis où se répandra dans son sein cette future idée directrice des civilisations modernes, que le droit et la morale, fondements nécessaires des relations entre les hommes d'une même société, sont des fondements non moins nécessaires des relations entre sociétés différentes. Aucun peuple ne possède aujourd'hui le pouvoir de s'isoler du reste de l'humanité pour tenter de l'asservir. L'expérience prouvera bientôt qu'il n'y a plus d'intérêt à tenter cette irréalisable tâche.

Tant que l'idée d'un droit international ne s'imposera pas, la guerre et les dévastations continueront à sévir sur le monde et une paix durable sera impossible. Les historiens et les professeurs allemands resteront les ennemis du genre humain aussi longtemps qu'ils défendront leurs idées fausses.

* *

Quand lá lutte matérielle sera terminée, les idées, silencieuses aujourd'hui, entreront en conflit à leur tour. Le verbe remplacera l'action en attendant qu'il la dirige encore.

Les peuples civilisés se trouvent à une de ces périodes critiques où des idées puissantes mais contradictoires sont aux prises. Le triomphe de l'idée d'hégémonie et d'asservissement étatiste entraînerait un retour à la définitive barbarie après des luttes incessantes. Celui de l'idée de liberté individuelle aurait pour conséquence au contraire la marche vers un lumineux progrès.

Aux hommes de pensée va revenir la tâche d'orienter l'âme des peuples vers des idées capables d'éviter leur décadence. L'œuvre est difficile. Elle n'est pas impossible.

Les idées fausses sont les grandes dévastatrices de l'histoire. Ce n'est pas avec des armes matérielles qu'on les combat. Le canon n'est qu'un serviteur de la pensée. Des idées qui vont diriger les peuples dépendra leur destinée.

Novembre 1916.

FIN

TABLE DES MATIERES

LIVRE III

MENTALITÉ DE L'ALLEMAGNE ET DE L'AUTRICHE PENDANT LA GUERRE

LIVRE IV

CHANGEMENTS DE MENTALITÉS DÉTERMINÉS PAR LA GUERRE DANS DIVERS PAYS

LIVRE V

LES RELATIONS FUTURES ENTRE LES PEUPLES. ÉVOLUTION DU DROIT INTERNATIONAL

423-4-18 — Paris — Imp. Hemmerlé et Cⁱᵉ.

2° PSYCHOLOGIE ET PHILOSOPHIE

APERT (Dr). L'Hérédité morbide.

AVENEL (Vicomte Georges d'). Le Nivellement des Jouissances (5e mille).

BALDENSPERGER (F.), chargé de cours à la Sorbonne. La Littérature (5e mille).

BELLET (Daniel), professeur à l'Ecole libre des Sciences politiques. Le Mépris des lois et ses conséquences sociales.

BERGSON, POINCARÉ, Ch. GIDE, Etc., Le Matérialisme actuel (8e mille).

BINET (A.), directeur de Laboratoire à la Sorbonne. L'Ame et le Corps (10e mille).

BINET (A.). Les Idées modernes sur les enfants (15e mille).

BOHN (Dr G.). La Naissance de l'Intelligence (40 figures) (8e mille).

BOUTROUX (E.), de l'Institut. Science et Religion (21e mille).

CRUET (J.), avocat à la cr d'appel. La Vie du Droit et l'Impuissance des Lois (5e m.).

DAUZAT (Albert), docteur ès lettres. La Philosophie du Langage (4e mille).

DROMARD (Dr G.). Le Rêve et l'Action (4e m.).

DUGAS (L.), agrégé de philosophie. La Mémoire et l'Oubli (5e mille).

DWELSHAUVERS (Georges), professeur à l'Université de Bruxelles. L'Inconscient (5e m.).

GAULTIER (Paul). Leçons morales de la guerre (5e mille).

GUIGNEBERT (C.), chargé de cours à la Sorbonne. L'Evolution des Dogmes (7e m.).

HACHET-SOUPLET (P.), directeur de l'Institut de Psychologie. La Genèse des Instincts (4e mille).

HUBERT (René). Les Interprétations de la Guerre.

JAMES (William), de l'Institut. Philosophie de l'Expérience (9e mille).

JAMES (William). Le Pragmatisme (8e m.).

JAMES (William). La Volonté de Croire (6e a.)

JANET (Dr Pierre), de l'Institut, professeur au Collège de France. Les Névroses (10e m.)

JULLIOT (Ch.-L.). L'Education de la Mémoire (5e mille).

LE BON (Dr Gustave). Psychologie de l'Education (24e mille).

LE BON (Dr Gustave). La Psychologie politique (16e mille).

LE BON (Dr Gustave). Les Opinions et les Croyances (14e mille).

LE BON (Dr Gustave). La Vie des Vérités (9e mille).

LE BON (Dr Gustave). Enseignements Psychologiques de la Guerre (36e mille).

LE BON (Dr Gustave). Premières Conséquences de la Guerre (29e mille).

LE BON (Dr Gustave). Hier et Demain. Pensées brèves (10e mille).

LE DANTEC. Savoir! (9e mille).

LE DANTEC. L'Athéisme (17e mille).

LE DANTEC. Science et Conscience (10e a.).

LE DANTEC. L'Egoïsme (11e mille).

LE DANTEC. La Science de la Vie (6e m.).

LEGRAND (Dr M.-A.). La Longévité (4e m.).

LOMBROSO. Hypnotisme et Spiritisme (8e mille).

MACH. La Connaissance et l'Erreur (6e a.).

MAXWELL. Le Crime et la Société (5e m.).

PICARD (Edmond). Le Droit pur (7e mille).

PIERON (H.), Mr de Conf à l'Ecole des Htes Etudes. L'Evolution de la Mémoire (5e mil.).

RAGEOT (Gaston), professeur de philosophie. La Natalité, ses lois économiques et psychologiques.

REY (Abel), professeur agrégé de Philosophie. La Philosophie moderne (12e mille).

VASCHIDE (Dr). Le Sommeil et les Rêves (5e mille).

VILLEY (Pierre), professeur agrégé de l'Université. Le Monde des Aveugles (4e m.).

Bibliothèque de Philosophie scientifique

DIRIGÉE PAR LE Dr GUSTAVE LE BON

1° SCIENCES PHYSIQUES ET NATURELLES

AVENEL (Vicomte Georges d'). L'Évolution des Moyens de Transport.

BACHELIER (Louis), Docteur ès sciences. Le Jeu, la Chance et le Hasard (6e mille).

BELLET (Daniel), prof. à l'École des Sciences politiques. L'Évolution de l'Industrie.

BERGET (A.), professeur à l'Institut océanographique. La Vie et la Mort du Globe (9e m.).

BERGET (A.). Les problèmes de l'Atmosphère (27 figures) (4e mille).

BERTIN (L.-E.), de l'Institut. La Marine moderne (66 figures) (7e mille).

BIGOURDAN, de l'Institut. L'Astronomie (50 figures) (8e mille).

BLARINGHEM (L.). Les Transformations brusques des êtres vivants (49 figures). (5e mille).

BLARINGHEM (L.). Problèmes de l'Hérédité expérimentale.

BOINET (Dr), prof. de Clinique médicale. Les Doctrines médicales (7e mille).

BONNIER (Gaston), de l'Institut. Le Monde végétal (230 figures) (11e mille).

BOUTY (E.), de l'Institut. La Vérité scientifique, sa poursuite (7e mille).

BOUVIER (E.-L.), de l'Institut. La Vie Psychique des Insectes (5e mille).

BRUNHES (B.), professeur de physique. La Dégradation de l'Énergie (8e mille).

BURNET (Dr Étienne), de l'Institut Pasteur. Microbes et Toxines (71 fig.) (7e mille).

CAULLERY (Maurice), professeur à la Sorbonne. Les Problèmes de la Sexualité (6e m.).

COLSON (Albert), professeur à l'École Polytechnique. L'Essor de la Chimie (8e m.).

COMBARIEU (J.), chargé de cours au collège de France. La Musique (14e mille).

DASTRE (Dr A.), de l'Institut, professeur à la Sorbonne. La Vie et la Mort (16e mille).

DELAGE (Y.), de l'Institut et GOLDSMITH (M.). Les Théories de l'Évolution (8e mille).

DELAGE (Y.), de l'Institut et GOLDSMITH (M.). La Parthénogénèse (4e mille).

DELBET (P.), professeur à la Fté de Médecine Paris. La Science et la Réalité (4e m.).

DEPÉRET (C.), de l'Institut. Les Transformations du Monde animal (8e mille).

ENRIQUES (F.). Les Concepts fondamentaux de la Science (4e mille).

GRASSET (Dr). La Biologie humaine (7e m.).

GUIART (Dr). Les Parasites inoculateurs de maladies (107 figures) (5e mille).

GUILLEMINOT (H.). La Matière et la Vie.

HÉRICOURT (Dr J.). Les Frontières de la Maladie (10e mille).

HÉRICOURT (Dr J.). L'Hygiène moderne (18e mille).

HÉRICOURT (Dr J.). Les Maladies des Sociétés.

HOUSSAY (F.), professeur à la Sorbonne. Nature et Sciences naturelles (7e mille).

JOUBIN (Dr L.), professeur au Muséum. La Vie dans les Océans (45 figures) (7e mille).

LAUNAY (L. de), de l'Institut. L'Histoire de la Terre (12e mille).

LAUNAY (L. de), de l'Institut. La Conquête minérale (5e mille).

LE BON (Dr Gustave). L'Évolution de la Matière, avec 63 figures (33e mille).

LE BON (Dr Gustave). L'Évolution des Forces (42 figures) (24e mille).

LECLERC DU SABLON (M.). Les Incertitudes de la Biologie (24 figures) (4e mille).

LECORNU (Léon), de l'Institut. La Mécanique.

LE DANTEC (F.). Les Influences Ancestrales (13e mille).

LE DANTEC (F.). La Lutte universelle (12e m.).

LE DANTEC (F.). De l'Homme à la Science (9e mille).

MARTEL, directeur de *La Nature*. L'Évolution souterraine. (80 figures) (7e mille).

MEUNIER (S.), professeur au Muséum. Les Convulsions de la Terre (35 fig.) (5e m.).

MEUNIER (S.), professeur au Muséum. Histoire géologique de la Mer (5e mille).

MEUNIER (S.). Les Glaciers et les Montagnes.

OSTWALD (W.). L'Évolution d'une Science la Chimie (9e mille).

PERRIER (Edm.), de l'Institut, directeur du Muséum. A Travers le Monde vivant. (6e m.).

PERRIER (Edm.), de l'Institut, directeur du Muséum. La Vie en action (4e m.).

PICARD (Émile), de l'Institut, professeur à la Sorbonne. La Science moderne (12e mille).

POINCARÉ (H.), de l'Institut, prof. à la Sorbonne. La Science et l'Hypothèse (31e mille).

POINCARÉ (H.). La Valeur de la Science (24e mille).

POINCARÉ (H.). Science et Méthode (15e m.).

POINCARÉ (H.). Dernières Pensées (12e m.).

POINCARÉ (Lucien), dr au Mre de l'Instruction publique. La Physique moderne (18e m.).

POINCARÉ (Lucien), L'Électricité (14e mille).

RENARD (C'). L'Aéronautique (68 figures) (8e mille).

RENARD (C'). Le Vol mécanique: Les Aéroplanes (121 figures).

TISSIÉ (Dr). L'Éducation physique et la Race (21 figures).

ZOLLA (Daniel), professeur à l'École de Grignon. L'Agriculture moderne (6e m.).

PSYCHOLOGIE, PHILOSOPHIE ET HISTOIRE

Voir la liste des ouvrages parus pages 2 et 3 de la couverture

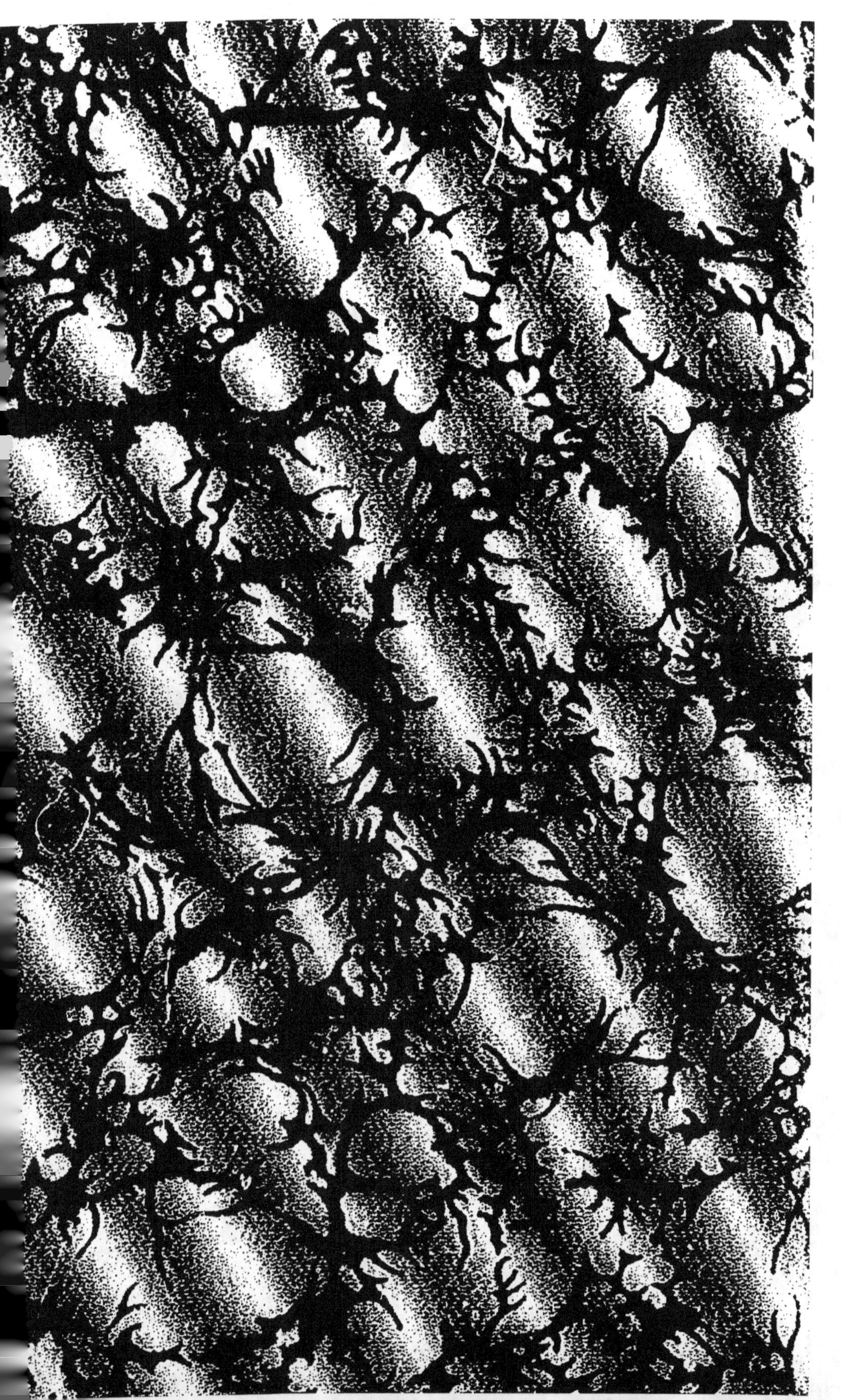

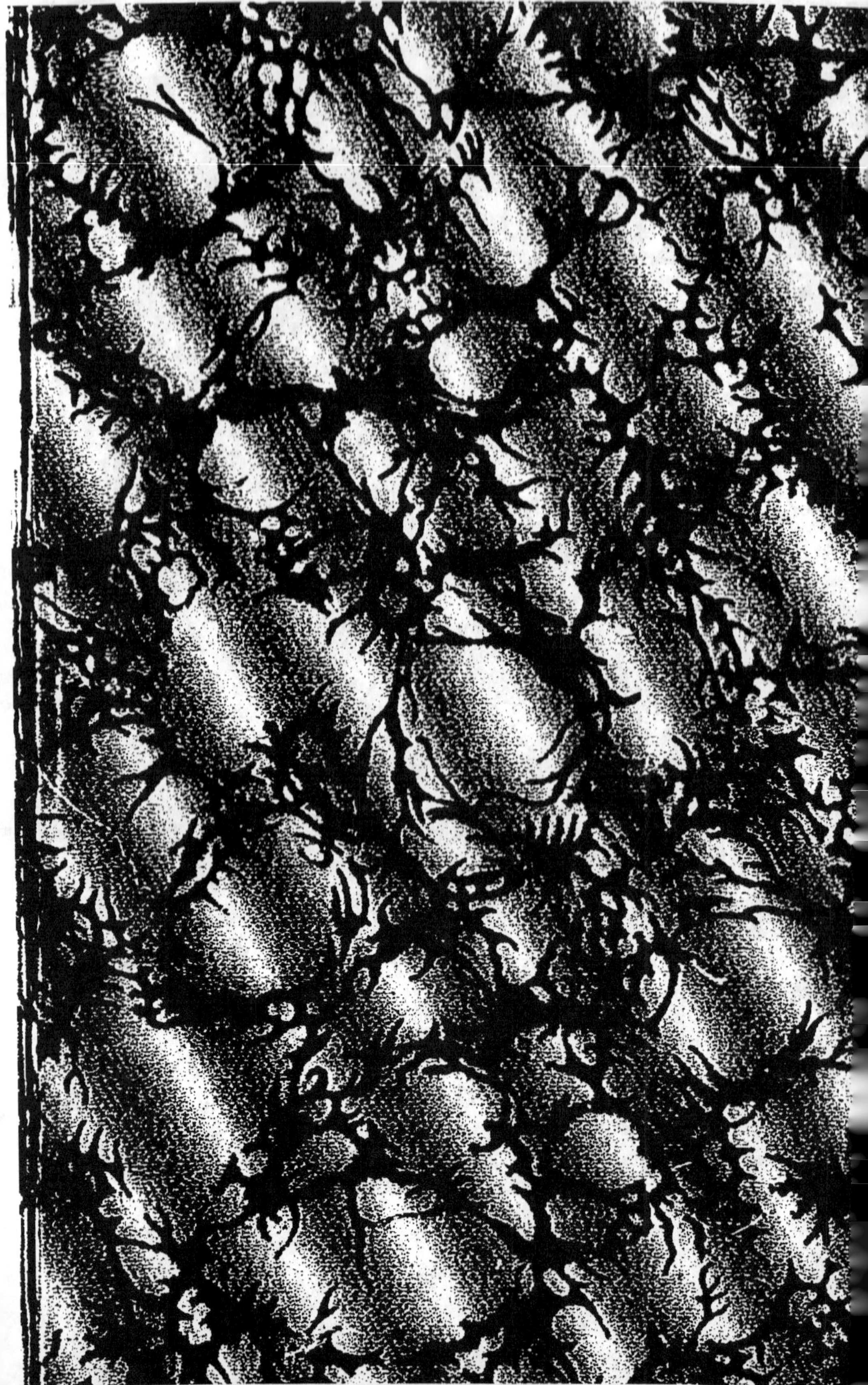

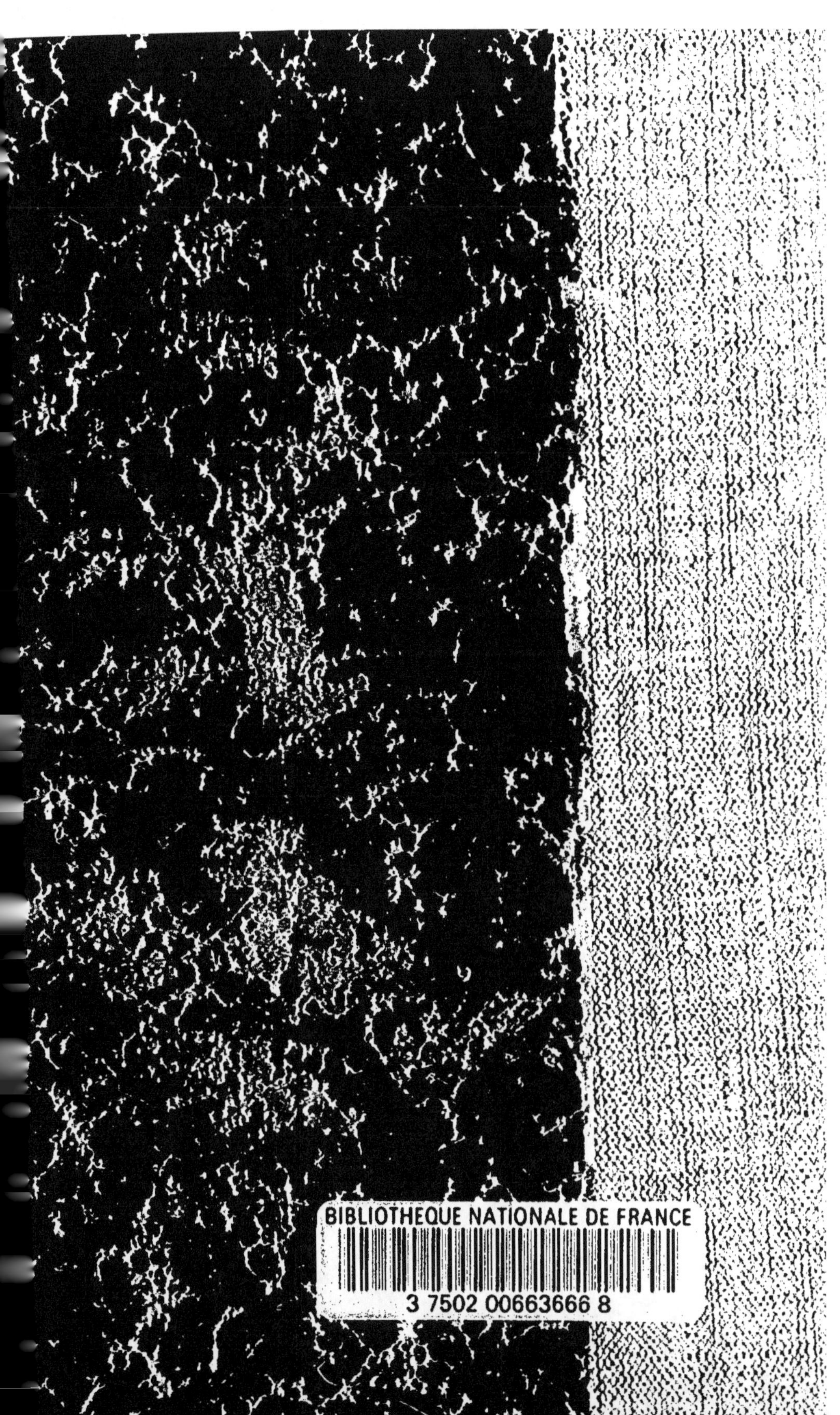